OEUVRES COMPLÈTES

DE M. LE VICOMTE

DE CHATEAUBRIAND.

TOME XXIX.

IMPRIMERIE ET FONDERIE DE RIGNOUX,
RUE DES FRANCS-BOURGEOIS-S.-MICHEL, 8.

# OEUVRES COMPLÈTES

DE M. LE VICOMTE

DE CHATEAUBRIAND,

MEMBRE DE L'ACADÉMIE FRANÇOISE.

TOME VINGT-NEUVIÈME.

POLÉMIQUE.

OPINIONS ET DISCOURS.

PARIS.

POURRAT FRÈRES, ÉDITEURS.

M. DCCC XXXVII.

POLÉMIQUE.

OPINIONS ET DISCOURS.

POLÉMIQUE.

Paris, ce 7 août 1819.

LORSQUE le cardinal de Richelieu alloit passer quelques jours à Rueil, on se demandoit : « A qui va-t-il déclarer la guerre? « quelle alliance va-t-il former? quelle tête élevée « va-t-il abattre? » Nos ministres ont dîné dernièrement à Mont-Huchet. *La Gazette* nous a appris cette importante nouvelle. Des personnes très bien instruites prétendent que les ministres ont renvoyé leurs gens afin de garder un plus parfait *incognito*, et elles ajoutent qu'un second dîner a dû avoir lieu à Madrid. Que de vastes desseins auront été agités! que de maires et de sous-préfets foudroyés!

Ne cherchons point à pénétrer des mystères interdits aux profanes; il suffit que la partie vulgaire de ces dîners nous soit connue. Les ministres vont assez habituellement travailler à Madrid chez le ministre principal; celui-ci a bien voulu aller dîner à Mont-Huchet : on reconnoît là cette politesse de l'homme supérieur qui fait disparoître les distances, console l'amour-propre, accoutume au joug celui qui seroit tenté de le secouer. La seconde cause vulgaire de ces congrès champêtres est le rapatriage des ministres. En vain on aura montré à M. le ministre des finances qu'il accusoit un déficit de 52 millions, lequel n'existoit pas ; en vain on lui aura prouvé qu'il demandoit au moins 21 millions de trop, puisqu'on a fait sur son budget une économie de 21 millions : cette petite erreur de 73 millions auroit coûté à un ministre anglois un peu plus que sa place ; mais, en France, le cœur l'emporte sur la Charte ; nous sommes bonnes gens, et nous garderons M. le ministre des finances.

Nous savons bien que les partisans de M. le ministre des finances répondent que les erreurs du budget n'étoient que des erreurs apparentes, provenant d'une certaine manière de compter ; qu'en déclarant un déficit aujourd'hui, ce déficit auroit été comblé demain : demain, c'est un peu prompt ; mais il est certain que le déficit eût été rempli au bout d'un certain temps, puisqu'on auroit tôt ou tard été obligé de rendre compte des recettes. En attendant, les fonds seroient restés dans la caisse de M. le ministre des finances. Les auroit-il laissés dormir, ou les auroit-il fait valoir? Dans le dernier cas, que seroient devenus les intérêts d'une somme énorme et disponible? Conviendroit-il qu'un ministre des finances fît en grand ce que fait en petit un receveur général? Il n'est rien de tel pour les contribuables que de leur présenter un budget franc et net; toute obscurité en finances expose les plus honnêtes gens aux impertinents propos d'une foule oisive : alors le peuple parle de *boni*, de lots, de partages. Heureusement, s'il en étoit besoin, l'honorable médiocrité de nos ministres répondroit victorieusement à la calomnie.

Mais il est bien question de finances, à présent que la session est finie; les ministres ont bien autre chose à penser : il faut que la *Correspondance privée* aille son train.

Il est triste d'être né dans ces temps où les gens les plus communs deviennent tout à coup des espèces de personnages. Et que de belles choses ces personnages nous expliqueront! Nous aurons des chaires d'histoire philosophique du droit! Jusqu'ici on avoit donné des leçons de science, parce que la science est une chose positive; aujourd'hui c'est la philosophie de la science qu'on apprendra, c'est-à-dire que le maître montrera à ses disciples comment on a des idées, si lui-même par hasard a des idées; personne ne saura les lois, mais chacun pourra faire l'*Esprit des Lois*.

Enseigner la philosophie des lois, c'est enseigner l'incrédulité des lois. Quand, à travers les déclamations accoutumées, vous aurez remonté jusqu'au droit naturel, vous trouverez que l'homme, en sortant du sein de sa mère, n'est ni riche, ni pauvre, ni roturier, ni noble, ni serviteur, ni maître, ni roi, ni sujet; grand secret éloquemment commenté par Marat, Danton et Robespierre. Que conclura la jeunesse de ces leçons sur l'état naturel, si utiles dans l'état social? Que tout gouvernement est une tyrannie; qu'il faut en revenir à la loi agraire, à l'égalité primitive, et bouleverser les constitutions établies, pour les rendre plus conformes aux doctrines philosophiques de M. le professeur.

Les hommes supérieurs retournent souvent à la religion par l'incrédulité : leur pensée vigoureuse, arrivée au néant, ne s'arrête pas au bord de ce vide immense; elle s'y plonge, le traverse, et va trouver Dieu de l'autre côté de l'abîme. Ces mâles esprits concluent l'existence d'un Être suprême, de la difficulté même de la preuve rigoureuse; ils sentent que l'univers doit avoir un principe, et que si ce principe est inexplicable, il faut s'en tenir aux mystères de la religion. Ainsi Newton, Leibnitz, Clarke, Pascal, Bossuet, descendent des hauteurs de leur génie à la foi du charbonnier. Mais de petits philosophes, tout embarrassés dans les objections communes, regardent les difficultés qu'ils ont apprises comme le plus haut point de la raison; et, trop foibles qu'ils sont pour reconnoître l'insuffisance de la science dans l'excès même de la science, ils restent pitoyablement athées.

Pareille chose vous arrivera pour le code, au moyen des chaires philosophiques : les Cujas, les Barthole, les Pothier, les Domat, les d'Aguesseau, croiront à l'ordre social, après en avoir touché le néant dans l'état de nature; comme le vulgaire, il s'inclineront devant le mystère des lois. Mais des milliers d'écoliers, frappés des imperfections qu'ils auront entendu professer par un docteur idéologue, seront les athées des lois, en attendant qu'ils en deviennent les sanglants réformateurs.

Mais voici bien un autre mécompte : on a déterré une brochure ultra-royaliste, que l'on soupçonne être l'ouvrage d'un professeur qui vient d'être jugé. Messieurs de la révolution, en croyant voler au secours d'un libéral, n'auroient-ils sauvé qu'un ultra? Quelle effroyable mystification! Depuis trois semaines nous connoissions cette brochure que le *Drapeau blanc* vient d'exhumer; nous y avions lu les conseils pour *épurer avec hardiesse*, dans un sens peu agréable à la révolution, les injures à la majorité de l'ancien sénat qui auroit voulu chasser *à jamais le roi légitime*, les anathèmes contre le jury qui, dit l'auteur, ne pourra *jamais s'acclimater parmi nous*, et les raisonnements contre les machines à rouages, c'est-à-dire contre le gouvernement constitutionnel. Nous y avions lu ce passage et plusieurs autres : « Croit-on que si Alexandre, « Guillaume, François et le gouvernement d'Angle- « terre, n'eussent pas eu, à un très haut degré, l'af- « fection et l'attachement de leur nation, ils eussent « pu obtenir tous les grands et si utiles résultats « dont nous venons d'être les témoins? »

Maintenant, si la brochure est du professeur, à quelle opinion appartient-il? Les libéraux ne doivent plus l'admettre dans leurs rangs; nous autres royalistes, nous le repoussons également, et pour sa première brochure, et pour ses derniers discours : quant à la brochure, nous déclarons que nous avons horreur du despotisme, que nous voulons le gouvernement constitutionnel, et le jugement par jurés; nous déclarons que nous respectons les souverains étrangers, mais que nous ne nous réjouissons qu'avec mesure *des grandes choses qu'ils ont faites*, lorsque ces grandes choses les ont amenés deux fois dans la cour du Louvre : quant aux discours de M. le professeur, ils nous sont odieux, car nous détestons la démocratie autant que le despotisme. Il n'y a donc que les ministériels qui puissent maintenant s'arranger de lui.

Les pédants autrefois avoient au moins de l'instruction; *Vadius savoit du grec autant qu'homme de France* : aujourd'hui les pédagogues ne savent rien, et ils n'en sont pas moins lourds. Soyez un jeune ou un vieux commis; ayez barbouillé quelques pages que personne n'a lues; mettez sur votre tête un bonnet de docteur; armez-vous d'une férule, et prononcez un galimatias métaphysico-politique : en voilà assez pour mépriser le genre humain, et pour daigner gouverner ce petit royaume de saint Louis. Le reste des hommes s'abîme devant vous : à peine, du sommet de votre cerveau, apercevez-vous le stupide vulgaire qui se traîne dans les routes de la vieille sagesse.

La doctrine de la nation nouvelle, en supposant qu'elle signifie quelque chose, veut apparemment dire ceci : Que les siècles ne rétrogradent point; que chaque génération amène des changements dans la société; qu'aujourd'hui, par exemple, l'ancien gouvernement est détruit sans retour; qu'on ne peut plus imposer par le rang et la naissance, si les vertus ou les talents n'ajoutent leurs avantages naturels à ces avantages politiques; que l'éducation, descendue dans les classes inférieures de la société, établit entre les hommes une sorte d'égalité qu'aucune puissance ne peut détruire; que ce *nouvel ordre de choses a produit une nation nouvelle*, qui, loin de renoncer aux droits acquis, bouleverseroit le monde si on lui refusoit ce qu'elle est faite pour obtenir.

Tout cela est juste, très juste; nous l'avons dit nous-même cent fois, et nous sommes loin de le contester : nous avons prêché la Charte, expliqué la Charte avant tous les garçons philosophes qui la recommandent aujourd'hui. Nous avons voulu en tout temps l'égalité des droits, la liberté, le gouvernement constitutionnel. Il est probable que sur tous ces points nous sommes de meilleure foi que nos adversaires libéraux et ministériels. N'importe; ils diront toujours que nous voulons l'esclavage, la féodalité, l'extinction des lumières : quoiqu'on dise le contraire à chaque page, et pour ainsi dire à chaque ligne de nos écrits, ils n'auront pas une seule fois la sincérité d'en convenir.

On voit donc que la doctrine de la *nation nouvelle* se réduit à la vérité exprimée dans cette phrase banale : nous sommes enfants de notre siècle. Si l'on se contentoit de poser en fait qu'il existe une nation nouvelle qui a besoin d'un nouvel ordre politique, il n'y auroit rien de plus simple, et nous serions tous d'accord. Mais l'on conclut de l'existence de cette nation nouvelle, qu'il faut mettre à l'écart tout ce qui a tenu à l'ancienne société, pour introduire partout, ou de vieux jacobins ou des philosophes imberbes; que les vertus, les talents, les services des royalistes doivent être soigneusement écartés; que l'incapacité parjure est préférable à la capacité fidèle, par cela seul qu'elle est parjure; en un mot, que le présent doit être absolument détaché du passé. Quant à ce pauvre passé, on parle de le mettre à l'hôpital ou aux Invalides, de lui faire une pension alimentaire, et de le laisser radoter dans un coin jusqu'à ce qu'il soit mort, tout-à-fait mort.

La grande et misérable erreur de ce système est tantôt de séparer l'ordre moral de l'ordre politique, tantôt de supposer que le premier est variable comme le second. Lorsqu'on raisonne d'après la première idée, on dit qu'il est indifférent qu'un homme ait gardé ou violé ses serments; qu'il ait été dans le cours de la révolution innocent ou criminel; qu'il suffit à cet homme de comprendre et de soutenir les nouveaux intérêts politiques pour être utile à la société, laquelle n'a besoin ni de vertus morales ni de vertus religieuses.

Lorsqu'on argumente d'après la seconde idée, c'est-à-dire lorsqu'on suppose que l'ordre moral varie comme l'ordre politique, on soutient qu'il y a des temps où ce qui étoit vice devient vertu, où ce qui étoit injustice devient justice. De là, les révolutionnaires n'ont fait que suivre la marche des siècles; de là, les hommes des Cent-Jours n'ont point été des ingrats, des parjures, des traîtres; ils ont servi leur patrie qui est autre chose que le roi s'il est malheureux, que le gouvernement s'il tombe : de là, ceux qui combattent depuis trente ans pour le trône n'ont aucun mérite, parce que la morale n'est plus ce qu'elle étoit jadis, et que le devoir a changé.

Si l'on disoit aux inventeurs de ce système qu'ils dégradent la nature humaine en substituant, sans s'en douter, la société physique à la société morale ; si on leur disoit que le présent ne peut sortir que du passé qui est sa racine ; que la liberté politique ne se peut établir que sur la morale qui en est la base (comme la religion est le fondement de la morale) ; que toujours l'ingratitude sera ingratitude, la trahison trahison, l'injustice injustice, et que des hommes pervers ne feront jamais de bons citoyens, ces vérités reconnues du genre humain feroient sourire de pitié les docteurs de la nouvelle science : mais nous ne rirons pas, nous, quand la France aura été replongée dans l'abîme par quelques révolutionnaires, aidés de six têtes pensantes, de trois hommes forts, et d'un ou deux génies spéciaux.

Et pourtant, qu'il seroit aisé de faire justice ! Renvoyez ces grands hommes sans lesquels la France ne peut marcher, et dans huit jours on ne saura pas qu'ils existent. On peut ménager des talents, qui, abandonnés à eux-mêmes, sont encore une puissance redoutable, gouvernent une partie de l'opinion, et créent des centres de résistance en dehors du cercle tracé par le gouvernement ; mais que de petites créatures dont le nom ne passe pas la barrière de Paris ou la porte d'un lycée vous fassent peur, c'est véritablement pitoyable. Livrez à l'oubli ces enfants de l'oubli, et ils vous demanderont grâce, et ils se jetteront à vos pieds pour vous supplier de les rétablir dans leurs emplois, vous promettant d'être plus sages à l'avenir. La cupidité est tout ce qui distingue ces hommes. Sont-ils menacés de perdre une pension, ils pâlissent. Il ne faut pas même leur faire l'honneur de croire qu'ils nous perdent par un vaste calcul, afin de moissonner sur des ruines : ceci supposeroit une combinaison, et ils n'ont pas les facultés nécessaires pour combiner un certain nombre d'idées : ils ont tout simplement l'avidité des commis sans fortune, et l'orgueil des hommes de lettres sans talents. Et ce sont là pourtant les conseillers de nos ministres !

Voilà le danger des systèmes qui s'éloignent de la raison et de la vérité : pour les soutenir, il faut appeler au secours la double phalange des pervers et des sophistes. Buonaparte avoit lutté contre la révolution comme un géant contre un autre géant : il l'avoit terrassée, mais elle respiroit encore. C'est dans cet état que les ministres du roi légitime l'ont trouvée : au lieu d'achever de l'étouffer, il l'ont relevée, soignée, ménagée; ils l'ont entourée de ses enfants. Elle s'est peu à peu ranimée à l'espérance de l'anarchie; bientôt, ses forces s'étant accrues, elle s'est emparée du pouvoir administratif par les hommes, du pouvoir armé et du pouvoir politique par les lois. Alors elle a donné le signal à l'Europe, et l'Europe, qui n'a pas encore essayé de nos erreurs, semble vouloir s'y précipiter : fasse le ciel qu'elle n'imite pas nos crimes !

Il faut voir le mal où il est : ce mal n'est point dans les gouvernements constitutionnels; il est dans les doctrines et les hommes révolutionnaires, que le système ministériel françois a eu le malheur de rappeler et de maintenir. Écoutez la *Correspondance privée* et les feuilles libérales et ministérielles ceux qui les rédigent sentent bien que les événements les accusent: pour se disculper, ils opposent le tableau de la tranquillité de la France à celui de l'agitation de l'Europe; ils en concluent que le système suivi est excellent, et que ce système n'entre pour rien dans les troubles manifestés chez les puissances voisines.

Faut-il répéter ce que nous avons souvent dit des causes qui maintiennent la paix en France? Ces causes sont la lassitude du peuple, l'action naturelle de la Charte, qui défend, contre l'arbitraire, la liberté, l'argent et l'enfant du peuple. Mais à ces éléments de repos se trouvent mêlés mille principes de désordres que le plus petit événement peut faire éclater.

Nous ne conspirons pas, disent les révolutionnaires; la France est tranquille ! Et pourquoi conspireriez-vous quand on vous sacrifie les principes monarchiques et les hommes monarchiques; quand on vous abandonne religion et légitimité; quand on vous rend à discrétion tous les postes de l'État; quand on vous livre l'argent, les places et les honneurs; quand vous commandez en maîtres, quand vous dictez d'avance les choix que vous voulez que l'on fasse, les partis que vous désirez que l'on prenne ; quand les ministres tremblants obéissent à vos ordres, et satisfont à vos moindres caprices ? A-t-on jamais conspiré contre ses esclaves ? La France est tranquille ! Eh ! sans doute : toutes les fois qu'une faction obtient un triomphe complet, il y a calme dans l'État, parce que les résistances s'évanouissent. Mais qu'est-ce que cela prouve, sinon que les principes de destruction établis pendant ce triomphe n'en produiront que plus sûrement leurs conséquences funestes ? L'homme condamné à mort est en paix dans sa prison tandis qu'on prépare son échafaud.

Notre système n'entre pour rien dans les mouvements populaires des nations voisines, disent à leur tour nos ministres ; et nous, nous leur répondons : Votre système en est la première cause ; car c'est vous qui avez rendu la vie à la révolution, c'est vous qui avez donné une nouvelle puissance à des doctrines, à des hommes qui n'en avoient plus. D'un autre côté, en écartant tous les serviteurs fidèles, en vous faisant une loi et comme un triomphe de placer les hommes des Cent-Jours, en punissant les services par l'oubli et la misère, en récompensant les outrages par la fortune et les honneurs, vous enseignez la trahison aux peuples, vous rendez la rébellion profitable, et vous affoiblissez partout l'estime, le respect, la vénération et l'amour que l'on doit avoir pour le gouvernement royal.

La preuve la plus évidente que le système ministériel est la grande cause de la renaissance de ces principes révolutionnaires par qui les États voisins sont menacés, c'est que le calme renaîtroit à l'instant si l'on abandonnoit ce système. Faites des lois monarchiques; rapprochez-vous des hommes monarchiques; laissez retomber dans leur obscurité quelques misérables jacobins et une douzaine de petits sophistes : les obstacles que vous avez créés vous-mêmes s'évanouiront, et vous marcherez en paix et en sûreté au milieu de la bénédiction des peuples.

On réussiroit d'autant plus facilement, que le parti qu'on a la foiblesse de craindre paroît décidément divisé en deux factions; la faction républicaine et la faction militaire, et que la dernière se subdivise encore, à en juger par les généraux qui écrivent aujourd'hui les uns contre les autres.

D'un autre côté les royalistes grandissent tous les jours dans l'opinion publique, et ils offriroient au gouvernement un appui aussi solide que naturel. On se demande comment il se fait que des hommes qui vouloient, dit-on, rétablir les institutions du dixième siècle, prêchent uniformément des doctrines si sages; comment il arrive que parmi les journaux royalistes il ne s'en trouve pas un seul qui s'éloigne de la ligne constitutionnelle, et qui trahisse une arrière-pensée? Tant de raison dans l'esprit, de modération dans la conduite, de patience dans le malheur, ont enfin produit un effet sensible. La France attentive commence à écouter ces bons citoyens, ces sujets fidèles si lâchement calomniés; elle reconnoît qu'eux seuls avoient aperçu et signalé le danger, qu'eux seuls avoient vu les choses sous leur véritable jour. Il est vrai que la faction révolutionnaire redouble de rage contre eux, parce qu'elle est intérieurement persuadée que les affaires pourroient marcher sous leur direction, et que si une fois on leur avoit laissé prouver leur capacité politique, le règne des intrigants, des démocrates et des buonapartistes seroit passé.

Les ministres reviendront-ils aux royalistes? Seront-ils toujours obligés d'avoir de honteuses condescendances pour un parti aussi foible qu'insolent, qui leur reproche ensuite de n'avoir pas tenu les traités secrets? Auront-ils toujours pour amis des hommes dont ils sont obligés de dénoncer eux-mêmes les comités, les intrigues et les complots, ou des hommes qui n'ont à leur offrir que la force de la foiblesse, qu'une obéissance dégoûtante, qu'une de ces volontés passives, viles prostituées qui se vendent à tous les pouvoirs? Abandonnera-t-on enfin un système dont tout fait voir maintenant l'insuffisance et le péril? On ne peut guère l'espérer : l'amour-propre irrité ne cédera pas. Si l'on est trop embarrassé, on en viendra plutôt à un coup d'État. On parle aujourd'hui de faire sentir aux puissances étrangères la nécessité de ce coup d'État pour la France. Un homme puissant seroit chargé d'aller faire à l'extérieur l'apologie du ministère, et d'adoucir l'humeur des cabinets européens.

Cette humeur paroît grande, s'il faut en juger par la *Correspondance privée* : cette correspondance se plaint que nous *seuls excitons les alarmes des*

diplomates européens ; « *nous sommes*, dit-elle, *le*
« *peuple qu'ils dénoncent à leurs souverains ; ils*
« *adressent à notre égard des circulaires, portent des*
« *plaintes et rédigent des mémoires.* » Les ministres
se souviennent-ils du temps où ils se glorifioient
de l'approbation des diplomates ? Qui défendoit
alors la dignité et l'indépendance de la France?
Étoient-ce les libéraux, les ministériels, ou les
royalistes ? Ouvrez *la Monarchie selon la Charte,*
au chapitre 86, vous y lirez ces paroles :

« Comment parlerai-je du dernier appui que
« cherchent les intérêts révolutionnaires ? Qui au-
« roit jamais imaginé que des François, pour conser-
« ver de misérables places, pour faire triompher les
« principes de la révolution, pour amener la des-
« truction de la légitimité, iroient jusqu'à s'appuyer
« sur des autorités autres que celles de la patrie,
« jusqu'à menacer ceux qui ne pensent pas comme
« eux, de forces qui, grâces au ciel, ne sont pas
« entre leurs mains ?... Hommes qui vous dites si
« fiers, si sensibles à l'honneur, c'est vous-mêmes
« qui cherchez aujourd'hui à me persuader qu'on
« vous PERMET *tels* sentiments, ou qu'on vous COM-
« MANDE telle opinion. Vous ne mouriez pas de honte
« lorsque vous proclamiez, pendant la session, qu'un
« ambassadeur vouloit absolument que le projet du
« ministère passât, que la proposition des Chambres
« fût rejetée. Vous voulez que je vous croie quand
« vous venez me dire aujourd'hui (ce qui n'est
« sûrement qu'une odieuse calomnie) qu'un ministre
« françois a passé trois heures avec un ministre

« étranger, pour aviser au moyen de dissoudre la
« Chambre des députés. Vous racontez confidem-
« ment qu'on a communiqué une ordonnance à un
« agent diplomatique, et qu'il l'a fort approuvée.
« Et ce sont là des sujets d'exaltation et de triomphe
« pour vous! Quel est le plus François de nous deux?
« de vous qui m'entretenez des étrangers quand
« vous me parlez des lois de ma patrie, de moi qui
« ai dit à la Chambre des pairs les paroles que je
« répète ici : « Je dois sans doute au sang françois
« qui coule dans mes veines cette impatience que
« j'éprouve quand, pour déterminer mon suffrage,
« on me parle d'opinions placées hors de ma patrie;
« et si l'Europe civilisée vouloit m'imposer la Charte,
« j'irois vivre à Constantinople............
« Et comment les mauvais François, qui soutien-
« nent leurs sentiments par une si lâche ressource,
« ne s'aperçoivent-ils pas qu'ils vont directement
« contre leur but ? Ils connoissent bien peu l'esprit
« de la nation. S'il étoit vrai qu'il y eût du danger
« dans les opinions royalistes, vous verriez, par
« cette raison même, toute la France s'y précipi-
« ter : un François passe toujours du côté du péril,
« parce qu'il est sûr d'y trouver la gloire. »

Sied-il bien aux ministres de se plaindre aujour
d'hui de l'influence étrangère? Ils l'ont trouvée
parfaite pour soutenir un système déplorable, et
lorsque le corps diplomatique, enfin éclairé, voit
le danger de ce système, ils se récrient contre *les
alarmes des diplomates.*

Les cabinets de l'Europe semblent être maintenant convaincus de la justesse de nos opinions ; nous pourrions donc triompher à notre tour, mais nous ne savons pas, nous autres royalistes, démentir notre langage : il ne dépend pas de nous de forcer nos ennemis à nous aimer, mais nous saurons conquérir leur estime. De même que nous demandons la religion, la monarchie légitime, la liberté constitutionnelle, la Charte avec toutes ses conséquences, nous voulons l'indépendance de notre pays : nous sommes trop François pour approuver l'intervention des étrangers dans nos affaires intérieures, lors même que cette intervention seroit favorable à nos intérêts. Nous aimons mieux encore être exclus de toutes les places, être méconnus, persécutés, calomniés, que de devoir nos succès à des influences qui blesseroient la dignité de notre patrie. Nous les attendons, ces succès, de la sainteté de notre cause. Nous croyons que l'Europe périra si elle ne se rattache à nos principes ; mais ce n'est pas à l'Europe que nous nous adressons, c'est à la France : c'est de cette chère et belle France que nous attendons toute justice. Eh ! que nous importeroient les honneurs, les dignités, la fortune et la vie, si nous avions cessé d'être François ?

Paris, le 15 août 1819.

Des troubles ont éclaté en Allemagne, en Espagne et en Angleterre : une grande faction démocratique s'est formée sous différents noms et en différents pays; et comme cette faction a pris naissance dans la révolution françoise, il est impossible que la politique de la France ne soit pas l'objet de la sollicitude générale.

Mais comment connoîtroit-on cette politique? le système ministériel doit naturellement se défendre, et par ses agents, et par les moyens que le pouvoir, tout malhabile qu'on le suppose, sait toujours trouver pour ses intérêts. Nous voyons peut-être, par la *Correspondance privée*, un échantillon de la diplomatie de notre cabinet. Là, tout ce que la France renferme de plus respectable est constamment calomnié; là, les royalistes sont présentés sous les couleurs les plus odieuses; là, on cherche à tromper perpétuellement l'Europe sur l'esprit et la nature des partis qui divisent la France. Les ministres françois, dans leurs journaux, et jusqu'à la tribune de nos Chambres législatives, se sont faits les accusateurs publics des royalistes. Long-temps opprimés par la censure, nous n'avons pu élever la voix en faveur de notre cause; mais, puisque nous pouvons parler maintenant, nous allons nous mettre en garde contre les nouvelles accusations qui pourroient être portées contre nous. Toutefois, en cherchant à éclairer le public, si grossièrement trompé par la *Correspondance privée*, en indiquant à l'Europe les erreurs dans lesquelles elle nous semble être tombée, en lui apprenant à mieux connoître les royalistes, nous déclarons que nous ne prenons point l'Europe pour juge : notre roi et notre patrie, voilà les seules autorités dont nous voulons dépendre. Qu'on ait cru devoir souffrir l'intervention des puissances étrangères dans notre régime intérieur (par les articles mêmes d'un traité); qu'on ait pu solliciter ou recevoir des notes diplomatiques dans lesquelles on loue notre système, où l'on déclare que l'on est content de la marche de notre gouvernement, cela peut convenir à des hommes qui veulent garder leurs places, mais non à des royalistes qui ne demandent point de places, et qui ne voudroient pas en conserver à ce prix. Les royalistes ont une idée plus noble de l'honneur françois et de l'indépendance de leur patrie. Ce langage ne donne pas le succès, mais il procure l'estime.

Les gouvernements de l'Europe n'ont jamais connu la révolution : les uns la regardèrent, dans le principe, comme une de ces rébellions faciles à réprimer par la force des armes : les autres la considérèrent comme l'effort généreux d'une nation opprimée qui cherche à recouvrer son indépendance. Les absurdités débitées par nos philosophes et nos révolutionnaires, sur la tyrannie des nobles et le fanatisme des prêtres, ont été crues plus ou moins sur le continent, et même dans la Grande-Bretagne. Par quelle ignorance inexplicable l'Europe vouloit-elle trouver en France, en 1789, les mœurs et les institutions du treizième siècle? Autant vaudroit soutenir que l'Angleterre est féodale, parce qu'aucun acte législatif n'a aboli ses vieilles coutumes ou ses anciennes lois.

Il advint de cette étrange méprise que l'Europe

vit commencer la révolution françoise avec une sorte de bienveillance, comme l'émancipation légitime d'un grand peuple. L'Europe crut qu'on ne demandoit que la suppression de quelques priviléges, abandonnés d'avance par le clergé, et la noblesse, que l'exécution de quelques réformes religieuses, qui sembloient nécessaires même à la cour de Rome ; elle crut qu'on n'en vouloit qu'à des branches, et la hache étoit à la racine : c'étoit du renversement total du christianisme et de la monarchie qu'il s'agissoit.

De petites envies, des jalousies trop communes entre les nations rendirent ces premières erreurs plus difficiles à détruire. On étoit assez content de nous voir nous déchirer et nous affoiblir : nos derniers combats sur le continent n'avoient pas été heureux, et l'on affectoit de mépriser nos armes ; on espéroit que nous serions une proie facile, en cas que le mal s'augmentât parmi nous. On opposoit l'ancienne politique à des hommes qui attaquoient la société avec des doctrines nouvelles : on corrompoit les peuples de l'Europe en les envahissant, et l'Europe prenoit cette corruption démocratique pour la diffusion des lumières : elle se persuadoit encore que la révolution vouloit la liberté, lorsque cette révolution se plongeoit dans tous les crimes, et rampoit sous tous les maîtres. Nous verrons plus bas si le principe de la révolution a jamais été la liberté.

La tête de Louis XVI abattue, les souverains s'épouvantent, et ne s'éclairent point. La crainte, la politique, les ambitions particulières, divisent les cours. Des coalitions sont formées et brisées : les nations, au lieu de marcher ensemble au combat, se présentent tour à tour sur le champ de bataille, et tombent séparément vaincues. On ne fait rien pour la Vendée, seul point d'où le salut pouvoit venir; soit que, par une suite de ses premières erreurs, l'Europe crût que les royalistes de France n'étoient qu'un petit troupeau d'hommes gothiques sans force et sans capacité; soit qu'elle eût une secrète jalousie contre tous succès non dus à ses armes, et qu'elle espérât toujours, même au milieu de ses défaites, obtenir de fructueux triomphes. Ce fut de cette sorte que l'on roula de faute en faute jusqu'au fond de l'abîme. On se vit forcé par la dure nécessité de rechercher l'alliance des maîtres de la fortune; on prêta des soldats étrangers à la victoire françoise : il fut un moment où l'ennemi, poussé de poste en poste, ne trouva d'abri que dans notre gloire. Enfin, quand l'étendard tricolore eut été arboré sur les murs de Séville et de Moscou, de Naples et de Berlin, de Vienne et de Raguse, l'Europe se réveilla, et vint retrouver dans Paris sa liberté, son honneur et ses drapeaux.

Ainsi le résultat de cette révolution si vantée fut d'amener au Louvre les nations du Caucase, et de livrer aux étrangers le vieux Capitole des Francs. A la vue de tout un peuple qui agitoit le drapeau blanc, l'Europe parut enfin se souvenir des Bourbons. Les tombes de Saint-Denis rappelèrent aux rois l'antique race dont la plupart d'entre eux étoient descendus. La fille aînée de la chrétienté fut remise sur le trône : l'Europe jugea, avec raison, que l'on ne pouvoit rebâtir la société politique que sur la légitimité. Elle adopta donc ce grand principe fondamental; mais, après avoir posé la véritable base de l'édifice, elle éleva sur cette base l'échafaudage de ses anciennes erreurs.

Sous les rapports constitutionnels, l'Europe commit une faute en traitant avec le sénat; le sénat n'étoit point une autorité légale; le corps législatif seul représentoit la nation; et, bien que dépouillé d'une partie de ses droits, il étoit cependant l'héritier direct des anciennes assemblées législatives de la France.

On fut ensuite étonné de voir avec quel respect les étrangers traitoient des choses et des hommes pour lesquels la France n'avoit que de l'horreur ou du mépris. Cet aveuglement est pourtant facile à expliquer : ce fut une pure illusion d'amour-propre.

La France révolutionnaire n'a produit qu'une douzaine d'hommes supérieurs dans les armes et la politique; le reste a été d'une extrême infériorité, car nous ne comptons pas les monstres de 1793 : là où l'on voit de grandes vertus on doit supposer de grandes âmes, parce que la vertu est un principe élevé et sublime; mais le crime est, par lui-même, d'une nature si basse, que, plus il est extraordinaire, plus il est à la portée des âmes communes.

Nos étonnants succès n'ont donc point été l'ouvrage de quelques individus, mais le résultat général de l'énergie de la nation, du génie et du courage des François. Les alliés n'avoient pu connoître cette vérité : la France s'étoit comme isolée des autres peuples par son état habituel de guerre; et la grandeur du camp cachoit la petitesse de la cité. Les étrangers prirent de loin pour des personnages tous ces hommes qui figuroient dans le *Moniteur :* lorsqu'ils les virent de plus près, il eût été trop dur de reconnoître l'illusion. L'Europe voulut justifier à ses propres yeux ses anciens revers : son orgueil créa des géants, pour ne pas convenir qu'elle avoit cédé à des pygmées.

Cet orgueil, fort naturel, se joignant à une grande générosité et à quelques combinaisons politiques, explique l'erreur des alliés en 1814. Ils reconnurent la légitimité, mais ils ne détrônèrent point la révolution : à cela près, leur conduite fut admirable. L'empereur Alexandre voulut se mettre à la tête de toutes les libertés, comme Buonaparte s'étoit fait le chef de toutes les tyrannies. C'étoit marcher d'une autre manière à l'empire du monde : on ne pouvoit prendre un plus noble chemin.

Le 20 mars vint punir tant de magnanimité : il apprit aux alliés quelle faute ils avoient commise en confiant la légitimité à la garde de toutes les illégitimités. La journée de Waterloo tua le despotisme militaire dans la personne de Buonaparte, et laissa malheureusement subsister la démocratie révolutionnaire que ce despotisme avoit appelée à son secours.

Ici se présente un des phénomènes les plus étranges de l'histoire. Les Cent-Jours avoient tout appris, avoient montré le fond de tous les cœurs, avoient fait tomber tous les masques : d'un côté étoient les amis, de l'autre les ennemis. Plus de confusion, plus de mélange ; la main de la Providence avoit séparé elle-même l'ivraie du bon grain. Les maîtres du champ moissonné n'avoient plus qu'à choisir, et ils choisirent l'ivraie.

Qui ferma les yeux de tant de souverains ? Puisque la France leur étoit livrée une seconde fois par les révolutionnaires ; puisque nous devions être assez malheureux pour subir le joug, pour recevoir des conditions, comment l'Europe ne songea-t-elle qu'à nous demander des *garanties physiques*, lorsque ce n'étoit, pour ainsi dire, que des *garanties morales* qu'elle auroit dû exiger de nous ? Comment des ambassadeurs qui appuyèrent l'élévation de M. le duc d'Otrante pensèrent-ils qu'il pouvoit être le ministre de la légitimité ? Ce désordre dans les idées annonçoit les erreurs qui devoient suivre.

La Providence, pour sauver la France et l'Europe, opéra son dernier miracle : elle fit sortir des colléges électoraux de l'usurpateur la Chambre royaliste de 1815. Pour la première fois, après trente années de triomphes et de crimes, la révolution fut enfin attaquée corps à corps. On entendit parler de religion, de morale et de justice : la Chambre de 1815 vouloit rétablir sur ces fondements éternels de la société la monarchie légitime et les libertés publiques. La révolution vit le péril : elle rappela ses forces, séduisit le ministère, le rendit favorable à sa cause : tout s'arma pour briser le dernier instrument de salut ; et, chose à jamais déplorable, l'Europe monarchique applaudit à l'ordonnance du 5 septembre !

Mais quelle révolution s'étoit donc opérée dans les conseils ? Les gouvernements étoient-ils devenus plus inaccessibles à la contagion révolutionnaire ? ne mettoient-ils plus aucun intérêt à la tranquillité intérieure de la France ? Ils jugent sans doute mieux aujourd'hui la mesure ministérielle dont ils ne sentirent pas d'abord la conséquence ; ils ne virent qu'un acte de fermeté dans un acte de destruction. C'est de ce moment que les doctrines anti-sociales se sont ranimées ; c'est de ce moment que les révolutionnaires sont sortis de leur retraite pour s'emparer des pouvoirs ; c'est de ce moment que les principes monarchiques et les défenseurs de ces principes ont été proscrits ; c'est de ce moment que des lois démocratiques ont reporté dans la puissance politique et dans la puissance militaire les hommes et les systèmes qui ont bouleversé l'Europe et la France.

Pendant quelque temps, une espèce de vertige sembla troubler la politique générale : on n'eut pas assez d'outrages et de moqueries à prodiguer aux victimes qui s'étoient dévouées pour la cause des rois : correspondances privées, notes diplomatiques, gazettes officielles, se joignoient aux journaux révolutionnaires pour accabler le seul parti qui eût raison dans la cause des monarchies, le seul parti qui, n'attendant rien des monarques dans leur prospérité, leur étoit resté fidèle dans leur malheur.

La constance des royalistes a vaincu la plupart des obstacles. Il faut que ce parti soit puissant en vertus et en vérités pour être sorti d'une position qui sembloit le laisser sans ressources. Le système ministériel est si dangereux et si perfide, qu'il a séparé le nom du roi de la cause des royalistes, et que ceux-ci ont été obligés de combattre, tandis qu'on employoit contre eux jusqu'à l'auguste nom qui fait leur gloire, et dont ils tirent leur puissance.

Aussitôt que les royalistes ont eu un organe pour se faire entendre, on a commencé à les écouter; on les a crus d'autant plus volontiers, que les périls qu'ils avoient annoncés se manifestoient de toutes parts. Le congrès d'Aix-la-Chapelle montra des inquiétudes. On pense généralement qu'il exigea des négociateurs françois la promesse d'une modification politique. Quoi qu'il en soit, M. le duc de Richelieu échoua dans le dessein qu'il avoit pu former pour le repos de la France. Bientôt il abandonne le timon des affaires; le système ministériel augmente de violence; les révolutionnaires françois donnent le signal aux révolutionnaires de l'Europe, et la paix des États voisins est troublée.

Il ne nous appartient point de régler ici ces États, de multiplier les inconvenantes leçons que les opinions ministérielles et révolutionnaires se permettent tous les jours d'adresser aux nations et aux souverains. Nous croyons mieux connoître l'Europe par nos liaisons, nos études et nos voyages, que ces prédicateurs politiques, mais nous savons nous renfermer dans notre compétence; nous ne devons nous occuper des affaires de l'Europe que dans leurs rapports avec celles de notre pays. Nous avons dit que l'état de la France n'étoit connu de l'Europe que par nos ministres, qu'il importoit aux royalistes de tracer un tableau plus fidèle, afin de n'être pas exposés aux nouvelles calomnies de nos infatigables accusateurs : c'est ce que nous allons faire.

Trois opinions, trois systèmes ou trois partis (peu importe le nom) divisent la France : le système ministériel, le système royaliste, et le système révolutionnaire : nous négligerons les subdivisions du parti ministériel et du parti révolutionnaire. Il est bon de remarquer seulement que, dans le parti royaliste, s'il existe quelques nuances d'opinions, elles sont si foibles qu'on peut à peine les apercevoir, et qu'elles ne tombent sous aucune dénomination connue.

Pour bien comprendre ce que c'est que le parti royaliste et le parti révolutionnaire, il faut remonter à une époque reculée.

Dès l'origine de nos malheurs, l'Europe, singulièrement abusée, se figura que le parti de la révolution étoit le parti de la liberté, que ceux qui s'opposoient à cette révolution étoient une petite classe de privilégiés attachés à un régime oppresseur. Depuis la restauration, les révolutionnaires n'ont pas manqué de répéter qu'ils vouloient la liberté, et que les royalistes vouloient l'ancien régime, la féodalité ou l'esclavage. Les ministériels, pour justifier leur système et leurs injustices, ont joint leur voix à celle des révolutionnaires; et l'Europe, que l'immortel Burke n'avoit pu détromper, a bien voulu croire sur parole les révolutionnaires et les ministériels, c'est-à-dire la démocratie et la domesticité. Voilà l'erreur.

Voici la vérité : ce n'est point la liberté, c'est l'égalité *absolue* qui a été le principe réel, et qui forme encore le vrai caractère de la révolution françoise. Pour s'en convaincre, il suffit de remarquer que la liberté a toujours succombé dans nos troubles, quelle a subi le joug de Robespierre, du Directoire et de Buonaparte, tandis que l'égalité absolue s'est constamment maintenue. Les révolutionnaires ont conservé cette égalité sous la démocratie de la Convention comme sous le despotisme de l'Empire. Les distinctions de Buonaparte n'établissoient pas de véritables rangs, vu qu'il n'avoit fondé ni pairie, ni noblesse ayant des droits politiques : c'étoit toujours l'égalité masquée en baron, comte, ou duc.

Ce principe de l'égalité absolue existe encore aujourd'hui, et c'est le plus grand obstacle à l'établissement du gouvernement constitutionnel; car l'égalité absolue s'accommode du despotisme qui nivelle tout, mais ne peut s'arranger d'une monarchie qui établit une distinction de pouvoirs.

La liberté est le sentiment des âmes élevées : elle produit les grandes actions, crée les grandes patries, et fonde les institutions durables; elle se plaît dans l'ordre et la majesté; elle s'allie avec tous les gouvernements, hors avec le despotisme.

L'égalité absolue est la passion des petites âmes : elle prend sa source dans l'amour-propre et l'envie, elle enfante les basses résolutions, et tend sans cesse au désordre et au bouleversement.

Principe naturel de la démocratie et du despotisme, l'égalité absolue est d'autant plus dangereuse, quand son esprit domine chez un peuple, qu'elle ne peut être satisfaite qu'en régnant sur des tombeaux. Ce qu'elle attaque est une chose qu'on peut détruire, mais qu'on ne sauroit vaincre. Persécutez tant qu'il vous plaira la noblesse, vous ne l'empêcherez pas d'exister; vous abolirez les droits, vous n'effacerez pas les noms : pour anéantir la noblesse, il faut tuer tous les individus nobles. L'égalité absolue est donc un principe de mort : elle ne peut rien fonder parce que rien ne peut s'élever auprès d'elle, pas même la liberté, qui est une supériorité réelle, comme la vertu. Aussi remarquez que les révolutions les plus sanglantes et les moins durables sont celles où l'égalité absolue a dominé. Rome établit la liberté avec la distinction des rangs; sa révolution, dans le premier moment, ne coûta la vie qu'à Lucrèce; six cents ans de vertus et l'empire du monde furent le prix de cette modération républicaine.

Ce principe posé, vous allez sur-le-champ découvrir le véritable esprit du parti royaliste et du parti révolutionnaire.

Les royalistes sont en France les hommes qui veulent la liberté, avec l'égalité devant la loi, avec l'égale admission aux places et aux honneurs, avec la faculté d'atteindre à tous les rangs; mais ils repoussent l'égalité absolue, incompatible avec une monarchie constitutionnelle.

Les révolutionnaires veulent l'égalité absolue, et n'ont aucun amour sincère de la liberté.

Ouvrez les écrits des révolutionnaires et des royalistes, vous y remarquerez ces nuances d'opinion fortement prononcées.

Dans les écrits des révolutionnaires, vous distinguerez une haine violente du clergé et de la noblesse, comme de toute supériorité sociale; vous y trouverez le vœu bien formel de la division des propriétés, ce qui conduit à la loi agraire, par la loi agraire à la démocratie, et par la démocratie au despotisme. Mais en même temps ces écrits ne présentent qu'une très molle défense de la liberté : leurs auteurs ont une tendance naturelle à flatter le pouvoir; tantôt, selon leurs intérêts du moment, ils prêchent la tyrannie ministérielle; tantôt ils attaquent les tribunaux, sollicitent des mesures arbitraires, invitent à proscrire une classe d'hommes, et proposent libéralement de faire des ilotes.

Les écrits des royalistes expriment au contraire un vif et sincère amour de la liberté : on y remarque une extrême indépendance d'opinion et de caractère, une franche horreur de l'arbitraire;

mais aussi une haine bien prononcée de l'égalité démocratique, un penchant bien décidé aux hiérarchies sociales, sans lesquelles aucune monarchie ne peut exister, un désir bien sincère de voir s'accroître la grande propriété qui seule fonde les familles, et donne à la fois des défenseurs aux rois et aux peuples.

Tels sont réellement et dans leur esprit les deux partis, révolutionnaire et royaliste. Nous les montrons sous leur véritable jour, et ce jour paroîtra peut-être nouveau : tant sur ce point les erreurs étoient étranges!

Les royalistes sont donc les défenseurs de la liberté, sans l'égalité absolue; les révolutionnaires sont les soutiens de l'égalité absolue, sans la liberté.

Les royalistes ont toujours soumis au roi leur cœur et leur épée, mais ils n'ont jamais abandonné à personne leurs droits légaux et leur liberté acquise; les révolutionnaires s'arrangeroient de Constantinople pourvu qu'il y eût *égalité* d'esclavage.

Révolution, dans la bouche des révolutionnaires, ne veut pas dire *liberté*, mais *égalité absolue*.

Révolution, dans la bouche des royalistes, veut dire absence de *liberté*, *égalité absolue*, *nivellement complet*, ou *démocratie*.

Les seuls hommes qui veulent véritablement la Charte sont les royalistes, parce qu'elle proclame la légitimité dans le roi qui a donné cette Charte, parce qu'elle fonde la liberté avec la distinction des rangs; toutes choses reconnues de tous temps des royalistes.

Les révolutionnaires ne veulent point la Charte parce qu'elle établit une monarchie légitime, une noblesse, un pouvoir qui n'est point le despotisme, une liberté qui n'est point la démocratie, une égalité de droit devant la loi, qui n'est point une égalité absolue.

Les royalistes ne sont donc point les soutiens d'un arbitraire gothique; les révolutionnaires ne sont donc point les défenseurs d'une liberté constitutionnelle.

Ainsi s'évanouissent par cette explication de l'esprit du parti royaliste et du parti révolutionnaire, toutes les idées fausses que l'on pouvoit en avoir conçues. Mettons maintenant en lumière le troisième parti, et voyons ce que c'est que le système ministériel.

Ce système a son langage, ses prétentions et ses actions : il ne peut pas toujours déraisonner; mais quand il fait entendre quelque chose de bon sens, il ne fait que répéter la doctrine des royalistes, car (remarque essentielle) toutes les fois que les ministériels et les révolutionnaires veulent en imposer sur leurs vrais sentiments, ils n'ont d'autre ressource que de dire ce que nous avons dit long-temps avant eux.

Cent fois nous avons déclaré que le rétablissement de l'ancien régime étoit impossible, que les éléments de ce régime étoient à jamais détruits, qu'il falloit donc suivre le mouvement politique du siècle, que la Charte satisfaisoit à tous les besoins nouveaux. Nous avons fait un million de fois l'éloge du gouvernement constitutionnel; et si ce gouvernement est maintenant connu et entendu de la France, nous osons dire que c'est nous qui l'avons rendu populaire, par les explications que nous en avons données.

Or donc, quand le système ministériel parle constitution, qu'avance-t-il que nous n'ayons avancé? Mais les ministériels ne sont que des écoliers ignorants qui répètent mal nos leçons; car, au fond, ils aiment peu les institutions libres. Élevés sous la férule du despotisme, ils violent à chaque moment cette Charte qu'ils n'entendent pas; ils n'ont d'autre but que de garder leurs places, d'autre système que d'établir l'arbitraire. Tous ces hommes de police et d'antichambre à qui l'on a donné la Charte à exécuter en font entre eux des espèces de répétitions, comme des musiciens que l'on forceroit à jouer sur des instruments dont ils n'auroient aucune pratique : c'est une cacophonie effroyable.

Mais quittons la théorie du système ministériel, et voyons comment il agit dans la pratique. La prétention de ce système est de ne verser ni dans le sens des royalistes ni dans le sens des révolutionnaires, d'observer un juste milieu : on va juger si cette prétention a quelque chose de raisonnable.

En premier lieu : on peut maintenir l'équilibre entre deux opinions politiques quand ces deux opinions, différentes sous plusieurs rapports, n'attaquent cependant pas le fond de la chose établie. Mais si, dans une *monarchie*, deux opinions s'élèvent; si l'une de ces deux opinions, tout erronée qu'on la suppose, est néanmoins *monarchique*, et si l'autre est *démocratique* ou *républicaine*, doit-on tenir la balance égale?

En second lieu : on peut essayer de maintenir l'équilibre entre les deux *opinions* hostiles ; mais pour les *faits* et pour les *hommes* il n'y a point d'équilibre possible : la trahison et la fidélité, le vice et l'innocence, ne sont point matières semblables que l'on puisse mettre dans la balance. Combien faut-il de vertus pour peser autant qu'un crime ? ou combien faut-il de crimes pour égaler le poids d'une vertu ?

Que l'on eût pour système de confier les places à des hommes nouveaux qui n'auroient commis aucun excès, qui n'auroient appartenu à aucune époque de la révolution, qui n'auroient trahi ni la république, ni Buonaparte, ni le roi, qui n'auroient point servi l'usurpateur pendant les Cent-Jours, ni suivi à Gand le souverain légitime, on pourroit comprendre en politique cette froide impartialité. Mais placer également un royaliste et un jacobin, celui qui a rempli tous ses devoirs et celui qui les a violés tous, celui qui a fait le bien et celui qui a fait le mal, ce n'est plus un équilibre, c'est tout simplement une monstruosité morale, un véritable crime politique qui tôt ou tard amèneroit la destruction d'un État.

Eh bien! le système ministériel n'en est pas même à ce point d'impartialité : tout en prétendant qu'il maintient l'équilibre entre les opinions et les hommes, il se jette entièrement du côté démocratique. Toutes les concessions sont faites à la révolution; toutes les lois, du moins les lois principales, sont conçues dans le sens de l'opinion démocratique; les royalistes sont chassés de l'administration, des tribunaux, de l'armée : un service rendu à la monarchie légitime est une cause sûre d'exclusion. Malheur à celui qui a donné le scandale de la fidélité! Plus la félonie est récente, plus elle est recherchée : on la choisit fraîche et nouvelle pour qu'elle soit vive et durable. L'ancienne félonie de 1793 est si vieille qu'elle est presque de la fidélité : on demande surtout pour députés les députés des Cent-Jours, pour juges et pour préfets les juges et les préfets des Cent-Jours. L'obscurité de la trahison ne met pas à l'abri des bienfaits du ministère : si quelque adjoint d'une mairie de campagne a prêté à l'usurpateur un serment inconnu, les ministres vont déterrer ce mérite caché, chercher la vertu anti-monarchique à la charrue; la trahison a ses Cincinnatus.

Pour justifier cette indigne partie du système, on dit qu'il faut rattacher les ennemis de la légitimité à la légitimité.

Mais, en employant ces hommes, qui vous oblige à chasser les royalistes? L'admission des premiers est-elle de nécessité l'exclusion des seconds?

Dans tous les temps on a été obligé de capituler

avec quelques chefs de factieux ; dans tous les temps on a négligé quelques serviteurs, oublié quelques services. Vous falloit-il des victimes choisies ? vous pouviez les prendre : les plus fidèles étoient les plus résignées. Mais a-t-on jamais poussé l'absurdité au point d'écarter *tous* ses amis pour ne s'environner que de ses ennemis ? Ce spectacle d'ingratitude est pour le peuple la plus violente des tentations, et la plus profonde des corruptions morales et politiques. Qui servira, si on ne récompense jamais ? Qui ne voudra trahir, si les honneurs et la fortune sont le prix de la foi violée ? Quelle démence de confier la monarchie à la démocratie, la paix du monde à ceux qui n'ont cessé de la troubler ! Le vieux billon de la Convention nationale, frappé au coin ministériel, ne change pas pour cela de valeur et de nature : cette prétendue monnoie royale garde toujours l'empreinte des faisceaux révolutionnaires et du bonnet rouge.

Croyez-vous gagner les ennemis du roi en leur livrant toutes les places ? Au 20 mars n'étoient-ils pas comblés de faveurs, et quelle reconnoissance en ont-ils montrée ? Aujourd'hui ils seroient encôre bien plus prompts à vous trahir : vous leur avez fait de leur défection une vertu patriotique. Pleins de la bonne conscience de leur mauvaise foi, ils marchent la tête haute et le front paré de vos couronnes. Vos bienfaits ne leur prouvent que votre crainte ou votre sottise. Le mépris que vous inspirez est pour vous un asile peu sûr : ces ministres de l'empire romain qui, au moment de la catastrophe, se cachoient dans des lieux infects, y trouvoient-ils un abri?

Ce système ministériel, dont les conséquences sont si funestes, n'a pour appui que les hommes les plus médiocres, et ces agents du pouvoir qui reçoivent de leurs émoluments leur conscience et leur pensée. Ce système n'est qu'une machine révolutionnaire où l'on restaure les vieux jacobins, et où l'on en fabrique de nouveaux. Se rassurer sur la paix qui règne en France seroit bien mal comprendre les choses. Cette paix vient, pour le répéter encore une fois, de la lassitude des peuples; elle vient du triomphe complet que la faction révolutionnaire a obtenu au moyen du système ministériel : on ne s'agite pas lorsqu'on triomphe. En France, nous l'avons déjà dit, si nous étions jamais assez malheureux pour éprouver une révolution nouvelle, cette révolution n'arriveroit point par le peuple : quand la loi des élections aura produit une Chambre tout-à-fait démocratique ; quand la loi du recrutement aura corrompu l'esprit de l'armée ; quand le système ministériel aura chassé tous les officiers royalistes, tous les magistrats royalistes, tous les administrateurs royalistes, une révolution pourroit être l'affaire d'une proclamation. Voilà ce qu'il faut voir si l'on est homme d'État : tel seroit le résultat certain du système ministériel, si ce système étoit encore de longue durée.

Il est temps que la monarchie européenne songe à son salut : non-seulement elle a à lutter contre la révolution françoise ranimée par notre système ministériel, mais encore contre l'esprit général du siècle, et contre un obstacle né d'un changement arrivé dans l'ordre politique.

Avant l'émancipation des États-Unis, on ne connoissoit de républiques, dans les temps modernes, que celles de l'Italie, de la Suisse et de la Hollande, les premières n'étoient que des rendez-vous de plaisirs, les dernières que des pépinières de soldats et de matelots. L'homme qui rêvoit constitution populaire n'avoit d'autre ressource que l'histoire : exilé dans le passé, et citoyen des ruines de Rome, il ne troubloit point la paix du monde. Il pouvoit, au milieu des tombeaux, s'enthousiasmer pour les maximes républicaines, comme cet Athénien qui, s'asseyant au théâtre vide, applaudissoit aux acteurs absents, aux pièces qu'on ne donnoit pas.

Aujourd'hui vous avez devant vous une vaste république de plus en plus florissante : sa population augmente chaque jour ; déjà elle s'avance vers l'océan Pacifique, et va chercher la Russie sous les glaces du pôle. Là règne le principe de la souveraineté du peuple. L'esprit démocratique de l'Europe ne puise-t-il pas à cette source toujours ouverte ? Si les rois favorisent encore cet esprit, s'ils appuient les systèmes qui le propagent, s'ils proscrivent les principes et les hommes qui le combattent, comment conserveront-ils leurs couronnes ? Que les colonies espagnoles passent à l'état républicain, le principe monarchique en Europe n'en sera-t-il pas de plus en plus attaqué ?

Les anciens peuples vivoient dans une espèce

d'isolement les uns des autres : chaque nation, confinée à son territoire, et pour ainsi dire renfermée dans le cercle de ses lois, n'entendoit parler des nations voisines que quand le commerce ou la guerre amenoit à ses ports ou à ses frontières des marchands ou des soldats.

La croix changea le monde : sur les ruines de l'ancienne société s'établit la grande famille chrétienne, qui reçut dès sa naissance tous les germes de la civilisation par la morale évangélique. Dans cette vaste communauté aucun État ne peut s'ébranler sans menacer d'entraîner les autres dans sa ruine.

Le lien maternel qui unissoit toutes les monarchies européennes étoit donc la religion. A mesure que ce lien s'est relâché, la société s'est disjointe ; et quand la révolution est venue le briser, les empires croulants ont semblé rentrer dans le chaos.

Veut-on renouer ce lien salutaire ? Verrons-nous fonder des institutions politiques sur des bases religieuses ? Rétablira-t-on cette justice éternelle qui est elle seule toute une constitution ? Un souverain qui auroit conçu un pareil projet mériteroit les bénédictions de la terre.

Quoi qu'il en soit, il faut qu'on apprenne une dernière vérité : si la France a été le foyer des doctrines qui ont troublé l'ordre social, la France néanmoins est plus près de l'ordre et du repos qu'aucune autre nation de l'Europe. La maladie est passée pour nous ; elle commence pour nos voisins. A l'abri de toute entreprise militaire par notre force et notre courage, nous ferions encore la loi si on avoit la prétention de nous la donner : ainsi, tranquilles sur notre position extérieure, notre position intérieure est telle que, si nous pouvons être facilement perdus, nous pouvons être encore plus facilement sauvés. Que le système ministériel tombe, avec lui disparoîtra une centaine de jacobins, de petits administrateurs, de petits sophistes qui font seuls tous nos maux. On corrigera les mauvaises lois, on en fera de bonnes ; on fondera les institutions aristocratiques qui manquent à nos libertés ; on ne persécutera personne, mais on n'éloignera plus les honnêtes gens : avec la paix de la France renaîtra la paix de l'Europe. Comment se fait-il que le bien soit si près du mal, et qu'on ne puisse l'atteindre? Aurions-nous mérité que Dieu exerçât sur nous quelques-uns de ces conseils de justice qui échappent à notre vue? La Providence punit les nations obstinées. Alors elle rend impossible la chose la plus facile ; elle fait que la folie triomphe de la raison, la stupidité du génie : si les innocents périssent par ses décrets avec les coupables, elle leur donne une récompense dans le ciel ; mais les générations passent, et sa volonté s'accomplit.

Paris, le 31 août 1819.

On n'est plus occupé à Paris que des élections. Les journaux indépendants présentent leurs listes de députés ; les journaux ministériels font l'éloge de ces députés désignés ; c'est une merveilleuse concorde : à cette différence près toutefois que les indépendants traitent fort mal les ministériels, et que les ministériels se plaignent tendrement de la cruauté des indépendants.

La faction militaire voudroit nommer des généraux; la faction démocratique voudroit élire de bons jacobins; la faction ministérielle acceptera avec reconnoissance ce que ces fiers alliés consentiront à lui donner.

La position des royalistes est cruelle, nous en convenons. Objet de toutes les calomnies, de toutes les injustices, de toutes les ingratitudes, nous sommes offerts en sacrifice à la révolution, en dérision à la terre. Dans un mouvement de dépit, trop justifié par nos souffrances, nous pourrions être tentés de dire : « Eh bien! notre rôle est fini;
« nous ne nous ferons plus *mettre en coupe réglée:*
« que la monarchie se tire de ses lois ministérielles,
« de ses systèmes ministériels, de ses hommes mi-
« nistériels, de ses amis de 1793 et des Cent-Jours,
« comme elle pourra : cela ne nous regarde plus.
« Contents de cultiver notre champ à l'écart, nous
« échapperons individuellement à la catastrophe.
« Nous avons déjà vécu sous Buonaparte; un autre
« usurpateur ne nous traitera pas plus mal. On nous
« renie? Nous nous éloignons en pleurant, mais
« nous nous éloignons. Nous n'admettrons jamais
« en principe le gouvernement de fait, mais nous
« nous y soumettrons. Nous cesserons d'immoler
« nos familles, nos biens et notre repos à une fidé-
« lité qui importune. »

Un mouvement de dépit peut faire tenir ce langage; mais, après tout, ce ne peut être qu'un mouvement bientôt réprimé. Quoi! vous seriez découragés parce que vos sacrifices sont méconnus! Mais s'ils étoient payés, ces sacrifices, que seriez-vous ? Occuperiez-vous ce haut rang que la vertu vous donne, que la postérité vous conservera ? Lorsque, dans les champs de la Vendée et de la Bretagne, vos pères, vos frères, vos fils tomboient en criant *vive le roi!* quand ils mouroient dans les prisons, quand ils versoient leur sang sur l'échafaud, songeoient-ils à la récompense que méritoit leur fidélité ? Qui de vous n'aime encore mieux être un royaliste pauvre, dépouillé, insulté, oublié, que tel homme dont la fortune est aujourd'hui le mépris et le scandale du monde ? S'il en est ainsi, de quoi vous plaignez-vous ? Vous avez donc en vous-mêmes une récompense supérieure à tous les biens que l'on pourroit vous offrir; vous occupez donc la meilleure de toutes les places, puisque vous ne la voudriez pas changer contre celle qui vous procureroit richesses et honneurs. Royalistes, vous avez pour vous la force de la justice éternelle, et la paix de la bonne conscience : vous êtes donc puissants et heureux.

Mais souvenez-vous de la maxime *Aide-toi, le ciel t'aidera.* Les royalistes peuvent s'apercevoir que nous nous appliquons cette maxime nous-mêmes, que nous donnons à leur service (en accumulant sur notre tête une foule de haines et de vengeances) des moments qu'il nous seroit plus doux de consacrer au repos. Mais, quand il s'agit du salut de la monarchie, est-il permis de rester tranquille spectateur d'un combat où le plus petit secours peut décider la plus grande victoire? Que les royalistes aillent donc voter à leurs colléges électoraux; qu'ils ne se laissent diviser par aucun intérêt de localités, de liaisons ou de famille, c'est là le point capital; qu'ils se fassent entre eux tous les sacrifices d'amour-propre; qu'ils fixent leur choix sur des candidats capables de soutenir la cause royale; et qu'ils ne composent jamais avec cette espèce d'hommes qui, par une double lâcheté, se prosternent devant le crime, et reculent devant la vertu.

Paris, le 24 septembre 1819.

Deux choses font les révolutions des empires, à savoir, quand les événements sont grands et les hommes petits, ou quand les événements sont communs et les hommes extraordinaires. Dans le premier cas, les événements sont trop forts pour les hommes; ils les entraînent, et tout est détruit. Dans le second cas, les hommes sont trop puissants pour les événements; il les accroissent, mais ils les maîtrisent, et tout est fondé.

Nous avons vu des catastrophes étonnantes : une antique religion ensevelie sous la pierre de ses autels, une monarchie de quatorze siècles renversée, un roi assassiné juridiquement par ses sujets, une république de quelques jours, un empire de quelques années. Des armées s'avancent et se retirent comme le flux et le reflux de la mer, le drapeau françois flotte sur les murs du Kremlin, et les peuples du Caucase campent dans la cour du Louvre; la légitimité chasse l'usurpation, et l'usurpation la légitimité; l'une et l'autre abandonnent tour à tour l'exil et le trône; la première se fixe enfin sur les fleurs de lis, la seconde est enchaînée sur un rocher à l'extrémité de la terre : tout rentre dans le silence, tout disparoît, tout s'évanouit; aucun personnage remarquable ne reste sur la scène, et, au milieu des débris entassés, on n'aperçoit plus que la main de Dieu.

Pourquoi les hommes n'ont-ils rien établi dans le cours de ces changements qui présentoient sans cesse l'occasion de finir une antique société, et d'en commencer une nouvelle? Pourquoi? Parce que les hommes étoient inférieurs aux événements, parce que leur génie raccourci n'étoit pas de taille à se mesurer avec la fortune. Chaque personnage de cette révolution croyoit devenir immortel, à l'instant même où il tomboit dans l'oubli, comme cet empereur romain qui se faisoit appeler *votre éternité* la veille de sa mort : c'étoit prendre ce titre un jour trop tôt.

Les petits hommes d'État qui ont succédé à ces premiers révolutionnaires, et qui nous gouvernent aujourd'hui, ont aussi la prétention de travailler pour l'avenir, et, comme leurs prédécesseurs, ils ne sont pas de niveau avec les affaires du siècle. Il s'agissoit de reconstruire l'ordre social tout entier : se sont-ils même doutés de la nature du travail confié à leur inexpérience ?

Les uns, jadis attachés à la police, sont cauteleux et madrés comme des esclaves ; mais ils ne peuvent conduire les affaires, parce qu'ils ne savent rien par eux-mêmes, et qu'ils ne possèdent que le secret d'autrui. Tout leur instinct consiste à donner des chaînes parce qu'ils en portent, à inventer des conspirations, pour multiplier les infâmes et les malheureux ; mais, déjoués sans cesse par le gouvernement constitutionnel qu'ils n'entendent pas, leur ruse est aujourd'hui misérable, et leur arbitraire absurde. Les autres sont de petits littérateurs sans talents, qui n'apportent dans la politique que les mécontentements de leur vanité blessée : ils ont fait de méchants ouvrages ; ils ne peuvent nous pardonner nos souvenirs.

L'abîme appelle l'abîme : le mal qu'on a fait oblige à faire un nouveau mal ; on soutient par amour-propre les ignorances où l'on est tombé par défaut de lumière. C'est ainsi que le ministère, pour justifier la folie de son système, s'est créé un fantôme menaçant, une France républicaine et impériale à laquelle il sacrifie tout. A force de constance dans l'erreur, il veut réaliser la chimère de sa foiblesse ; plus il fait croître la révolution autour de lui, plus il s'enfonce dans cette révolution pour trouver un abri dans des ruines : il n'est aucun moyen de l'éclairer, car il est aveugle. De toutes les nécessités à subir, celle de l'incapacité est la plus insupportable ; mais elle n'en est pas moins une invincible nécessité, et elle renverse les empires tout aussi sûrement que la violence.

Si les royalistes séparoient leur cause de celle de la monarchie, ils pourroient triompher plus justement que les ministres. Leur amour-propre et leurs intérêts personnels ont été parfaitement satisfaits par le résultat des dernières élections : et quant à leur opinion touchant la loi, elle est aujourd'hui pleinement justifiée.

Sous le premier rapport, ils ont perdu quelques députés, il est vrai : mais comment? parce que la loi est toute antimonarchique et antipopulaire; parce qu'elle a mis les royalistes *en coupe réglée*, comme l'a révélé candidement le journal ministériel; parce que le ministère, toujours si puissant en France quand il est armé du nom sacré du roi, s'est jeté du côté démocratique, et que les royalistes ont eu contre eux le pouvoir exécutif et le pouvoir législatif, le gouvernement et la loi.

Enfin, une cause non moins puissante s'est opposée au succès des royalistes : il est maintenant démontré que cette loi si *populaire,* que cette *élection directe* qui devoit attirer la foule, laisse plusieurs colléges électoraux à moitié vides. Un tiers des électeurs a manqué presque partout.

Les électeurs manquants sont pour la plupart des habitants des campagnes, dans la classe desquels se trouvent les royalistes. Les choix ont été livrés à la minorité des électeurs, minorité qui sort des petites villes et du chef-lieu des départements.

Parmi les royalistes qui ne se rendent point à

leurs colléges, les uns sont des hommes ardents qui, fatigués de tant d'injustices et d'outrages, renoncent à tout, jusqu'au moment où il faudra tirer l'épée pour le roi; les autres sont des hommes froids ou timides que la politique laisse indifférents, ou qui craignent les persécutions.

Non-seulement les dernières élections ne prouvent pas la foiblesse du parti royaliste, mais elles en démontrent invinciblement la force[1]. Rassemblez les faits : voyez les royalistes obligés de lutter à la fois contre la loi, contre le ministère, contre les agents de ce ministère, contre tous les pouvoirs qu'un gouvernement peut toujours employer; voyez-les lutter encore contre une faction rendue puissante par la protection qu'on lui accorde, contre l'argent, les menées, les intrigues révolutionnaires, contre le comité directeur et les affiliations libérales; voyez le parti monarchique calomnié, découragé, sacrifié, sans moyen de s'entendre et de se réunir : voyez-le s'éloigner des élections, ou par dégoût ou par la crainte d'attirer sur lui de nouveaux orages, de nouvelles persécutions ministérielles et libérales : eh bien! malgré tous ces obstacles (sous lesquels il n'y a presque point de parti qui ne succombât) les royalistes ont encore formé le tiers des électeurs présents dans les différents colléges. Comptez les chiffres : c'est ici de l'arithmétique; il n'y a point d'illusion dans les nombres.

---

[1] Le journal *la Renommée* dit très justement : « Les *constitution-nels* ont augmenté leur armée; les *ultras* ont conservé leurs positions; et les *ministériels* ?... *intelligenti pauca.* »

Maintenant, supposez un ministère impartial, qui, sans favoriser les royalistes, ne les repoussât cependant pas, et n'encourageât pas la faction révolutionnaire; un ministère qui ne mît pas tous ses soins à écarter les hommes monarchiques, nous demandons si les royalistes qui composent de fait les deux cinquièmes des électeurs ne viendroient pas tous à leurs colléges, et ne balanceroient pas puissamment les choix révolutionnaires?

Jusqu'ici on a vécu dans un état contre nature. Est-il rien de plus étrange qu'un ministère royal favorisant la démocratie, cherchant des appuis là où il ne peut en trouver, prétendant faire une population monarchique d'un petit nombre de révolutionnaires, tandis qu'il a à sa disposition une nation tout entière de royalistes? C'est vouloir amener péniblement quelques gouttes d'eau sur une montagne aride, tandis que des fleuves abondants coulent et passent à vos pieds.

Les royalistes, toujours justes, toujours conséquents, tout en étant bien persuadés qu'avec un bon ministère ils triompheroient aux élections, n'en concluent rien néanmoins en faveur de la loi. Ils rejettent une loi qui ne porte pas en elle-même sa propre vertu; une loi qui, au lieu de représenter des masses, n'appelle que des individualités, qui ne classe aucun intérêt général, et qui par cette raison est essentiellement destructive du gouvernement royal.

Nous savons que ceux qui parlent aujourd'hui des royalistes comme on en parloit à la Convention n'ont pas commis les excès de nos anciens révolutionnaires. Non, sans doute : il y a des hommes qui sont restés purs aux yeux de la justice humaine, parce qu'ils ont été trop lâches pour exécuter les forfaits dont ils nourrissoient le désir; mais la justice divine les verra d'un autre œil ; le crime du cœur de ces hommes, pesé dans la balance éternelle, s'augmentera de tout le poids de leur infâme innocence.

C'est grand'pitié, en de si grandes circonstances, d'entendre de prétendus politiques qui craignent d'avoir peur de leur peur, vous dire pour se rassurer : « Je vous proteste que ces députés ne sont « pas tels qu'on se l'imagine : celui-ci a des idées « monarchiques : celui-là est facile à ramener. » Grand Dieu! et c'est une loi que vous pouviez corriger l'année dernière sans trouble, sans effort, en adoptant la proposition d'un noble et respectable pair; c'est une pareille loi qui vous oblige de calculer en tremblant si un homme est meilleur ou pire que sa renommée! Vous vous suspendez à la moindre espérance ; et pour peu que vos dédaigneux amis vous permettent de vivre un ou deux jours de plus, vous êtes prêts à leur dire : *Ave..... morituri te salutant.*

Tous ces hommes des Cent-Jours qui vont se trouver dans la Chambre des députés peuvent être individuellement des gens de talent, des citoyens estimables; mais vous ne prétendez pas sans doute qu'ils soient brûlés du zèle de la légitimité. Qu'ils inclinent à la république ou à la monarchie, ils n'en ont pas moins proscrit les fils de saint Louis. Le gouvernement de fait est leur doctrine avérée. Ainsi, admettons qu'ils servent la race royale tant que cette auguste race possédera l'empire; mais n'est-il pas à craindre qu'ils ne l'abandonnent le jour où d'autres maîtres se trouveroient momentanément investis de la puissance?

Des ministériels se réjouissent au bruit assez répandu qu'un juge de Louis XVI, satisfait de son triomphe, renonce à sa nomination. D'autres prétendent qu'on a écrit à ce député la lettre la plus polie, pour l'inviter à donner sa démission, lui promettant la récompense du sacrifice. Il ne manqueroit plus aux ministres que de devoir la prolongation de leur existence politique au mépris et à la pitié d'un prêtre régicide.

Ce député prêta serment à Louis XVI. A-t-il tenu ce serment? Tiendra-t-il celui qu'il fera à Louis XVIII? Comment se lèvera-t-il dans la Chambre des députés? Comment prononcera-t-il entre les mains royales ces trois mots : *Je le jure?* Le premier il a provoqué la mise en accusation du *juste couronné* : il a sollicité le premier l'abolition de la monarchie. Peut-il, sans manquer à ses principes, reconnoître pour roi le frère de celui dont il demanda et obtint la tête?

Mais n'accusons point le député : accusons le ministère et sa loi; accusons cet esprit de vertige et d'erreur qui poussa des hommes influents à donner à Louis XVIII Fouché pour ministre. C'est l'ordre de choses établi qui ramène le député de la Convention dans sa sphère naturelle. Si l'on n'eût pas reproduit ses opinions, il fût resté isolé dans le monde, jouissant des qualités privées ou des talents que le ciel a pu lui départir. Vous n'étiez plus son juge depuis que la Charte lui a pardonné. En le laissant à l'écart, en ne le tirant pas de son obscurité, par la force et le résultat inévitable de vos systèmes, il eût passé en paix le reste de ses jours, si la paix peut être dans sa conscience : nul n'auroit eu le droit de scruter et tourmenter sa vie. On prétend que ce député, revêtu d'un caractère sacré, offre chaque matin l'hostie sans tache de la même main dont il immola son roi : puisse-t-il être racheté par le double sacrifice, par le mérite de ce sang répandu sur la croix et sur l'échafaud!

Ce qui s'est passé au renouvellement de la troisième série a pleinement justifié les royalistes, et condamné sans retour la loi des élections. Dans le cours de trois années, cette loi a conduit à la Chambre des députés les hommes qui ont amené Louis XVI prisonnier à Paris, et les hommes qui ont mis à mort ce roi martyr. Elle a de plus choisi avec affectation les signataires de l'acte qui condamnoit au bannissement perpétuel le monarque régnant et son auguste famille. De sorte qu'elle s'est trouvé des affinités singulières avec la Convention et la Chambre des Cent-Jours, avec la vieille et la nouvelle félonie, avec nos deux espèces de régicides, ceux qui ont tué Louis XVI et ceux qui ont proscrit Louis XVIII : elle nous a rapprochés de la république et de l'empire; elle nous a donné des conventionnels et les serviteurs de Buonaparte. Voilà la loi telle que les ministres nous l'ont faite.

Certes, les royalistes ne réclament aucune part dans ces triomphes de la loi, dans ces succès du système. Que les ministres se réjouissent, nous leur prédisons que leur joie sera courte.

Quant à nous, nous ne craignons rien. Nos principes sont ceux de la religion, de l'ordre et de la justice : tôt ou tard nous triompherons avec ces principes. La vérité renversera toujours l'édifice de l'erreur et du mensonge. Partout où le paganisme avoit placé ses faux dieux, le ciel envoya un destructeur ; chaque temple païen vit un barbare armé à ses portes. La Providence n'arrêta la torche et le levier que quand la race infidèle fût changée : alors une croix s'éleva sur les monuments, et tout fut dit. Cette Providence, espérons-le, ne laissera pas périr le trône de saint Louis. Les lis, enracinés dans leur sol natal, viennent de porter un nouveau rejeton : Louise-Marie-Thérèse d'Artois, MADEMOISELLE, précède ses frères ; elle vient, sous un nom chéri, nous annoncer des rois. La France est aujourd'hui fière de ses princesses, et montre avec orgueil à l'Europe l'héroïne du Temple.

Paris, le 15 octobre 1819.

Il est certain que M. le ministre de l'intérieur s'est fait présenter un rapport sur l'état de la liberté de la presse en France ; et il est encore certain que la conclusion du rapport est peu favorable à cette liberté.

Les mesures que l'on vient de prendre en Allemagne raniment l'espérance de ceux qui voudroient nous ramener à la censure. Que les journaux ministériels disent aujourd'hui qu'on ne la rétablira pas, cela ne prouve rien : dans le langage de nos hommes d'État, on sait ce que signifie *jamais*. D'ailleurs, le ministère est obsédé par les anciens agents de police. Ces ennemis du gouvernement représentatif ne cessent de regretter le bon temps de l'arbitraire impérial; ils craignent toujours qu'on aille déterrer quelques-unes de leurs lâchetés. La Charte leur est odieuse, la liberté de la presse leur semble un véritable fléau, puisqu'elle peut tôt ou tard les chasser des affaires : or, ils ont beau être flétris dans l'opinion, ils n'en tiennent pas moins aux emplois : il y a des hommes publics pour lesquels le mépris est une espèce d'aimant qui les attache à leurs places. Posons quelques principes, rappelons quelques faits pour nous mettre en garde contre toute surprise.

Point de gouvernement constitutionnel sans liberté de la presse : nous l'avons dit et répété dans tous nos écrits; nous croyons l'avoir prouvé [1].

Qu'on s'explique : si l'on compte brûler la Charte, rien de plus conséquent que de supprimer la liberté

---

[1] *Réflexions politiques; Monarchie selon la Charte; Rapport sur l'état de la France* (12 mai 1815); *Opinion sur le projet de loi relatif à la liberté de la presse.* (Chambre des pairs.)

de la presse; mais si l'on prétend nous laisser l'une et nous ravir l'autre, c'est une absurdité.

On a vu la censure en France avec la Charte. Comment les choses ont-elles été? tout de travers. En 1815, nous avons eu le 20 mars; en 1816, l'ordonnance du 5 septembre, et le reste.

Ce qu'il y avoit de pis sous la censure, c'est que la liberté de la presse n'étoit pas supprimée de fait : elle étoit en régie entre les mains d'un ministère qui la refusoit aux royalistes par haine, l'accordoit aux révolutionnaires par peur, et l'affermoit aux ministériels moyennant certain servage, peines de corps, corvées et autres travaux domestiques.

Tous les amis du gouvernement constitutionnel, tous les hommes opprimés par le système du moment, ont une grande obligation au *Conservateur*: c'est à cet ouvrage qu'ils doivent en partie l'abolition de la censure. Tant que le ministère put enchaîner l'opinion royaliste, il ne s'embarrassa guère des attaques de la *Bibliothèque historique*, des *Lettres Normandes*, etc. Les insultes à la monarchie légitime, les blasphèmes contre la religion, lui sembloient apparemment des bagatelles : mais quand *le Conservateur* parut, quand il nous fut possible de défendre le trône et l'autel, de repousser les calomnies, de dénoncer la *Correspondance privée*, de démasquer certains hommes, alors le ministère s'alarma. Ne pouvant étendre la censure jusqu'aux feuilles semi-périodiques, il abandonna l'empire des feuilles quotidiennes; en désespoir de cause, il se précipita dans la liberté de la presse ; il crut s'y cacher, il s'y noya.

La vérité est que la multitude des journaux lui parut un moyen de salut; il compta sur des écarts : trompé par ses passions et par ses flatteurs, il s'imagina que l'opinion royaliste alloit justifier les accusations révolutionnaires. Il en est arrivé tout autrement : les journaux monarchiques ont montré plus de zèle pour la Charte, plus de chaleur pour les libertés publiques que les gazettes indépendantes ; leur effet sur l'opinion a été prompt et sensible. Or, réunir les sentiments généreux au bon droit, c'est trop fort : si l'on permet plus long-temps la liberté de la presse, toute la France voudra la religion, le roi, la Charte et les honnêtes gens. Vite un remède contre cette peste d'opinion royaliste ! La France chrétienne ! la France libre ! Que deviendroit le ministère ? Il n'est qu'un seul moyen de tout sauver : c'est de rétablir la censure.

N'en doutons point, les rapports secrets sur l'état de la liberté de la presse ne peuvent avoir été ordonnés que dans des vues hostiles contre l'opinion monarchique, car les journaux d'une autre opinion ne sont aujourd'hui ni plus impies, ni plus anti-légitimes, ni plus calomniateurs qu'ils ne l'étoient sous le régime de la censure : on peut s'en convaincre par les extraits de ces journaux, extraits que M. le cardinal de la Luzerne recueillit et publia au commencement de la dernière session. Ainsi, les royalistes doivent tenir pour certain que tout projet, contre la liberté de la presse les menace particulièrement.

La censure rétablie nous remettroit dans la position où nous nous trouvions l'année dernière : licence pour les feuilles révolutionnaires, esclavage pour les journaux monarchiques.

En obtenant la liberté de la presse, les royalistes ont tout obtenu. Tant que cette liberté subsistera, le triomphe leur est assuré. Depuis trente ans, c'est-à-dire depuis le commencement de la révolution, toutes les fois que la presse a été véritablement libre, la France est devenue royaliste; et toutes les fois qu'on a voulu maintenir ou ramener la révolution, il a fallu supprimer la liberté de la presse : la révolution n'a pu se sauver que par des coups d'État contre cette liberté.

Ceci est un fait sans réplique. On se souvient encore des succès de Mallet-du-Pan, en 1789, 1790 et 1791; et pourtant à cette époque il avoit à lutter contre toute une nation en délire. Les révolutionnaires alarmés eurent recours à une mesure libérale qui fit taire l'opposition : ils établirent pour loi répressive la proscription, et pour censeur le bourreau. Mallet-du-Pan fut obligé de fuir; Durozoy paya ses écrits de sa tête.

Après la terreur il y eut liberté de la presse. Quel en fut le résultat? La France devint tellement royaliste que le Directoire ne put prévenir le rétablissement du trône que par le 18 fructidor : les écrivains monarchiques furent condamnés en masse à la déportation[1]. On vit ce qu'on a toujours vu dans la France révolutionnaire : les plus fiers républicains, les plus ardents prédicateurs de l'égalité et de la liberté, crièrent contre la liberté de la presse. Il nous reste des discours de ces temps d'indépendance ; discours dans lesquels des ministres démocratiques posent en principe qu'il faut établir la censure, et qu'il est impossible de gouverner avec la liberté de la presse ! Enfin, Fouché, pendant les Cent-Jours, déclara que si Buonaparte accordoit la liberté aux journaux, la France alloit devenir royaliste.

La preuve nouvelle que nous avons sous les yeux vient ajouter sa force à ces anciennes preuves. Oseroit-on dire que depuis l'établissement du *Conservateur*, et l'abolition de la censure, l'opinion royaliste n'a pas fait d'immenses progrès ? Les journaux monarchiques comptent au moins un tiers de plus d'abonnés que les journaux révolutionnaires et ministériels réunis. Il y a deux ans que l'opposition de droite n'obtint aucun député dans les élections par sa propre force ; cette année, elle en a obtenu plusieurs ; et si les électeurs attachés à l'ordre légitime s'étoient tous rendus à leurs colléges, ils auroient, malgré le vice radical de la loi, balancé les choix révolutionnaires. A quoi faut-il attribuer ces succès ? Aux journaux royalistes. Qui

---

[1] J'ai développé tout cela dans le discours que je devois prononcer à la session dernière (1827) à la Chambre des pairs. On voit donc que j'avois, en écrivant *le Conservateur*, les mêmes opinions que je manifeste aujourd'hui.

a tué la fameuse *Correspondance privée* du *Times ?* les journaux royalistes. Qui a changé l'opinion de l'Europe ? les journaux royalistes. Quel seroit donc leur succès, si, au lieu d'être obligés de combattre les ministres du roi, ils soutenoient ces ministres et en étoient soutenus à leur tour ?

Mais pourquoi les ministres sont-ils si fatigués par la liberté de la presse ? parce qu'ils se sont mis dans la position la plus étrange. Ils n'appartiennent à aucune opinion ; aucune opinion ne les porte. Qu'ils se rangent du côté du *Conservateur*, ou du côté de *la Minerve*, à l'instant ils auront pour eux un des deux partis qui divisent la France. Ils ne seront plus obligés de payer deux pauvres feuilles publiques que leurs infirmités retiennent dans l'état le plus languissant, et qui meurent avant qu'on sache qu'elles ont vécu. On ne connoît point en Angleterre de journaux purement *ministériels*. Les ministres sont soutenus tout simplement par l'opinion dans laquelle ils se placent : cela coûte moins, et est plus sûr.

Soyons justes : il se peut que les ministres aient eu à se plaindre de quelques attaques personnelles trop violentes ; mais, s'ils sont justes à leur tour, ils conviendront qu'en abusant de la censure de la manière la plus odieuse, ils avoient préparé ces inévitables récriminations. Comment ont été traités les plus honnêtes gens de la France dans les journaux censurés ? Quels services n'ont point été méconnus, quels talents n'ont point été insultés, si ces services, si ces talents se trouvoient dans une opposition que le gouvernement représentatif fait naître? Qui ne se rappelle le déplorable article apporté, au nom d'un ministre, par un gendarme, au *Journal des Débats*, article où l'on outrageoit un prisonnier qui n'étoit pas même en état de prévention? et ce prisonnier étoit le sauveur de Lyon, ce général Canuel, que les tribunaux ont vengé de la plus stupide comme de la plus noire des calomnies. Les ministres ont-ils oublié cette prétendue conspiration, dans laquelle ils ont voulu nous envelopper? ont-ils oublié les interrogatoires étranges dont nous avons été l'objet? Ont-ils oublié la *Correspondance privée*, qui, pendant trois ans, a vomi contre nous les plus lâches calomnies? Les ministres, par ces attaques qu'aggravoient les journaux sous leurs ordres, ne se contentoient pas de marquer une simple dissidence politique; ils ne prétendoient à rien moins qu'à faire tomber nos têtes; et aujourd'hui ils s'étonnent qu'un peu de chaleur reste encore au fond de l'opinion de ces hommes qu'ils ont si indignement persécutés!

Mais, après tout, faut-il renoncer au gouvernement constitutionnel, abandonner nos libertés, parce que la liberté de la presse moleste et fatigue quelques hommes en place? Faites-vous un bouclier de votre mérite, et les traits que vous lance l'ennemi tomberont à vos pieds. Sans doute, si vous mettez au pouvoir un homme sans capacité, ou un homme que la morale réprouve, il sera vulnérable de toutes parts; il souffrira beaucoup des attaques personnelles. Mais ces attaques ont-elles jamais nui à un homme qui valoit quelque chose par lui-même ? Les injures du *Morning-Chronicle* ont-elles jamais déterminé M. Pitt à demander au parlement un bill de censure ? Un homme public, dans un gouvernement constitutionnel, ne doit pas être si chatouilleux. Qu'il nous soit permis d'en appeler à notre propre expérience. S'il y a quelqu'un dans le monde qui ait droit de se plaindre des outrages des journaux, c'est nous. Objet d'une double attaque littéraire et politique, que ne nous a-t-on point dit depuis vingt ans ! Qu'en est-il résulté ? Les personnes qui nous accordoient leur estime ne nous l'ont pas retirée, et l'on a fait lire un peu plus les ouvrages qu'on vouloit proscrire. Nous pouvons donc assurer que les coups portés à un honnête homme ne font aucun mal : *Pœte, non dolet*.

Si, d'ailleurs, les ministres prétendoient nous enlever la liberté de la presse, de quel moyen se serviroient-ils ? D'une loi ? elle ne passeroit pas aux Chambres. Il seroit aussi trop fort de venir, après une courte expérience de huit mois, nous demander de nous contredire honteusement, nous prier de sacrifier à l'insuffisance ministérielle la plus nécessaire de nos libertés. Emploieroit-on une ordonnance ? Mais une ordonnance ne peut détruire une loi, une loi si récemment, si solennellement portée. Il suffiroit d'un seul journaliste, d'un seul écrivain qui refusât d'obéir, pour déterminer une violente explosion de l'opinion publique. Nous pensons, et nous l'avons dit, que certains hommes d'État voudroient confisquer la Charte au profit de l'article 14; mais nous n'en sommes pas encore là. Ceux qui se figurent qu'on pourroit impunément suspendre la Constitution, torturer les mots de la Charte pour en tirer l'arbitraire, connoissent bien peu la force des choses qui nous entraîne, et la capacité des hommes qui croient nous diriger.

Nous le répéterons : si les ministres veulent se soustraire aux petites tribulations que leur cause la liberté de la presse, ils n'ont qu'à se placer dans une des deux opinions dominantes : c'est à eux de choisir l'une ou l'autre. Ne cherchent-ils que la plus forte? il leur est, dans ce moment, facile de la distinguer. Les révolutionnaires, pour la vingtième fois, laissent échapper le secret de leur foiblesse : ce parti ne peut marcher, ne peut se soutenir, ne peut être quelque chose que par la faveur des ministres. Au second retour du roi il fut abattu; il ne releva la tête qu'après l'ordonnance du 5 septembre; il se crut perdu de nouveau lorsqu'il fut question du second ministère Richelieu; une seule phrase d'un discours royal le fit rentrer en terre; la proposition de M. Barthélemy le consterna; aujourd'hui il est dans les plus mortelles inquiétudes. Il n'y a point d'offres, de promesses qu'il ne fasse au pouvoir : les comités directeurs sont assemblés: délibérations sur délibérations; messages sur messages au ministère : tantôt on propose de suspendre toute attaque contre M. le ministre de l'intérieur, tantôt on fulmine contre la résolution de la diète de Francfort; puis, la peur revenant, on déclare qu'on restera neutre. Quand on est si fort, perd-on la tête à ce point? Fait-on dépendre sa destinée d'une politique étrangère, d'une révolution de cabinet? Voyez les royalistes : s'agitent-ils pour un changement de ministère? Sont-ils atterrés par la perte de la faveur? Ils verroient demain s'établir un ministère libéral, que, loin de croire la partie perdue, ils la tiendroient pour gagnée. Ils sont revenus de plus loin : leur force est dans leurs principes, et cette force ne se détruit jamais.

Ils ne s'effraient donc point; ils n'intriguent donc point : l'Europe les a méconnus pendant trois années, et ils n'ont point été abattus; l'Europe leur rend justice aujourd'hui, et ils ne sont point exaltés par ce succès; ils ne cherchent point, dans ce triomphe général de la bonne cause, leur victoire particulière : comme ils ne demandent jamais grâce dans l'adversité, ils ne réclament, dans la prospérité, aucune faveur. Toutes les intrigues consistent à dire hautement et publiquement aux ministres :
« Nous sommes prêts à vous seconder si vous aban-
« donnez un système destructeur, si vous cessez
« de persécuter les hommes monarchiques, si vous
« nous donnez des lois monarchiques. A ce prix,
« nous vous servirons de tout notre pouvoir : de-
« main nous passons dans vos rangs; nous écrirons
« pour vous, nous parlerons pour vous, nous vote-
« rons pour vous, nous oublierons tout ce que vous
« avez fait contre nous. Nous ne vous demandons
« ni vos places ni vos honneurs; gardez-les, et sau-
« vez la France. »

Le phénomène de l'influence des journaux royalistes parmi nous (phénomène qui pourtant n'en est pas un) ne cesse de confondre les hommes démocratiques. Ces hommes veulent, en théorie, la liberté de la presse ; mais aussitôt qu'elle est accordée, ils reculent devant la pratique ; ils s'épouvantent des effets qu'ils n'attendoient pas ; ils s'étonnent que la liberté de la presse abandonne la révolution, que cette liberté se range du côté de ceux si injustement désignés comme les ennemis de toute idée généreuse. Néanmoins ces hommes, avec un peu d'impartialité, ne devroient-ils pas conclure que les mœurs naturelles de la France sont les mœurs où la foule est le plus facilement ramenée ? Si, dans le combat des doctrines, il en est une qui obtienne toujours la victoire, n'est-il pas évident que cette doctrine est la plus forte ? Or nulle doctrine ne triomphe à la longue qu'elle ne soit fondée en raison et en justice. Donc l'opinion royaliste, qui domine parmi nous lorsqu'elle est libre, est l'opinion françoise, comme elle est l'opinion juste et raisonnable.

Tout considéré, nous ne voyons que le crime, la bassesse et la médiocrité qui doivent craindre la liberté de la presse ; le crime la redoute comme un échafaud, la bassesse comme une flétrissure, la médiocrité comme une lumière. Tout ce qui est sans talent recherche l'abri de la censure : les tempéraments foibles aiment l'ombre.

Paris, le 30 novembre 1819.

Un grand système inventé par les hommes forts a rassuré le ministère. Ce ministère paroît décidé à rester tel qu'il est; mais il prendra notre position et nos principes. Il va, dit-on, mettre les royalistes dans la situation la plus critique : il leur présentera des lois monarchiques ! S'ils rejettent ces lois, ils prouveront qu'ils ne veulent que les places, et qu'ils n'ont pas les principes qu'ils professent; s'ils approuvent ces lois, ils seront forcés de voter pour le ministère.

Que les ministres ne nous ont-ils toujours tendu de pareils piéges! Oui, s'ils se conduisent ainsi, ils sont assurés de nous faire tomber dans leurs filets; nous parlerons pour leurs lois, nous voterons pour leurs lois. Ils pourront rire, s'ils veulent, en nous voyant marcher derrière eux. Qu'ils prennent notre drapeau; qu'ils se mettent à notre tête : sous l'étendard des lis nous combattrons, quel que soit le général qui nous mène à l'ennemi. Nous ne demandons pas même que le ministère avoue qu'il s'est trompé; il faudroit, pour faire cet aveu, une force d'esprit ou une générosité d'âme que nous n'exigeons pas du ministère. Il soutiendra, si bon lui semble, que tout ce qu'il a fait jusqu'à présent est adorable; qu'il étoit absolument nécessaire de conduire la monarchie à la démocratie, pour tomber ensuite plus fortement sur la démocratie, et la repousser à grands coups vers la monarchie. Nous conviendrons que tout a été fait à point et dans son temps; que la France n'auroit jamais été sauvée si l'on n'eût amené un juge de Louis XVI dans la Chambre des députés, afin d'avoir la gloire de l'en chasser. Nous n'abuserons point de ce que le ministère a dit autrefois; nous ne le comparerons point à lui-même; nous serons sérieux et sincères; tout nous sera bon pour la prospérité du roi et de la France. Mais expliquons-nous.

Le ministère n'auroit-il en pensée que de prononcer de grands discours royalistes, que de couvrir de pompeuses paroles des lois vagues et astucieuses? Ne voudroit-il que céder un peu à l'opinion, pour se maintenir aux affaires? Ne voudroit-il qu'étouffer le cri public, que répondre à l'attente européenne? On pourroit le soupçonner, en voyant continuer, dans ce moment même, la proscription des hommes, tandis qu'on parle de revenir sur les choses. Dans ce cas, nous annonçons au ministère que sa nouvelle tromperie ne réussira pas; que l'on est trop averti pour se laisser surprendre; que les royalistes ne se croiront obligés de voter pour les lois qu'autant que ces lois seront franchement, clairement, incontestablement monarchiques. Si les ministres appellent loi monarchique toute loi qui tendroit seulement à augmenter leur pouvoir, ils doivent s'attendre à ne pas nous trouver de cet avis; ils nous ont forcés à distinguer le roi du ministère.

Nous verrons en peu de temps quel sera le succès du nouveau plan, et comment on parviendra à faire des lois monarchiques sans employer des hommes monarchiques. Ce qu'il y a de certain, c'est que tout ce que nous avions prédit est arrivé; c'est que le système ministériel nous a conduits à l'abîme, et que la loi des élections, amenant régulièrement ses séries, marque avec exactitude le moment de notre politique. La conspiration des *intérêts moraux* de la révolution a parfaitement réussi. Quelques personnes prétendent qu'il y a trahison dans certains hommes; nous croyons qu'il y a incapacité; cela revient au même : en fait de gouvernement, l'incapacité est une trahison.

A l'appui de ce sentiment, remarquez jusqu'à quel point le ministère a perdu sa considération, tant chez les étrangers que parmi nous. Chez les étrangers, sa diplomatie ne se compose plus que d'excuses et d'apologies. Nous avons vu la copie d'une circulaire adressée à nos ambassadeurs. Si cette circulaire est authentique, et si la copie en est exacte, comme tout nous porte à le croire, jamais document plus déplorable ne seroit sorti de ce cabinet illustré par le génie des Sully et des Richelieu. Il s'agit, dans ce document, d'expliquer le résultat des dernières élections. On déclare qu'elles ne sont point aussi mauvaises qu'on le dit; que si quelques choix ont affligé le ministère, la majorité des choix a réalisé les espérances du gouvernement. On fait entendre qu'on est sûr du vote de certains hommes, lesquels, après tout, ont des *vertus privées*, et qui, dans l'intérêt de leur fortune, se rattacheront à la monarchie légitime. Il est question des *ultra-royalistes*, qui continuent à *s'isoler de la nation*, et qui pourtant ont des *talents et de l'esprit*. Singulier aveu ! il n'y a pas long-temps que tous les royalistes étoient des stupides. On parle aussi du parti libéral : ce parti, dit la circulaire, ne *tient à rien*, mais il est lié à la masse de la nation par *la consanguinité des intérêts*. Si ce parti ne tient *à rien*, comment est-il lié à la *masse* de la nation ? Il a fallu la révolution pour justifier cette manière d'écrire, pour nous apprendre qu'il y avoit des liaisons *de sang* entre les *intérêts*. A cette apologie sans vérité, sans dignité, misérable de raison, pitoyable de style, les étrangers ont fait, dit-on, une réponse froide et sèche, et l'on a été obligé de répliquer d'une manière moins triomphante.

L'attitude si peu noble que nos guides politiques prennent avec les étrangers est-elle plus relevée en France ? Qui ne se rit du ministère ? Jamais l'autorité a-t-elle été plus dégradée que depuis qu'elle repose entre les mains de ce ministère ? Les fonctionnaires publics ont perdu toute influence. A force de voir déplacer les préfets et les sous-préfets, le peuple a fini par les considérer comme des hommes engagés dans la domesticité ministérielle; serviteurs plus ou moins industrieux, que leurs maîtres mettent à la porte quand ils ne sont pas contents de leurs services.

Dans l'armée, le découragement est à son comble. Aucun officier n'est sûr de garder la place qu'il occupe : malheur au militaire, dans quelque grade que ce soit, qui a défendu la cause royale ! Un travail sourd se fait de toutes parts : tel corps dont l'esprit étoit excellent, il y a six mois, n'est plus aujourd'hui reconnoissable. Tout s'altère, se détériore; tout tombe en dissolution. Si l'opinion publique n'avoit soutenu la France, il n'eût pas été nécessaire d'attendre jusqu'aux élections prochaines pour arriver à de grands malheurs.

Les ministres prétendent repousser ces faits accablants par des dénégations; ne pouvant prouver, ils insultent. « Les royalistes, disent-ils, sont des « hommes qui, pleins de leurs souvenirs, refusent « de se mêler aux intérêts communs de la nation. « La violence de leurs accusations contre le minis- « tère ne décèle que l'amertume des regrets d'une « ambition trompée. Que les royalistes saisissent le « timon de l'État, et dans six mois la France est « perdue. »

Voilà le cercle des récriminations dans lequel tourne le ministère. Un bon raisonnement, un fait clair, répondroient mieux qu'une déclamation qui, fût-elle fondée en vérité, ne prouveroit pas encore la capacité des ministres. Mais n'est-ce pas une chose curieuse que ce reproche d'ambition fait éternellement aux royalistes par ceux-là même qui, depuis quatre ans, perdent la France pour garder leurs places? Quand les royalistes se compareroient aux hommes d'État qui nous gouvernent, ils pourroient peut-être, sans blesser la modestie, se croire aussi habiles que ces hommes d'État. Et pourquoi les royalistes n'auroient-ils pas cette noble ambition qui vient du sentiment des vertus qu'on peut déployer, comme leurs ennemis ont cette ignoble ambition qui naît de l'envie des talents qu'on ne peut atteindre? Si les royalistes arrivoient au pouvoir, vous prétendez que dans six mois la France seroit perdue? Nous pensons, au contraire, qu'elle seroit sauvée. Prenons le public pour juge, en exposant le tableau d'une administration royaliste telle que nous la concevons.

Et d'abord, les seuls hommes qui aient des idées constitutionnelles sur la Charte, les seuls hommes qui entendent parfaitement le jeu du gouvernement représentatif, ce sont les royalistes : nous n'en voulons pour preuve que leurs discours et leurs écrits. Les libéraux inclinent à la démocratie pure ou à la démocratie royale, laquelle conduit également à la république; les ministériels élevés à l'école de Buonaparte ne rêvent que le pouvoir absolu : il n'y a donc que les royalistes à qui la Charte convienne réellement. Dans tous les temps ils abandonnèrent au roi leur vie et leur fortune, mais ils ne lui livrèrent jamais leur honneur et leur liberté. Nous ne connaissons rien de plus indépendant qu'un véritable royaliste.

Il faut dire encore que les royalistes ont été les premiers à déclarer que le retour à l'ancien régime est impossible; qu'aucun élément de la vieille constitution n'existe aujourd'hui, et que la réédification d'un monument aussi complétement détruit ne pourroit être entreprise sans exposer la France à d'interminables révolutions.

Voilà donc les royalistes arrivés au pouvoir, fermement résolus à maintenir la Charte : tout leur édifice seroit posé sur ce fondement; mais au lieu de bâtir une démocratie, ils élèveroient une monarchie. Ainsi leur premier devoir, comme leur premier soin, seroit de changer la loi des élections. Ils feroient en même temps retrancher de la loi de recrutement le titre VI, et rendroient aussi à la couronne une de ses plus importantes prérogatives. Ils rétabliroient dans la loi sur la liberté de la presse le mot *religion*, qu'à leur honte éternelle de prétendus hommes d'État en ont banni. Ministres, vous fondez une législation athée; elle produira des mœurs conformes à vos règles.

Après la modification de ces lois capitales, les royalistes proposeroient les lois les plus monarchiques sur l'organisation des communes et sur la garde nationale. Ils affoibliroient le système de centralisation; ils rendroient une puissance salutaire aux conseils généraux. Créant partout des agrégations d'intérêts, ils les substitueroient à ces individualités trop favorables à l'établissement de la tyrannie. En un mot, ils recomposeroient l'aristocratie, troisième pouvoir qui manque à nos institutions, et dont l'absence produit le frottement dangereux que l'on remarque aujourd'hui entre la puissance royale et la puissance populaire. C'est dans cette vue que les royalistes solliciteroient les substitutions en faveur de la pairie. Ils chercheroient à arrêter par tous les moyens légaux la division des propriétés, division qui, dans trente ans, en réalisant la loi agraire, nous fera tomber en démocratie forcée.

Une autre mesure importante seroit encore prise par l'administration royaliste : cette administration demanderoit aux Chambres, tant dans l'intérêt des acquéreurs que dans celui des anciens propriétaires, une juste indemnité pour les familles qui ont perdu leurs biens dans le cours de la révolution. Les deux espèces de propriétés qui existent parmi nous, et qui créent, pour ainsi dire, deux peuples sur le même sol, sont la grande plaie de la France. Pour la guérir, les royalistes n'auroient que le mérite de faire revivre la proposition de M. le maréchal Macdonald : on apprend tout dans les camps françois, la justice comme la gloire.

C'est ainsi qu'en agiroient les royalistes relativement aux choses. Mais comment se conduiroient-ils pour les hommes ? N'auroient-ils pas des ressentiments à satisfaire ?

Les royalistes sont étrangers à la haine. Ils aiment trop leur pays; ils ont trop de jugement, trop de raison pour n'être pas convaincus que la vengeance est un mauvais moyen de gouverner. Il est sans doute quelques hommes qui se sont vendus, corps et âme, au ministère, et qui, dans tout changement possible, tomberont avec les maîtres dont ils ont servi les passions; mais tout agent du pouvoir qui, ne faisant qu'obéir à un ordre supérieur, l'a exécuté sans blesser l'honneur et la justice, seroit conservé par une administration royaliste. La gloire d'une semblable administration seroit de donner des leçons de modération et de douceur à ceux qui n'ont offert que des exemples de persécution et de violence. Les royalistes ne seroient plus exclus des emplois ; la trahison des Cent-Jours ne seroit plus entre deux candidats un titre de préférence ; mais quiconque auroit des vertus et des talents, quiconque seroit capable d'un retour sincère à la légitimité, seroit reçu avec joie : les royalistes éviteroient de faire sentir aux autres l'injustice dont ils ont été les victimes.

Maintenant, que tout homme impartial ose dire, la main sur le cœur, qu'avec un pareil système on ne concilieroit pas les intérêts et les partis. N'en doutons point : une administration royaliste qui se conduiroit d'après de pareils principes se maintiendroit au pouvoir, obtiendroit l'estime de l'Europe et les bénédictions de la France.

Ici l'on n'a qu'une réponse à nous faire : on nous dira que les royalistes ne suivroient pas le plan que nous venons de tracer. A cette réponse nous n'opposerons que le silence, en remarquant seulement que les royalistes ont toujours été fidèles à leur parole, et que c'est du moins une présomption en faveur de leur bonne foi.

Nous avions souvent expliqué notre pensée sur la Charte et sur l'ordre actuel des choses : il ne nous restoit qu'à examiner l'assertion de ces docteurs, si grands par leurs œuvres? lesquels affirment que les royalistes perdroient tout s'ils parvenoient au pouvoir. Le public connoît maintenant nos principes. Qu'il prononce ; au reste, les royalistes ne désirent ni ne demandent le ministère :

ils ne sont pas au-dessous des places, comme le disent leurs ennemis, ils sont au-dessus.

Il y avoit à Rome, au temps de la dépravation de l'empire, des citoyens qui conservoient l'intégrité et la piété romaines. Ces graves personnages ne s'affligeoient que des maux de leur patrie; quant à leur sort particulier, ils se résignoient à la volonté des dieux. Lorsque la tyrannie, importunée de leur vertu, se fatiguoit de les laisser vivre, ils s'en alloient à petit bruit, jugeant qu'il étoit inutile de faire tout le fracas de Caton, et de se déchirer les entrailles pour une liberté qui n'existoit plus.

Paris, le 14 janvier 1820.

Il y a près de deux mois que nous nous taisons sur la politique. Nous avons regardé, écouté, attendu; non que nous ayons jamais été dupe de nos ennemis; mais si nous avions parlé plus tôt, on nous auroit peut-être accusé d'avoir dérangé des combinaisons heureuses. Il étoit question, disoit-on, de revenir à un système monarchique. Nous n'en croyions rien; mais nous devions respecter la fortune de la France, et même accorder aux promesses, sinon de la confiance, du moins un délai pour se démentir.

Aujourd'hui que toute espérance s'évanouit, il est temps de rompre le silence et de reconnoître notre position.

Avertie d'abord par *le Conservateur*, et ensuite par les journaux royalistes devenus libres, la France s'épouvanta de ses périls. Elle éleva la voix, et appela les honnêtes gens à son secours. Le ministère, qui ne croyoit plus rencontrer d'obstacles, fut obligé de reculer devant les conséquences des principes qu'il avoit posés, et les résultats des lois qu'il avoit faites.

Trois ministres sont renvoyés; trois autres leur succèdent, et paroissent vouloir agir d'après un système monarchique. On annonce que la loi des élections sera changée; la désorganisation de l'armée est arrêtée. Il n'est question que de fusion et de conciliation; des paroles de paix sont colportées çà et là par des personnes officieuses : on s'endort sur la foi ministérielle.

Deux mois s'écoulent, et la France alarmée ne voit rien paroître. La maladie d'un ministre est le prétexte d'une inaction si funeste. Les royalistes, qui avoient suspendu le combat, s'aperçoivent qu'on s'est encore une fois servi de leur loyauté pour désarmer leur victoire.

Il étoit impossible au ministère de suivre exactement sa première route. L'abîme où aboutissoit cette route paroissoit trop à découvert. Mais comment faire en apparence un sacrifice à l'opinion, sans le faire en réalité? Comment revenir ostensiblement sur ses pas, sans cependant changer de but? Un merveilleux expédient se présente : on se détermine à s'emparer des principes des royalistes, en continuant de repousser les royalistes, à professer l'amour des choses, et à garder la haine des hommes. Retour aux lois monarchiques, éloignement des hommes monarchiques, tel est le nouveau sophisme. Par ce moyen, le ministère prétend se substituer à la primitive opposition monarchique, et devenir le seul champion de la royauté contre l'opposition démocratique.

Mais qu'on y prenne garde : dans ce système, tout absurde qu'il est, il n'y a pas même encore de vérité; il n'est pas vrai que l'on veuille sincèrement des lois monarchiques ; on se flatte seulement de faire croire à la France qu'on les veut.

Quel bonheur pour le ministère, mais quel malheur pour la France, s'il pouvoit régner avec une Chambre qui auroit violé la Charte en prorogeant ses pouvoirs, avec une Chambre avilie par une solde accordée à ses membres (car il entre dans le plan ministériel de faire accepter 10,000 fr. par an à chaque député)! Une telle Chambre seroit nécessairement un instrument servile du ministre-dictateur. La censure rétablie par cette Chambre, étoufferoit nos plaintes. La révolution, entrée dans la domesticité du ministre, nous tueroit moins violemment : la France s'éteindroit dans une longue agonie; elle mourroit de mépris comme on meurt de la gangrène.

Sans doute on ne se flatte pas d'obtenir de pareilles concessions des royalistes : aussi n'est-ce pas avec eux qu'on prétend faire une loi des élections. On cherche à se former une majorité avec des ministériels, s'il en reste, et un certain nombre des membres de la gauche. On fait voir à cette gauche le danger de sa position ; on l'invite à se sauver en se perpétuant, en recevant d'honorables salaires, en ôtant aux royalistes la liberté de la presse, qui resteroit de fait aux amis du ministre. Ainsi l'on transforme la politique en une sorte d'escroquerie, au moyen de laquelle on espère tantôt dérober un homme, tantôt filouter une majorité. Lorsqu'il s'agit de créer de nouveau la monarchie, de replacer la pierre angulaire du temple, de raffermir les colonnes de la justice sur leurs bases éternelles, on en est aux tours d'adresse des jongleurs et aux équilibres des funambules. Jadis la France eut de plus nobles destinées, et l'urne du sort n'étoit pas pour elle le sac d'un escamoteur.

Quant à la censure, qu'on voudroit obtenir sous une forme quelconque, et sans laquelle la *dictature* seroit impossible, les royalistes se souviendront des discours qu'ils ont prononcés depuis trois ans contre cette censure; ils ne seront pas inconséquents et ingrats; ils n'oublieront pas que c'est à la liberté de la presse qu'ils doivent leur existence politique tant en France qu'en Europe. Il y a sans doute des choses horribles dans les pamphlets du jour; mais qu'on relise les feuilles révolutionnaires et ministérielles de l'époque de la censure, et l'on y trouvera les mêmes blasphèmes. Il est vrai que du bon temps de la censure les ministres étoient épargnés; ils pouvoient fabriquer des conspirations, insulter les hommes qu'ils avoient fait jeter dans les cachots, gouverner arbitrairement la France, destituer à tort et à travers, tomber dans toutes les fautes de l'incapacité sans avoir de comptes à rendre à l'opinion publique. Alors ils ne se scandalisoient pas des impiétés que laissoit passer une libérale censure : il ne s'agissoit que de la religion et de la monarchie! Mais aujourd'hui on ose dire à nos hommes d'État qu'ils ne sont pas les premiers hommes du monde; on ose les attaquer comme on attaquoit les royalistes sous la censure! Cette liberté de la presse est une vraie peste : vite des censeurs ! sauvons.... qui ? le roi ? bagatelle ! le ministère.

En votant pour la censure, les royalistes détruiroient le gouvernement constitutionnel, et se remettroient dans la position où ils étoient en 1816 : or ils ne veulent ni violer la Charte ni passer sous le joug. Si la loi actuelle ne suffit pas pour réprimer les délits de la presse, à qui la faute, si ce n'est aux ministres qui n'ont pas même voulu y placer le nom de la religion ? Et d'abord, la font-ils exécuter, cette loi? Non. Est-elle foible, cette loi? est-elle timide, incomplète? On peut en augmenter les pénalités ; on peut imiter l'exemple que vient de nous donner l'Angleterre. Des hommes d'État, amis de l'ordre, sans avoir recours à des mesures d'exception toujours odieuses, auroient bientôt trouvé le moyen d'arrêter ce débordement d'écrits impies, séditieux et calomniateurs. Mettez à la tête du ministère une vertu active et vigoureuse, et vous verrez s'évanouir devant elle l'audacieuse lâcheté du crime.

Ne nous berçons point de chimères, le ministère n'est point changé: son retour sincère aux principes et aux hommes monarchiques seroit sans doute un grand bonheur pour la France; mais une politique pratique et applicable doit raisonner dans l'ordre naturel, et peu compter sur les miracles. Le ministère a été injuste, et dès lors il ne pardonnera pas aux royalistes. On déteste dans l'homme que l'on a persécuté non l'homme lui-même, mais le mal qu'on a fait, et c'est un châtiment de la Providence : notre haine pour nos victimes n'est que le tourment de nos remords.

Au reste, qu'un misérable système soit plus ou moins repoussé, à peine cet accident s'apercevra-t-il dans la grande catastrophe qui nous menace. L'état dans lequel nous vivons depuis six semaines est étrange : un silence profond a succédé au discours du roi. Deux Chambres sont inutilement convoquées; une espèce d'interrègne semble advenu; la nation est comme licenciée : on se demande si ce qui étoit est fini, si l'on va commencer une autre monarchie. Tout languit, tout expire : le mouvement cesse ; quelque chose d'usé, une impuissance d'être se fait sentir. La religion, âme des institutions humaines, abandonne nos lois athées, nos mœurs perverties, notre politique révolutionnaire, et ne nous laisse en se retirant que le cadavre de la société.

Et comment cette société ne se dissoudroit-elle pas ? Jamais la vertu fut-elle exposée à une tentation plus rude ? C'est du gouvernement même que descend la corruption ; c'est le ministère du prince légitime qui exige, pour ainsi dire, qu'on ait trahi son roi, qu'on ait fait preuve d'impiété, qu'on ait soutenu toutes les illégitimités pour obtenir la faveur! Que sous le règne d'un fils de saint Louis on demande, on recommande exclusivement tout ce qui étoit en honneur sous la terreur et l'usurpation, n'est-ce pas porter l'anarchie dans les esprits, l'abomination dans les cœurs, le mal jusque dans la moelle des os? Le ministère, qui, par un jeu cruel de la fortune, dispose aujourd'hui de nos destinées; le ministère, qui pourroit acquérir tant de gloire, et qui se prépare tant de malheurs; le ministère, qui pourroit nous sauver, et qui s'obstine à nous perdre; cet imprudent ministère, au lieu de comprendre sa position et la nôtre, au lieu de revenir sur ses pas, s'enfonce de plus en plus dans le précipice : il continuera d'intriguer jusque dans l'abîme, et cet abîme se refermera sur lui.

Paris, le 20 janvier 1820.

Le profond silence dans lequel nous étions plongés a été interrompu : nous avons donné quelques signes de vie. A la vérité, ce n'est pas le ministère qui s'est ranimé par sa propre force, le mouvement lui est venu du dehors.

Le système ministériel a rallumé au milieu de nous le volcan révolutionnaire : dans les intervalles des éruptions, comme on n'entend rien, on oublie le danger; mais tout à coup la terre tremble *et l'abîme élève la voix.* Laissons le langage de la Bible, et parlons sans figures. Des pétitions adressées à la Chambre des députés, et demandant qu'aucun changement ne soit fait à la loi des élections, ont amené deux séances orageuses. La discussion s'ouvrit le 14. Le rapporteur de la commission évita adroitement de choquer diverses opinions de la Chambre, et conclut à l'ordre du jour. Un député se préparoit à monter à la tribune, lorsque le ministre des finances demanda à être entendu pour présenter un projet de loi sur les douanes. Un autre député fit observer qu'on ne pouvoit pas introduire, dans une affaire commencée, un objet étranger à cette affaire. Que prétendoit-on? refroidir les combattants? Mais cette ruse de guerre, si c'en étoit une, ne pouvoit servir qu'à les échauffer.

Lecture du projet de loi étant faite, un député obtint enfin la parole, et renoua la discussion interrompue. Il s'étonna de voir le ministère repousser ceux qui réclamoient le maintien de la loi des élections, quand le même ministère avoit accueilli les pétitionnaires qui demandèrent l'an dernier le rejet de la proposition de M. Barthélemy.

Un ministre, ne pouvant répondre à cet argument *ad hominem*, se jeta sur la Charte. Après lui un député déclara que 19 millions, que 30 millions de signatures alloient incessamment revêtir des milliers de pétitions. En vain on lui objecta que le nombre des habitants de la France ne s'élève pas au-dessus de 28 millions. Il n'en voulut point démordre, et continua de faire signer femmes, enfants et vieillards : « Oui, répéta-t-il, trente mil-
« lions! »

M. le général Foy établit très bien le principe général du droit de pétition. Il parla d'une dictature perpétuelle, et fit entendre que l'on en vouloit à la liberté de la presse : c'est la pure vérité. La séance fut ajournée au lendemain.

Samedi 15, nouveau combat. M. Lainé, dans un discours logique, digne et éloquent, répond à tout : il repousse les pétitions, non parce qu'elles sont inconstitutionnelles, mais parce qu'elles sont de nature négative, et que, n'enseignant rien, elles ne peuvent être déposées à un bureau de renseignements.

La clôture de la discussion est demandée. M. le ministre des affaires étrangères monte encore à la tribune, et se déclare pour la modification de la loi des élections. M. Benjamin Constant réplique. La clôture de la discussion est prononcée. Épreuve par assis et levé, douteuse; appel nominal; dépouillement du scrutin qui donne 117 boules blanches pour l'ordre du jour, et 112 boules noires contre : majorité, cinq voix.

Trois voix ont donc décidé l'ordre du jour, puisqu'en passant à la gauche elles auroient amené une autre conclusion; or, les ministres présents étant tous trois membres de la Chambre des députés, il en résulte que ces trois ministres ont seuls gagné la bataille : dans les anciens combats, souvent la victoire étoit due à la valeur personnelle des généraux. Qu'on dise encore que le ministère n'a pas la majorité lorsqu'il la porte dans son sein, comme ces plantes qui renferment en elles-mêmes leur propre vertu ! Ainsi, se levant tour à tour pour la gauche ou pour la droite, trois ministres pourront faire triompher à leur gré les dieux de Carthage ou de Rome.

Ces mémorables séances jettent un grand jour sur notre position politique. Il en faut examiner les résultats.

Dans la discussion générale, la droite et la gauche ont eu presque toujours raison. Elles étoient d'accord sur le principe du droit de pétition ; mais elles différoient en ce que la gauche appuyoit les pétitionnaires comme favorables à son opinion, et que la droite les repoussoit comme opposés à la sienne.

Toutefois, dans l'opposition de gauche, c'est ce qu'on appelle le parti Ternaux qui a prévalu. Ce parti vouloit le dépôt des pétitions au bureau des renseignements, et les autres membres de la gauche désiroient le renvoi au ministère de l'intérieur. Les *modérés* l'ont emporté : le parti n'en est donc pas encore à l'*impavidum ferient ruinæ*.

La minorité de droite défend les principes partout où elle les trouve, sans songer à ses intérêts particuliers, et les ministres ont profité cette fois de sa loyauté et de ses talents. Mais dans quelle position s'est placé le ministère ! Quoi ! repousser l'année dernière un moyen de salut, pour se faire traiter cette année d'une manière si humiliante ! La proposition de M. Barthélemy, à l'époque où elle a été faite, auroit, s'écrie-t-on, renversé le ministère. Ainsi vous étiez sur le bord d'un abîme :

vous voyiez cet abîme, puisque vous prétendez maintenant l'éviter; mais comme alors vos intérêts étoient compromis, comme un peu de temps vous restoit encore, vous avez mieux aimé augmenter le péril de la France que de nous sauver; vous avez joué votre patrie contre votre ambition.

Le côté gauche de la Chambre des députés s'est trouvé fort ce jour-là de cent douze membres, et le côté droit de cent dix-sept : le premier comptoit quatre absents, et le second en comptoit douze. Si tous ces députés eussent été présents, le scrutin auroit donné cent seize boules contre cent vingt-neuf : majorité pour la droite, treize voix; par conséquent, sept voix passant à la gauche changeroient tous les résultats.

On ne peut s'empêcher d'être épouvanté en songeant que le sort de la nouvelle loi des élections, si toutefois elle est présentée, tient à une chance si douteuse.

Heureusement, et malgré ces trop justes sujets d'alarmes, nous croyons encore que la loi, franchement monarchique, pourroit passer à une petite majorité; mais pour peu qu'elle soit insidieuse, elle sera probablement rejetée. Dans ce cas, qu'arrivera-t-il?

En restant sous l'empire de la loi actuelle, ou un cinquième de la Chambre des députés sera renouvelé au mois d'octobre, ou la Chambre sera dissoute, et alors il y aura des élections générales. Fasse le ciel que *la fille sanglante de la Convention* n'entre pas!

Aimera-t-on mieux avoir recours à un coup d'État? Quel sera ce coup?

Fera-t-on une loi des élections par ordonnance? Mais cette loi sera donc dans les intérêts d'une des deux grandes opinions qui régissent la France? Frapper un coup d'État dans le vide entre deux partis, ce seroit vouloir tomber le front par terre. Cassera-t-on la Chambre des députés pour ne plus la rassembler? Lèvera-t-on l'impôt par ordonnance? Si le ministère veut connoître les bornes de son pouvoir et en finir avec la monarchie, il n'a qu'à tenter un pareil coup d'État.

En attendant l'avenir, voici quelle est notre position : le parti buonapartiste l'emporte sur le parti républicain, dont le nom et les principes ne servent plus que de voile à une faction réelle et puissante. L'administration a tellement fatigué les honnêtes gens et encouragé les pervers, tellement désorganisé tout, tellement dégradé nos institutions, tellement sapé les fondements de la monarchie légitime, qu'on ne semble plus obéir au gouvernement de droit que parce qu'il est le gouvernement de fait. Quel seroit le résultat de cette position, si l'on n'apportoit un prompt remède à nos maux? Écoutez : nous connoissons quatre-vingts hommes qui ont banni les Bourbons à perpétuité, et c'est demain le 21 janvier.

Paris, le 18 février 1820.

Nous venons payer à la mémoire de Mgr le duc de Berry ce tribut de douleurs que la royale famille est depuis long-temps accoutumée à recevoir de nous. Hélas ! nous avons entendu le dernier soupir du dernier descendant de Louis XIV par la lignée françoise ; nous avons vu un père au désespoir, un frère inconsolable à genoux, en prière devant ces bancs rassemblés à la hâte, sur lesquels expiroit un fils de France ; nous avons vu une femme tenant son enfant dans ses bras, et toute couverte du sang de son mari ; nous avons vu un vénérable monarque s'approcher pour fermer les yeux du jeune héritier de sa couronne ! MADAME étoit là, dominant cette scène de deuil comme une héroïne éprouvée, aux combats de l'adversité. Mgr le duc de Bourbon prenoit sa part de la douleur : il croyoit assister à la mort de son fils ! Coup affreux qui a frappé l'arbre dans sa racine ! Ah, malheureuse France ! parce que tu l'avois proscrit dans sa jeunesse, as-tu méconnu ton enfant, et n'a-t-il pu se sauver dans tes bras !

La révolution sembloit rassasiée du sang des Bourbons : elle n'en étoit qu'enivrée ; cette ivresse, loin d'apaiser sa soif, en augmentoit l'ardeur. Louis XVI., Mme Élisabeth, Louis XVII, le duc d'Enghien, n'ont pas suffi aux ennemis de la légitimité : ils ont fait un nouveau choix parmi les enfants de saint Louis : en immolant le duc de Berry, ils ont voulu répandre à la fois le sang que ce prince avoit reçu de tant de monarques, et celui qui devoit animer le cœur d'une longue postérité de rois.

La main qui a porté le coup n'est pas la plus coupable. Ceux qui ont assassiné Mgr le duc de Berry sont ceux qui, depuis quatre ans, établissent dans la monarchie des lois démocratiques; ceux qui ont banni la religion de ces lois; ceux qui ont cru devoir rappeler les meurtriers de Louis XVI; ceux qui ont entendu agiter avec indifférence à la tribune la question du régicide; ceux qui ont laissé prêcher dans les journaux la souveraineté du peuple, l'insurrection et le meurtre, sans faire usage des lois dont ils étoient armés pour réprimer les délits de la presse; ceux qui ont favorisé toutes les fausses doctrines; ceux qui ont récompensé la trahison et puni la fidélité; ceux qui ont livré les emplois aux ennemis des Bourbons et aux créatures de Buonaparte; ceux qui, pressés par la clameur publique, ont promis de changer une loi funeste, et qui ont ensuite laissé trois mois s'écouler, comme pour donner le temps aux révolutionnaires de se reconnoître et d'aiguiser leurs poignards : voilà les véritables meurtriers de Mgr le duc de Berry.

Il n'est plus temps de se le dissimuler : cette révolution que nous avons tant de fois et si inutilement prédite est commencée : elle a même produit des maux qui sont déjà irréparables. Qui rendra la vie à Mgr le duc de Berry ? et avec cette vie précieuse, qui nous rendra les espérances que la gloire et l'amour y avoient attachées? Un jeune lis nourri dans une terre étrangère verra-t-il éclore la tendre fleur que la foudre semble avoir respectée ?

« Si du sang de nos rois quelque goutte échappée. »

Autre espérance : si un prince chéri écoutoit nos vœux !....... Joseph orna les foyers de Jacob dans sa maturité, et transmit aux rois d'Israël les bénédictions célestes.

Paris, ce 3 mars 1820.

Dans la séance du 22 février 1817, nous prononçâmes à la Chambre des pairs un discours sur le projet de loi relatif aux journaux ; nous y retrouvons ce passage :

« Un ministre défendant à la tribune des députés
« la loi que je combats dans ce moment, m'a dési-
« gné comme *un individu qui siége dans une autre*
« *Chambre*, et qui avance des *absurdités* telles qu'on
« ne doit pas les répéter. Je ne suis pas assez im-
« portant pour employer à mon tour un langage
« si haut. Si jamais M. le comte Decazes étoit ex-
« posé à ces revers dont j'ai déjà vu tant d'exemples,
« il peut être sûr que le jour où il seroit rayé du
« tableau des ministres, son nom ne seroit pro-
« noncé dans mes discours qu'avec les égards dus
« à un homme qui, après avoir été honoré de la
« confiance de son roi, a éprouvé l'inconstance de
« la fortune. »

Telles étoient les paroles que nous adréssions alors à M. le ministre de la police : nous serons conséquents dans nos sentiments, comme nous le sommes dans nos doctrines. Nous ne traiterons ni d'*absurde* ni d'*individu* l'ancien ministre : évitant avec soin toute personnalité, notre sévérité se renfermera dans les bornes de la politique. Bien que la chute du président du conseil n'ait pas été rude, et qu'il soit doucement descendu du pouvoir dans le sein des honneurs, il est pourtant vrai qu'il ne règne plus : dès lors il rentre sous la sauvegarde de sa vie privée. Il y a plus : nous croyons que la nature avoit fait M. le duc Decazes meilleur qu'il ne s'est montré dans sa carrière publique; il a été trompé par les agents de police et par les petites créatures dont il s'étoit entouré. On doit s'étonner seulement que des hommes d'une capacité si bornée aient exercé une si longue influence. Leur existence politique concordoit apparemment avec un dessein caché de la Providence : ils nous étoient imposés pour châtiment de nos erreurs. Dans ce cas, ils auront eu la durée de la peine prononcée contre nous au tribunal d'en haut ; et comme depuis Robespierre jusqu'à Buonaparte nous avions péché par excès de crime et de génie, il étoit juste que nous fussions condamnés au tourment des fautes et au supplice de la médiocrité.

L'ancien ministre reconnoîtra aujourd'hui, dans des ennemis généreux, les amis qu'il auroit dû choisir pour sa gloire et pour le bonheur de la France. Les royalistes sont sans fiel : M. le duc Decazes vivra paisiblement au milieu de nous, comme tous ces hommes qui nous ont bannis, persécutés, dépouillés, et auxquels nous n'adressons pas même un reproche.

La blessure que la France a reçue est profonde : cette blessure ne peut être guérie que par le baume de la religion; ne peut être pansée que par une main monarchique. Ne nous faisons pas d'illusion ; rien de ce que nous voyons aujourd'hui n'existe réellement : il n'y a plus de Chambres, il n'y a plus de lois, il n'y a plus de ministère, parce qu'il n'y a plus d'autorité. Si tout tient encore ensemble, c'est par la vertu magique du nom du roi, et par l'épouvante qu'inspirent les crimes commis autour de nous. On serre les rangs, parce qu'on a peur; on marche sans règle, mais sans désordre, parce qu'on redoute l'avenir. L'esprit de gouvernement est dans la foule, et n'est plus dans l'État : disposition admirable pour qui sauroit en profiter.

On nous a dit, et on devoit nous dire que le crime de Louvel est un crime *isolé*. Le crime de Sand est aussi un crime *isolé*; les étudiants de la Prusse qui écrivent qu'*il faut ici un peu de Sand*, sont aussi des fanatiques *isolés*; les soldats insurgés de l'Espagne sont aussi des factieux *isolés*: les trente assassins du ministère anglois sont aussi trente assassins *isolés*. Il n'y a pas de complot général? mais il y a donc peste européenne; et cette peste sort de nos doctrines anti-sociales.

Malheur à nous! malheur au monde, si le nouveau ministère alloit conclure de tant de désastres qu'on n'a pas encore assez fait pour les ennemis de la légitimité ! On leur a déjà livré six Bourbons : combien en faut-il pour les satisfaire ?

Le peuple ne lit pas les lois, il lit les hommes ; et c'est dans ce code vivant qu'il s'instruit : quand il voit préférer par le gouvernement de droit les partisans du gouvernement de fait ; quand il voit placer à la tête des préfectures les anciens agents de la police d'un régicide ; quand il voit introduire dans les administrations les fauteurs de la république et des Cent-Jours ; quand il voit rappeler jusqu'à des infâmes que Buonaparte n'employoit qu'en rougissant dans les œuvres les plus viles de l'espionnage, que voulez-vous que ce peuple pense ? Peut-il croire que les Bourbons règnent encore ? Ne lui semble-t-il pas qu'ils sont sur une mine prête à sauter, et que la main d'un Louvel va mettre le feu à la poudre ?

On s'étonne qu'un poignard se soit levé ! Étonnons-nous que mille poignards n'aient pas encore percé le sein de nos princes. Depuis quatre ans, on comble de faveurs les prédicants de la loi agraire, de la république et de l'assassinat ; on excite celui qui n'a rien contre celui qui a quelque chose, celui qui est né dans une classe obscure contre celui à qui le malheur n'a laissé qu'un nom ; on souffre que l'opinion publique soit inquiétée par des fantômes, qu'on lui représente une partie de la nation comme voulant rétablir des droits à jamais abolis, des institutions à jamais renversées. Si nous ne sommes pas plongés dans les horreurs de la guerre civile, ce n'est pas la faute de l'administration qui vient de finir.

Quelles précautions avoit-on prises avant la mort de Mgr le duc de Berry? Quelles précautions a-t-on prises après un meurtre exécrable? Pas une proclamation pour annoncer à la patrie un si grand malheur! Rien pour consoler le peuple, pour l'éclairer sur sa position et sur ses devoirs! On eût dit qu'on craignoit d'exciter l'indignation contre un crime; on avoit l'air de ménager la délicatesse de ceux qui pouvoient en commettre de semblables. Des autorités ont elles-mêmes semé le bruit que ce crime étoit une vengeance particulière; et l'on peut remarquer des traces de cette version officielle jusque dans les journaux anglois. On s'est hâté de dérober aux regards de la foule attendrie le visage et la poitrine du malheureux prince : si la censure eût existé, on eût forcé les journaux à garder le silence; on eût défendu de parler du jeune Bourbon moissonné, comme on défendit jadis aux gardes nationales de porter une branche de lis, de peur de choquer la révolution, de peur d'inspirer trop d'amour pour le roi!

Espérons que les nouveaux ministres éviteront de marcher sur les traces de l'ancien ministère. Avant de les voir agir, ne nous hâtons pas de les accuser : un préjugé peut exister contre eux; nous-même nous avons particulièrement à nous en plaindre, et c'est pour cette raison même que nous nous sommes abstenu de parler et d'écrire sur le projet de loi de censure, passé à la Chambre des pairs. Nous avons voté contre ce projet, parce qu'il nous semble funeste; mais en conservant la rigueur de nos principes, nous avons cru devoir montrer par notre silence la modération de notre opinion : nous avons été adversaire, non pas ennemi. En inquiétant le ministère dans les circonstances graves où nous sommes, on pourroit faire involontairement beaucoup de mal. Désirons la réunion de tous les François, l'oubli de toutes les inimitiés personnelles : attendons. Contentons-nous de dire à présent aux ministres que s'ils suivoient la route que leurs devanciers ont tracée, avant six mois il n'y auroit plus de France.

Les mesures d'exception que l'ancien ministère avoit demandées seront-elles aussi utiles au ministère actuel qu'on le suppose ? Nous le souhaitons, mais nous ne le croyons pas. Des gazettes censurées ne lui seront d'aucune ressource : les meilleurs articles perdent leur autorité dès qu'ils ne sont pas l'expression d'une opinion indépendante. Comment le gouvernement se défendra-t-il contre les pamphlets exceptés de la loi de censure ? Ces pamphlets pourront être aussi courts et même plus courts qu'un journal quotidien; ils pourront inonder les cabinets de lecture, les cafés, les tavernes; ils seront lus d'autant plus avidement que les écrits périodiques seront enchaînés. L'opinion ministérielle des journaux censurés sera bien foible pour repousser de pareilles attaques : et nous, royalistes, que pourrons-nous pour la défense du trône ? Nous sera-t-il possible de descendre dans l'ignoble arène des libellistes et des calomniateurs pseudonymes ?. Une loi répressive auroit obvié à tous ces inconvéniens : elle étoit facile à faire ; il eût suffi d'ajouter quatre articles à la loi déjà existante.

Nous savions bien que les révolutionnaires reprocheroient à l'opposition royaliste d'avoir été, en soutenant le dernier projet de loi, relatif aux journaux, infidèle aux doctrines qu'elle a professées. Qu'importent les révolutionnaires? Depuis le nouveau crime que leurs écrits ont inspiré, ils ont perdu tout crédit. Nous qui, dans tous les temps, dans toutes les circonstances, dans nos premiers comme dans nos derniers ouvrages, avons défendu les libertés publiques; nous qui venons encore de voter contre la censure, n'avons-nous pas été cent fois accusés par la faction démocratique de prêcher la féodalité et l'esclavage? Quel prix pourroit-on donc attacher à l'opinion de ces écrivains qui ne se rendent jamais à l'évidence, et qui se font une vertu de la mauvaise foi ?

Quelquefois ces mêmes écrivains, par une autre manœuvre, ont voulu nous mettre à part de nos amis. La faction se donne trop de peine : elle ne parviendra point à nous séparer des royalistes, par la raison que nous ne les abandonnerons jamais dans leur adversité, et que nous ne leur demandons rien dans leur fortune.

Eh ! malheureux qui osez reprocher aux royalistes d'avoir voté pour une censure momentanée, au risque d'être encore opprimés par cette censure, n'est-ce pas vous qui, dans tous les temps, avez flétri la cause de l'indépendance? N'est-ce pas vous qui, par vos excès, avez forcé les honnêtes gens de chercher un refuge dans le pouvoir? Si la liberté périt en Europe, ne vous en prenez qu'à vous-mêmes. Quand on vous entend parler vertu et principe sur le tronc sanglant de Louis XVI ou sur le cadavre du duc de Berry, on recule d'horreur, et Constantinople ne semble pas avoir assez de despotisme pour se mettre à l'abri de votre liberté. Oui, ce sont vos exécrables doctrines qui ont assassiné cet enfant de l'exil, ce François héroïque, ce jeune et infortuné Berry! Et savez-vous que ce prince magnanime aimoit et connoissoit mieux que vous ces droits constitutionnels que vous exigez fièrement des Bourbons, mais que vous ne réclamiez pas dans les antichambres de Buonaparte? Nous l'avons cent fois entendu, ce généreux prince, exposer les avantages de cette liberté de la presse, dont vous avez fait contre sa vie une arme parricide! Ah! si on vous laissoit à vos penchants, des funérailles non encore achevées seroient suivies de bien d'autres funérailles! Et puis vos dignes satellites se précipiteroient à Saint-Denis : ils ne se fatigueroient pas, comme dans leur premier sacrilége, à exhumer tant de gloire, à désensevelir des rois, des reines, des grands hommes inconnus à leur grossière ignorance; un moment leur suffiroit pour achever leur ouvrage. Dans ces souterrains, jadis si peuplés, où les disciples de la liberté de Marat ont uni la solitude au silence, ils ne rencontreroient plus que quatre tombeaux. Ils n'auroient pas besoin d'antiquaire pour leur apprendre les noms des victimes renfermées dans les nouveaux cercueils : c'est de la science à leur portée ! c'est de l'histoire de leur temps et faite par eux !

Prince chrétien ! digne fils de saint Louis ! illustre rejeton de tant de monarques, avant que vous soyez descendu dans votre dernière demeure, recevez notre dernier hommage. Vous aimiez, vous lisiez un ouvrage que la censure va détruire. Vous nous avez dit quelquefois que cet ouvrage sauvoit le trône : hélas ! nous n'avons pu sauver vos jours ! Nous allons cesser d'écrire au moment où vous cessez d'exister : nous aurons la douloureuse consolation d'attacher la fin de nos travaux à la fin de votre vie.

Paris, 21 juin 1824.

C'est un des caractères de l'esclave d'applaudir à sa propre dégradation, de parler de son propre métier avec une humilité voisine de la bassesse.

Un journal nous apprend aujourd'hui « que les « petites illusions des vanités déchues et des ambi- « tions trompées n'ont plus de refuge que dans les « journaux, et n'en sortent pas. Le *pouvoir* s'est « relevé à la hauteur qui lui appartient, entre le « trône et la tribune, et personne en France n'est « dupe des gazettes qui, dans une monarchie con- « stitutionnelle, disparoissent devant l'éloquence « parlementaire. »

Le journal qui croit ainsi rehausser *le pouvoir*

ministériel aux dépens des gazettes, comprend-il lui-même jusqu'à quel point il confond les doctrines de la monarchie constitutionnelle?

Sans doute, les journaux ne sont rien en comparaison du pouvoir social, du trône, de la tribune. Ce ne sont pas même des choses comparables; elles sont de deux ordres différents. Personne n'a jamais pensé à considérer un journal comme un pouvoir politique; c'est un écrit exprimant une opinion; et si cette opinion réunit à elle la pluralité des hommes éclairés et considérés, elle peut devenir un grand pouvoir. C'est le pouvoir de la vérité; il n'y a rien de si haut dans l'ordre moral, il n'y a rien qui ne disparoisse devant cette force éternelle.

Dans l'ordre des choses politiques, les journaux sont un organe par lequel les citoyens expriment leur opinion sur les affaires publiques. C'est bien quelque chose dans une monarchie constitutionnelle. Aussi dans cette Angleterre, que notre adversaire cite avec admiration, des hommes tels que Pitt, Burke, Fox, Liverpool, Canning, etc., n'ont pas cru dégrader leur éloquence parlementaire en la pliant aux formes d'un journal. Ce qui est assez curieux, c'est que, de tous nos ministres passés et présents, et de tous ceux qui paroissent aspirer à leur succéder, il n'en est pas un seul qui n'ait écrit dans les journaux lorsqu'il s'en sentoit la force, ou qui, dans le cas contraire, n'y ait fait écrire ses amis plus habiles et plus éloquents.

Si notre adversaire eût été un royaliste, même

ministériel, nous lui aurions demandé si ce n'est pas par le moyen des journaux, ou des écrits sortis de la plume des rédacteurs des journaux, que les doctrines de la monarchie légitime et constitutionnelle ont repris leur ascendant sur tous les esprits éclairés et sur tous les cœurs généreux.

———

Paris, 28 juin 1824.

Voulez-vous réussir dans le gouvernement des États, étudiez le génie des peuples : pour toute science, favorisez ce génie.

Avez-vous affaire à une nation brillante, valeureuse, pleine de franchise et d'indépendance, ne blessez pas son caractère par une administration timide, sans éclat, pleine de ruse, avide de pouvoir.

Chez une telle nation, voulez-vous détruire la liberté, appelez la gloire à votre secours. Mais un despotisme obscur, qui sort de l'antichambre d'un ministre, et qui, pour prix de votre indépendance, vient vous offrir, non la conquête du monde, mais celle d'un bureau de perception, de timbre ou de tabac; ce despotisme se fera siffler, dût-il prendre l'effronterie pour de la force, en annonçant tout haut son système de corruption.

Notre position, après la délivrance du roi d'Espagne, étoit admirable : le drapeau sans tache avoit retrouvé une armée, la France reprit son rang militaire et son indépendance politique en Europe : au dedans tout étoit espérance et prospérité. Quelle main a rapetissé de si hautes destinées ?

Nous avons eu le courage et l'honneur de faire une guerre dangereuse en présence de la liberté de la presse, et c'étoit là première fois que ce noble spectacle étoit donné à la monarchie. Nous nous sommes vite repentis de notre loyauté. Nous avions bravé les journaux lorsqu'ils ne pouvoient nuire qu'au succès de nos soldats et de nos capitaines ; il a fallu les asservir lorsqu'ils ont osé parler des commis et des ministres.

L'affaire de *la Quotidienne* a éclaté, l'opinion publique et les tribunaux ont fait justice. La France sait désormais comment les protégés, les amis des ministres entendent la Charte, comment les hôtels même de ces ministres deviennent des espèces de bazars où les consciences sont mises à l'encan. Un ministre a dit à un actionnaire d'un journal : « Vendez-nous un procès. » On le lui a vendu : trouve-t-il aujourd'hui le marché bon ?

Parmi les révélations qui sont sorties de la plaidoirie, il y en a une qu'il faut remarquer. En forçant un royaliste éprouvé à abandonner la rédaction d'un journal, on ne vouloit pas qu'il annonçât publiquement sa retraite, afin de tromper sous son nom les lecteurs de ce journal, de faire attribuer à l'opinion monarchique tout ce qu'il plairoit aux agents subalternes de l'autorité de publier en l'honneur de leurs maîtres.

Un ministre avoit dit dans un comité de la Chambre que l'achat des journaux étoit une spéculation particulière; et il se trouve que les propositions se faisoient au ministère de l'intérieur, et que le principal acquéreur est l'ami et le confident de M. le ministre des finances.

Et ce n'étoit pas un seul journal qui étoit attaqué : de nouveaux propriétaires, tous, à ce qu'il paroît, fournis et représentés par un seul homme, se sont introduits dans les feuilles publiques, trois seulement exceptées. A l'aide de ces propriétaires, on prétendoit créer une opinion factice, dépendante d'une volonté unique.

Comme il faut une autorisation du gouvernement pour établir un nouveau journal, et comme on ne donne point ces autorisations; comme les procès en tendance devoient, espéroit-on, abattre les journaux récalcitrants, il devenoit clair que, sans l'indépendance et l'équité des magistrats, nous étions sur le point de perdre la liberté de la presse périodique.

Quelques-uns des écrivains loués à terme par les entrepreneurs sont des commensaux de Fouché et les rédacteurs de *la Correspondance privée*. Mais comme le chef de l'atelier n'a cependant pas leur doctrine, il les a forcés, pour les déguiser, à parler de temps en temps de religion et de légitimité. Remercions-le du moins de leur avoir infligé cet honneur.

Combien il faut gémir d'avoir vu sous un ministère royaliste ériger la corruption en système, afin de détruire des institutions qu'on n'osoit pas attaquer de front, afin d'introduire le pire de tous les despotismes, celui qui commence par faire des esclaves en attendant les tyrans!

La liberté des élections a-t-elle été plus respectée que celle de la presse? La Chambre des députés avoit été dissoute pour commencer une ère de repos et de fixité pour la France. L'immense majorité des suffrages étoit acquise au gouvernement; il n'y avoit qu'à laisser faire. C'étoit trop bien : on a jugé convenable de jeter des doutes sur la liberté des votes. Et à quoi bon ces déplorables lettres du pouvoir? Les bulletins de l'armée ne suffisoient-ils pas pour *influencer* les élections? Ces circulaires de la victoire et de l'honneur n'avoient-elles pas rallié tous les vœux à la cause du trône? Falloit-il d'autre fauteur des élections royalistes que ce prince légitime qui, par la séduction de ses vertus, fit tomber les portes de la cité devant laquelle l'usurpateur vit expirer ses triomphes?

Une grande mesure, qui étoit une grande justice, se présentoit dans l'ordre des affaires : guérir des souffrances, effacer parmi nous toute distinction morale de propriétés, tel étoit le but qu'elle devoit atteindre. Proposée aux deux Chambres dès l'année 1814, une foule d'écrivains en avoient depuis démontré la nécessité. Le noble duc de Richelieu attachait la gloire de son administration à l'accomplissement de cette mesure, pour laquelle il avoit commencé de nombreuses recherches. Précipité du pouvoir, et bientôt dans la tombe, il ne nous laissa, avec nos regrets, que la tradition de son généreux dessein. Le succès de l'expédition d'Espagne permettoit enfin de fermer les dernières plaies de la révolution. L'accroissement de notre crédit public fournissoit au gouvernement le moyen d'indemniser les émigrés, sans augmenter les impôts.

Que fait-on ? Dans une question politique on ne voit qu'une question de finances : ôter à l'un pour donner un jour à l'autre paroît une conception de génie; au lieu de consulter la France, on consulte des banquiers étrangers; on ne paroît pas craindre de déshonorer le malheur par une déplorable association d'idées; et, jetant ainsi une sorte de flétrissure sur une opération que réclame la conscience nationale, on la rend peut-être impossible, ou du moins on la livre aux chances d'une fortune qui, jusqu'à présent, a peu servi les victimes de la fidélité.

Sont-ce là des fautes? Elles seront toujours commises quand on voudra transformer des hommes d'affaires en hommes d'État. Une seule pensée domine les premiers; la France n'est pour eux qu'un tableau de chiffres; leur politique tient son conseil à la Bourse.

En accordant au crédit public une estime et une attention très méritées, tant pour ses affinités avec un gouvernement constitutionnel que pour ses rapports avec le commerce et l'industrie, un homme d'État n'en fera cependant pas l'unique objet de ses vues. Il en craindra l'exagération chez une nation continentale, moins maritime qu'agricole, et il se persuadera que le système des emprunts, poussé à son dernier terme, comme il l'est aujourd'hui, n'est pas sans inconvénients dans l'ordre social.

En effet, nous sommes parvenus à cet état de choses que des banquiers trouvent sur leur signature le revenu de tel royaume ou le capital de tel autre. Parmi ces hommes aussi utiles que respectables, il en est nécessairement quelques-uns (car telle est la condition humaine) qui font abstraction de la manière dont leurs fonds peuvent être employés. Aussi voyons-nous que quiconque entreprend de troubler son pays ne manque pas d'or pour agir : on emprunte sur l'hypothèque des spoliations à venir; on donne en nantissement les malheurs futurs de sa patrie; plus il y a de dépouilles, plus il y a de gages : l'injustice et le désordre qui ruinent les finances des gouvernements réguliers font fleurir celles des gouvernements révolutionnaires.

On voit donc que s'il y a en finances des opérations *colossales* qui perdent des ministres, il pourroit aussi y avoir en finances des entreprises gigantesques qui feroient tomber des rois : il faut marcher avec précaution dans cette route, et surtout, quand on est François, mieux connoître le génie de la France.

Si ceux qui administrent l'État semblent complétement ignorer ce génie dans les choses sérieuses, ils n'y sont pas moins étrangers dans ces choses de grâces et d'ornements qui se mêlent, pour l'embellir, à la vie des nations civilisées.

Les largesses que le gouvernement légitime répand sur les arts surpassent les secours que leur accordoit le gouvernement usurpateur ; mais comment sont-elles départies ? Voués à l'oubli par nature et par goût, les dispensateurs de ces largesses paroissent avoir de l'antipathie pour la renommée ; leur obscurité est si invincible, qu'en approchant des lumières ils les font pâlir ; on diroit qu'ils versent l'argent sur les arts pour les éteindre, comme sur nos libertés pour les étouffer. Au lieu de donner de la gloire aux hommes de talent, ils leur jettent du pain ; mais les artistes ne vivent pas seulement de pain, ils vivent d'estime, d'égards, de réputation ; et s'ils enfantent encore des chefs-d'œuvre, ce n'est pas pour des ministres qui les dédaignent, mais pour un monarque éclairé qui les juge, les protége et les admire.

Combien a-t-il fallu de temps à Mgr le duc d'Angoulême pour délivrer le roi Ferdinand ? Six mois. Combien en a-t-il fallu à M. le ministre de l'intérieur pour mettre une pierre à l'arc de triomphe ? Huit mois : nous nous trompons, elle n'est pas encore posée. Dix ans sont demandés pour achever l'église de la paroisse où reposèrent les cendres de Louis XVI et de Marie-Antoinette. En vain les deux Chambres et le roi ont commandé le monument qui doit s'élever sur la place Louis XV.

On bâtit dans tout Paris ; mais de vieux règlements de police, que l'on suit avec une rare intelligence, et qui sont en harmonie avec la cupidité des entrepreneurs et l'agiotage des terrains, laissent à peine le passage à l'air et aux voitures. Nous n'aurons pas les mœurs, mais nous aurons les rues de nos pères; nous ne serons pas simples et naïfs, nous serons barbares; c'est une manière comme une autre d'entendre la restauration.

Quant aux lettres, quiconque écrit est suspect: pour être un homme d'État, il faut commencer par ne pas savoir le françois : il ne sera pas permis aux corps littéraires de conserver cette liberté de suffrages qui fait la noblesse, le mérite et l'autorité de leurs jugements : l'Académie françoise sera gouvernée comme une préfecture ; et le tabouret d'un chef de bureau s'élèvera au-dessus du fauteuil où se sont assis Corneille, Racine, Bossuet, Fénelon, Boileau, La Fontaine, La Bruyère, Voltaire, Buffon et Montesquieu.

D'un autre côté, on rogne impitoyablement les pièces pour le théâtre : on prend sa peur pour du goût, ses intérêts pour de la critique : autant d'écus de plus, autant de vers de moins. « Ah ! grâce pour « cette pensée ! elle est noble et grande ! — Retran- « chez vite ! nous ne voulons pas d'objets de compa- « raison. »

Encore si la machine étroite dans laquelle on met la France à la gêne ressembloit à ces modèles achevés que l'on examine à la loupe dans le cabinet des amateurs, la délicatesse de cette curiosité pourroit intéresser un moment ; mais point du tout : c'est une petite chose mal faite.

Après avoir montré combien le système que l'on suit est antipathique au génie de la France, nous prouverons dans un autre article qu'il est également contraire à l'esprit de la Charte. Nous jetterons un coup d'œil sur l'avenir; nous examinerons les projets et les ressources que peuvent avoir les ministres; ils se sont volontairement blessés : ils n'échapperont pas aux conséquences de leur système.

Paris, 5 juillet 1824.

Nous avons dit que le système suivi aujourd'hui par l'administration blesse le génie de la France : nous allons essayer de prouver qu'il méconnoît également l'esprit de nos institutions.

Voyons d'abord comment on s'y prend pour la rédaction des lois.

Dans une monarchie constitutionnelle, lorsqu'il s'agit de préparer une mesure législative, le gouvernement choisit dans le sein des Chambres des hommes qui entendent la matière dont on doit traiter. Une espèce de commission consultative se forme; cette commission examine le plan, prévoit les objections, propose des changements. La loi ainsi élaborée est apportée à la tribune, forte de l'assentiment des bons esprits qui se sont mis en communauté d'idées et de responsabilité morale avec les ministres : plus de discussions interminables, plus d'amendements sans fin, trop justifiés par la présentation d'une ébauche où le défaut de science n'est égalé que par le vice de rédaction; quelques discours en sens contraire, une réplique suivie du vote, terminent tout dans une séance.

Nous entendons autrement le gouvernement représentatif.

Pour l'économie d'une loi religieuse, consultons-nous les ecclésiastiques, le banc des évêques à la Chambre des pairs? Non.

Pour une loi en matière civile, assemblons-nous des jurisconsultes et des magistrats pairs ou députés? Non.

Pour une loi de l'ordre politique, appelons-nous les orateurs et les hommes politiques des deux Chambres? Non.

Qui travaille donc aux projets de loi? Chaque ministre avec ses commis. Pas même le conseil des ministres? Nous n'en savons rien; mais ce conseil ne se réduit-il pas à un seul homme?

Voyez aussi quel succès les lois obtiennent aux Chambres! Les unes sont rejetées, les autres retirées, les autres amendées à la tribune par les ministres eux-mêmes!

Lorsque Louis XIV fit rédiger ses belles ordonnances, le chancelier Séguier, accompagné de huit conseillers d'État, délibéra avec trente membres du parlement de Paris, présidés par Guillaume de Lamoignon, et parmi lesquels on voyoit les Novion, les Bignon, les Talon, les de Mesmes, les Molé, les Pothier, les Harlay et les Catinat. Nous avons les procès-verbaux de l'ordonnance civile de 1667, modèles de la plus libre comme de la plus savante discussion. Prenons au moins des leçons de la monarchie absolue, si nous ignorons complétement la monarchie constitutionnelle.

Dans cette dernière, on cherche à mettre la loi civile en rapport avec la loi politique.

Nous entendons autrement le gouvernement représentatif. Est-il quelque décret enseveli dans le *Bulletin des Lois* : nous allons le déterrer afin de l'appliquer à notre usage, comme pour nous consoler de la monarchie par le souvenir de la république, et de la liberté par les actes de l'esclavage.

Si quelquefois nous avons l'air de vouloir perfectionner notre système politique, ce n'est pas au profit de tous, mais dans une intention particulière. Ainsi la septennalité, bonne en principe, nous avons trouvé le moyen de ne l'établir que pour l'intérêt du ministère, en n'y joignant pas le changement d'âge, complément et contre-poids du renouvellement septennal. La plupart des lois fondamentales de notre monarchie constitutionnelle sont à faire : y pensons-nous ? Point.

Dans une monarchie constitutionnelle, on respecte les libertés publiques ; on les considère comme la sauvegarde du monarque, du peuple et des lois.

Nous entendons autrement le gouvernement représentatif. On forme une compagnie (on dit même deux compagnies rivales, car il faut de la concurrence) pour corrompre des journaux à prix d'argent. On ne craint pas de soutenir des procès scandaleux contre des propriétaires qui n'ont pas voulu se vendre ; on voudroit les forcer à subir le mépris par arrêt des tribunaux. Les hommes d'honneur répugnant au métier, on enrôle, pour soutenir un ministère royaliste, des libellistes qui ont poursuivi la famille royale de leurs calomnies. On recrute tout ce qui a servi dans l'ancienne police, et dans l'antichambre impériale ; comme chez nos voisins, lorsqu'on veut se procurer des matelots, on fait la *presse* dans les tavernes et les lieux suspects. Ces *chiourmes* d'écrivains *libres* sont embarqués dans cinq ou six journaux achetés, et ce qu'ils disent s'appelle l'opinion publique chez les ministres.

Dans une monarchie constitutionnelle, le ministère doit marcher avec ses amis, chercher la majorité chez eux, en les fortifiant de tout ce qu'il peut gagner dans les partis par un esprit de bienveillance et d'équité.

Nous entendons autrement le gouvernement représentatif. Nous frappons nos amis avec une sorte de fureur, aux risques de tout briser. Quant à nos adversaires, tour à tour nous cédons à l'homme qui nous fait peur, ou nous poursuivons le père sur les enfants. Nous parlons haut et sec. Quand nous avons mis dans le *Moniteur* quelque chose de bien dur, nous nous redressons comme si nous étions Buonaparte; nous affectons son allure, forcés que nous sommes de faire trente petites enjambées pour remplir un pas de géant!

S'irriter contre tout ce qui ose avoir un avis différent du nôtre, exiger qu'on porte notre livrée, tel est notre système. Les hommes qui se respectent, les hommes d'indépendance, s'éloignent de nous avec douleur. Obligés alors de nous rapprocher de ce qui est servile, nous devenons chaque jour plus étrangers à notre première opinion. Au lieu de devoir la majorité à la loyauté de nos principes, nous la cherchons dans nos intérêts privés.

Vains efforts! l'honneur, qui est l'esprit public de la France, reprend son empire. Non! ce n'est point l'intérêt personnel qui influera jamais sur l'opinion des Chambres législatives dans ce pays. Ce qui fera en tout temps la majorité pour nos ministres, ce sont de bonnes lois, c'est une administration appropriée au caractère ouvert, noble et spirituel de la nation. Qu'on parle aux pairs et aux députés, de religion, de légitimité, d'indépendance, de gloire, de patrie, et ils voteront tout ce qui renfermera ces éléments de nos prospérités. On persuade les François, on ne les enchaîne pas.

Dans une monarchie constitutionnelle, on fait cas de l'opinion publique; on la ménage, on la regarde comme la puissance qui fait et défait les ministères.

Nous entendons autrement le gouvernement représentatif. Dédain superbe pour l'opinion, mépris des feuilles publiques (que nous achetons pourtant quand elles veulent se vendre), c'est, selon nous, le signe de la force et la marque de la supériorité. Que nous fait le public? La source de notre puissance est dans les intrigues et dans les coteries; et si nous rencontrions quelques obstacles, nous ne craindrions pas, pour les vaincre, de compromettre ce qu'il y a de plus auguste et de plus sacré. Rions des clameurs de l'opinion. N'avons-nous pas la majorité dans la Chambre élective? Ne voyons-nous pas la foule accourir dans nos salons? Que nous ayons commis une injustice, en sommes-nous moins encensés? Qu'importent quelques ambitions déçues qui se plaignent ? qu'importent quelques écrivains mécontents et qui nous poursuivent de leurs brochures ? qu'importent quelques journaux animés contre notre pouvoir? Nous écraserons nos ennemis sous le poids de notre fortune.

C'est très bien; mais il faut dire ce que vous ne savez pas : c'est que l'opinion que vous méprisez mine le terrain autour de vous; elle sape les fondements de votre puissance; elle pénétrera du dehors dans la Chambre élective; elle y a déjà pénétré. Bientôt elle entrera chez vous; elle étendra sur votre tête sa main redoutable, et, vous saisissant au milieu de vos flatteurs, elle vous jettera à votre porte, où vous attend un public inexorable.

Il y a des athées en politique comme en religion : ils ne croient ni à l'opinion, ni aux gouvernements; ils regardent toute constitution écrite comme un chiffon de papier qui n'a de valeur qu'autant qu'il donne de l'autorité. Mais le moment de la chute, le moment de la mort ministérielle arrive : alors il faut confesser ce qu'on a feint de méconnoître ; alors on est contraint d'avouer l'existence d'une opinion, puissance invisible qui punit. Les athées en politique éprouvent le sort des athées en religion : la foi leur vient quand il est trop tard.

On avoit cru pendant quelque temps que l'administration actuelle étoit prudente; elle vivoit sur une renommée de circonspection : tout à coup on s'aperçoit que quelque chose de violent et d'inopiné se mêle à sa lenteur; elle se précipite tête baissée dans les plus grandes entreprises; puis, arrêtée par ses adversaires, elle recule, cherche des moyens d'évasion, redevient cauteleuse, se refait petite, et essaie d'échapper par quelque soupirail du lieu où elle étoit entrée en brisant les portes : elle n'a point l'estime des forts; elle a perdu la confiance des timides.

Que faudroit-il penser si tel ministre avoit une antipathie naturelle pour la Charte, qu'il ne pût s'en taire, et qu'il laissât transpirer son opinion dans des plaisanteries d'aussi mauvais ton que de mauvais goût? Rien ne corromproit davantage les mœurs publiques, ne fausseroit plus les consciences, n'accoutumeroit plus les peuples à mépriser et les gouvernements et les hommes investis de l'autorité, que de faire de la monarchie représentative une pure moquerie. Au jour du malheur, les institutions formeroient-elles un rempart autour d'une administration qui, pendant sa prospérité, ne les auroit pas adoptées avec franchise; d'une administration qui auroit ri derrière la toile de la foule imbécile, assemblée pour voir des baladins politiques jouant une parade de liberté sur des tréteaux?

Les choses ne peuvent plus aller comme elles vont : nous sommes dans une position fausse; l'opinion royaliste, qui est aujourd'hui l'opinion de l'immense majorité, est séparée des premiers agents du pouvoir qui se prétendent encore royalistes; ils se traînent à peine dans la Chambre des députés;

ils n'ont pas la majorité assurée dans la Chambre des pairs, et les tribunaux ont prononcé sur des actes où ils n'étoient que trop compromis.

Les ministres méprisent l'opinion royaliste ! Mais à qui doivent-ils leur existence politique, si ce n'est à cette opinion ? Que seroient-ils sans elle ? Qui les a portés au pouvoir, sinon leurs amis ? Qui a fait leur réputation, si ce ne sont les journaux dans lesquels ils ont eux-mêmes écrit, et dont ils étoient actionnaires ?

La lutte entre l'autorité ministérielle et l'opinion ne peut pas être de longue durée : continuera-t-elle jusqu'à la prochaine session sans amener un changement ? Cela est fort douteux.

Pour étouffer cette opinion, que fera le ministère ? Établira-t-il la censure ? C'est un moyen plus prompt de se précipiter ; les brochures remplaceront les journaux. La censure ne pouvant être que temporaire (puisqu'elle doit cesser à l'ouverture des Chambres), la liberté de la presse périodique, vengée par celle de la tribune, agira de nouveau, et son action sera d'autant plus forte, qu'elle aura été plus comprimée.

La censure a perdu tous ceux qui ont voulu s'en servir, parce qu'elle rend le gouvernement représentatif impossible, et que dans la lutte qui s'engage entre les institutions et les ministres, ceux-ci finissent par succomber, heureusement pour nous, heureusement pour la France, car s'ils triomphoient dans cette lutte, leur victoire amèneroit une révolution. Les ministres auroient-ils à donner aux

Chambres une bonne raison de la censure? On leur demanderoit de quel mal si grand l'État étoit menacé, pour avoir exigé la suspension d'une liberté dont on avoit joui, même pendant la guerre d'Espagne? A travers les déclamations accoutumées contre la licence de la presse, on ne verroit que les intérêts de l'amour-propre blessé, que la nécessité de dérober des fautes aux yeux du public. On rappelleroit aux agents du pouvoir le procès de *la Quotidienne*; et lorsqu'ils seroient convaincus d'avoir voulu achever par la force ce qu'ils avoient commencé par la corruption, obtiendroient-ils la sanction des pairs et des députés ?

« Eh quoi! leur diroit-on justement à la tribune, « la loi actuelle sur la liberté de la presse ne vous « a pas suffi, cette loi qui donne au gouvernement « le droit de refuser l'autorisation d'établir un nou- « veau journal, qui accorde aux tribunaux le pou- « voir de supprimer un journal existant, de confis- « quer une propriété, contre le texte précis d'un « article de la Charte! La plupart des feuilles publi- « ques ont été achetées par vous ou par vos amis; « qu'aviez-vous donc fait pour vous effrayer de « trois journaux qui restoient libres? Ne pouviez- « vous vous contenter de la corruption et des pro- « cès en tendance? Certes, cette censure étoit assez « rigoureuse!»

Entêté ainsi qu'il l'est de ses systèmes, le ministère actuel, s'il existe à la session prochaine, représentera-t-il sa loi des rentes? Cette loi sera-t-elle encore attachée à l'idée d'une loi en faveur des émigrés, comme une preuve de cette fatalité qui poursuit quelquefois les plus nobles infortunes ? Mais cette loi sur les rentes ou sera la même, ou sera modifiée : si elle est la même, elle rencontrera les mêmes obstacles ; si elle est modifiée, pourquoi n'avoir pas admis les amendements proposés dans l'une et l'autre Chambre ? Au reste, ne préjugeons rien ; car si la rente tomboit au-dessous du pair, on seroit dans l'impossibilité de revenir à une mesure désastreuse sous tous les rapports.

Pour s'assurer de la majorité dans la Chambre héréditaire, fera-t-on, comme on nous en menace, une nomination de soixante ou de cent pairs ? Où les prendra-t-on ces pairs ? dans la Chambre élective ? Mais alors il faudra des réélections, et on les redoute. Dans les propriétaires, dans les notabilités des provinces et de la capitale ? Mais croit-on que des pairs choisis dans la Chambre élective, ou ailleurs, soient si prompts à soumettre leur conscience à ce qu'il plaira aux ministres de leur faire voter ? Après avoir tant crié contre un exemple fatal donné par un autre ministère, un ministère royaliste commettroit-il la même faute ? A-t-on oublié que la majorité de la Chambre des pairs ne fut pas brisée, comme on l'avoit espéré, en recourant à une mesure subversive de la Charte ; que le lendemain de leur nomination, les nouveaux pairs firent céder le sentiment de la reconnoissance aux intérêts de la patrie ? Un second exemple a confirmé ce que le premier nous avoit appris.

Et voilà ce qu'il y a d'admirable dans nos institutions! elles portent en elles-mêmes leur principe de conservation. Au moment où l'on prétend s'en servir pour en abuser, elles fournissent le remède contre le mal que l'on médite. Cherchez dans les dernières classes de la société un homme sans nom et sans fortune, faites-le pair, et à l'instant il réclamera l'indépendance et la dignité du rang où vous l'aurez élevé. Que pouvez-vous contre lui? Investi d'une portion de la souveraineté émanée du monarque, il est au-dessus de vos ressentiments : vous passerez, et il transmettra à sa postérité sa puissance héréditaire.

Où en serions-nous enfin, que deviendroit la France, si, pour faire adopter une loi, si, pour maintenir des ministres dans leur place, ces ministres attaquoient sans cesse les principes de nos institutions, cassant la Chambre des députés, augmentant à l'infini la Chambre des pairs, compromettant la prérogative royale, et ne sauvant leur existence qu'au prix de celle de la Charte? Mieux vaudroit déclarer qu'on ne veut point de monarchie représentative.

Tous les ministères précédents ont été renversés pour avoir voulu gouverner contre l'esprit de nos institutions; celui-ci, engagé sur la même pente, tombera dans le même abîme. Qu'on prenne les discours des ministres actuels; qu'on lise ce qu'ils ont dit sur la liberté de la presse, sur celle des élections, sur la centralisation administrative, sur la nécessité d'une loi communale, sur le devoir de ne placer que des hommes d'une fidélité éprouvée, sur l'instruction publique, sur l'amélioration à apporter au sort du clergé, et demandez-leur ce qu'ils ont fait pour rendre leurs actions conformes à leurs paroles.

Mais, ce qui étoit mauvais, dangereux sous des ministres auxquels, à tort ou à raison, on refusoit le nom de royalistes, l'est bien autrement sous un pouvoir qui se pare de ce beau titre. Qui pourra-t-on croire désormais, quand on voit des hommes en qui l'opinion monarchique avoit placé toute sa confiance fuir devant leurs engagements, oublier leurs principes, et ne rien faire de ce qu'ils avoient promis ?

Walpole chercha en Angleterre à fonder sa puissance sur la corruption; il ne put faire un grand mal, car il trouva, pour lui résister, la fortune individuelle. Une aristocratie puissante n'avoit pas besoin de billets de banque, dont il marquoit quelquefois les passages des livres qu'il envoyoit à ses créatures.

Mais, si on essayoit de transporter un tel système en France, il indiqueroit dans les imitateurs un esprit bien plus fatal que celui dont le ministre britannique étoit animé. Ces imitateurs rencontreroient pour obstacles à leur dessein, non des richesses, mais des vertus; car la noble indigence de presque tous les François ne laisse parmi nous que des vertus à séduire.

Nous ne croyons pas à cette conjuration diabolique pour corrompre le peuple le plus désintéressé qui soit sur la terre; nous ne pensons pas qu'elle pût réussir; mais, enfin, supposons un moment qu'elle existe, admettons un moment son succès, quel en seroit le résultat? Nos institutions crouleroient sans doute; mais passerions-nous sous la domination du génie? Non : nous nous trouverions en face de la médiocrité effrayée de ses propres œuvres, ne sachant pas plus administrer la servitude que la liberté, et aussi incapable de gouverner ce qu'elle auroit fait que ce qu'elle auroit détruit.

La monarchie s'est rétablie sans efforts en France, parce qu'elle est de droit parmi nous, parce qu'elle est forte de toute notre histoire, parce que la couronne est portée par une famille qui a presque vu naître la nation, qui l'a formée, civilisée, qui lui a donné toutes ses libertés, qui l'a rendue immortelle; mais le temps a réduit cette monarchie à ce qu'elle a de réel. L'âge des fictions est passé en politique; on ne peut plus avoir un gouvernement d'adoration, de culte et de mystère : chacun connoît ses droits; rien n'est possible hors des limites de la raison; et jusqu'à la faveur, dernière illusion des monarchies absolues, tout est pesé, tout est apprécié aujourd'hui.

Ne nous y trompons pas : une nouvelle ère commence pour les nations. Sera-t-elle heureuse? La Providence le sait. Quant à nous, il ne nous est donné que de nous préparer aux événements de l'avenir, que de pressentir ce qui sera, pour éviter des résistances inutiles.

L'homme qui pouvoit seul retarder le mouvement du siècle n'est plus; le bras qui fendit les rochers du Simplon, pour tracer un chemin à notre gloire, a été brisé à son tour; le formidable oppresseur des libertés publiques a été jeté, pour mourir, aux pieds des peuples du Nouveau-Monde, où ces libertés fermentent; mais, en passant, il a mûri le siècle; lui-même, au milieu des vieux empires, étoit une étonnante nouveauté; et s'il gênoit par son despotisme le développement des idées, il favorisoit par son côté extraordinaire ce qu'il y avoit de grand et d'inconnu dans l'esprit des temps.

L'Atlantique n'est plus qu'un ruisseau que l'on passe dans quelques jours; l'influence de la politique des États qui peuvent s'établir en Amérique se fera sentir en Europe : celle-ci a déjà changé.

Affranchie de la tutelle de notre épée, l'Allemagne n'a repris que la moitié de sa gothique constitution; le lien fédératif s'est renoué d'une autre manière; des gouvernements représentatifs sont venus se placer dans l'union. L'Italie s'est agitée; mais, en voulant réparer ses ruines, elle les a fait tomber sur elle. Le Portugal a rétabli son ancienne constitution représentative. L'Espagne, qui avoit pris d'abord la révolution pour la liberté, tôt ou tard retrouvera celle-ci dans ses vieilles Cortès. L'Espagnol n'est jamais pressé : ce qu'il ne fait pas aujourd'hui, il le fera demain; et, dans sa résignation chrétienne, il a quelque chose de la patience du Dieu dont il attend les ordres.

De tels signes ne peuvent laisser de doutes sur

le mouvement général des esprits. La France a payé cher ses libertés publiques : heureux les autres peuples, si, avertis par son exemple, ils arrivent au même bien avec moins de malheurs!

Ne nous figurons pas que nous puissions rétrograder : il n'y a de salut pour nous que dans la Charte. Qu'avons-nous fait depuis dix ans que nous luttons contre l'esprit de nos institutions? Nous n'avons réussi qu'à mettre la France dans un état de gêne insupportable : essayons de la bonne foi, ne fût-ce que comme un moyen nouveau d'administration.

Nous l'espérons : le système anti-national, anti-françois que l'on a suivi jusqu'ici, expirera avec le présent ministère. Tous les hommes valant quelque chose, las de tant de déceptions, las de se faire une guerre qui ne tourne qu'à leur détriment, qu'à l'affoiblissement de l'État, sont prêts à se réunir dans un amour sincère de la légitimité et des libertés publiques.

La monarchie constitutionnelle n'est point née parmi nous d'un système écrit, bien qu'elle ait un Code imprimé ; elle est fille du temps et des événements, comme l'ancienne monarchie de nos pères. Nous ne sommes plus dans l'âge de la république par nos mœurs, ni dans celui du gouvernement absolu par nos lumières. Toutes les fois qu'on voudra nous conduire à la démocratie ou au despotisme, on trouvera une résistance nationale qui ramènera au gouvernement mixte, parce que nous sommes arrivés à cet état tempéré dans l'ordre social, qui nous rend le joug populaire et le pouvoir arbitraire d'un seul également insupportables.

La Charte n'est contraire à aucun principe monarchique, quoi qu'en puissent dire les esprits étroits ou passionnés ; la religion doit en faire la base ; le clergé doit y retrouver sa considération, et l'autorité royale y puiser une force nouvelle. En embrassant avec sincérité la monarchie représentative, en ne repoussant aucune de ses conséquences, en gouvernant dans le sens de nos institutions, sans dessein caché, sans arrière-pensée, notre chère et belle patrie s'élèvera bientôt au comble de la prospérité.

Il y a d'autres hommes qui craignent pour la liberté ; ils doutent qu'elle puisse jamais s'établir parmi nous au milieu des doubles ruines de la république et de l'empire. Ces hommes sont trop sensibles aux apparences ; ils prennent les fautes du gouvernement pour des obstacles inhérents à notre position. Pourquoi la liberté ne se maintiendroit-elle pas dans l'édifice élevé par le despotisme, et où il a laissé quelques traces ? La victoire, pour ainsi dire encore parée des trois couleurs, s'est réfugiée dans la tente du duc d'Angoulême ; la légitimité habite le Louvre, bien qu'on y voie encore des aigles et les insignes de l'usurpation.

Paris, 29 juin 1825.

Paris a vu ses dernières fêtes; le roi est parti. L'événement politique et religieux, l'époque d'indulgence, de réconciliation, de faveur, le sacre, en un mot, qui, par sa nature même, a tant favorisé les projets ministériels, est passé. Déjà la triste vérité reste seule devant nous, dépouillée des illusions dont on l'avoit environnée pour la rendre un moment supportable. Nous nous retrouvons face à face d'une administration repoussée de la France entière, d'un crédit ébranlé, d'un amortissement dénaturé, sans que les divisions aient cessé, sans que les inquiétudes qui sont au fond des cœurs se soient dissipées.

De quelle espérance bercera-t-on à présent l'avenir? Avec quoi fera-t-on prendre patience à l'opinion? Quels sont les projets désastreux que l'on invitera à voter dans l'attente d'une félicité prochaine et réparatrice? La royauté a désormais tout son lustre; ce qui la regarde est accompli : le cours des choses ordinaires a recommencé pour n'être plus interrompu. La monarchie n'aura plus d'occasion de reprendre, pour ainsi dire, la vie dans elle-même, dans sa propre essence. Il faut que tout lui vienne maintenant de l'administration et des lois. Malheureusement, avec le système que l'on a suivi jusqu'ici, comment conserver tous les résultats heureux de la consécration du roi par les mains de la Religion? Qu'a-t-on fait de ceux de cette autre consécration que M. le dauphin a reçue des mains de la Gloire?

Nous l'avons dit et répété : toutes les fois que le roi est appelé à se montrer seul sur la scène, sa raison supérieure et sa magnanimité se manifestent.

Charles X arrive au trône : il trouve les libertés publiques follement violées par une double insulte à la magistrature et aux droits de tous les citoyens. Que fait-il ? Il abolit la censure : les bénédictions de la France accompagnent cet acte royal.

Charles X vient à Reims sanctifier de nouveau la couronne de saint Louis. Les fauteurs d'un ignoble despotisme se flattoient déjà de l'espoir de voir briser le pacte social. Que fait le roi ? Il jure sur l'Évangile de maintenir la Charte constitutionnelle; et la servitude reste écrasée sous le poids de ce serment chrétien.

Qu'aperçoit-on auprès de cette royauté si noble, si sincère, si pure, si françoise ? Une administration petite et corruptrice, qui marche dans un sens opposé, qui, après avoir attaqué ouvertement les libertés publiques, les laisse insulter dans ses journaux; qui, violente contre les royalistes, foible avec les révolutionnaires, est ennemie de tous les talents indépendants, envieuse de tous les mérites non soumis, antipathique, sous tous les rapports, à l'esprit du siècle, du pays.

On se demande avec une sorte d'étonnement comment quelque chose de si peu de valeur peut gêner à ce point la destinée d'un grand peuple.

Si certains hommes paroissent caducs aujourd'hui, diront-ils que leur décrépitude anticipée est l'effet de l'opposition de leurs ennemis ? Et comment pourroient-ils le dire? Sont-ils courbés sous les coups de leurs adversaires, ou sous le poids de leurs triomphes? La loi des rentes et la loi d'indemnité ont-elles été rejetées? Qui donc les cite au tribunal de l'opinion publique, ces hommes, si ce ne sont leurs propres œuvres?

La France peut-elle être travaillée long-temps par ces deux esprits divers, celui de la couronne et celui de l'administration : l'un grand, généreux, noblement affable, en harmonie avec les temps; l'autre étroit, jaloux, disgracieux, en opposition complète avec l'ordre actuel de la société?

Si notre belle patrie n'occupe pas au dehors le rang qu'elle devroit occuper; si elle gémit au dedans sous le double fléau d'une inaction stérile et d'une activité impuissante; si un changement effrayant se fait sentir dans l'opinion, n'en accusez que les premiers agents de l'autorité publique; mais n'espérez point qu'abandonnés de l'opinion, ils se retirent jamais volontairement : ils manquent à la fois du génie qui répare ses torts, et de la franchise qui les avoue.

Paris, 13 juillet 1825.

Nous approchons de ce mois si fatal à la monarchie; mais cette fois les principes et les intérêts majeurs seront sauvés. L'obstination des rentiers à ne pas se convertir fera leur salut. Qui périra donc?

Une loi dont tous les vices sont signalés à la tribune, dont tous les résultats sont prévus et annoncés, passe, on ne sait trop comment. La lassitude de l'opposition, l'approche du sacre, le désir de la concorde au commencement d'un nouveau règne, laissent sortir des Chambres le projet fatal. On prend cela pour un triomphe; on met les 3 pour 100 sur la place : personne n'en veut; on s'étonne; on attend, persuadé que les rentiers comprendront enfin que 4 fr. en valent 5 : un mois s'écoule; le public s'obstine dans son bon sens.

Alors on se fâche : on fait une ordonnance sur les cautionnements qui, quoi qu'on en dise, est fort peu légale; on établit, afin de favoriser des levées de rentes, une espèce de syndicat de receveurs-généraux, qui manque de toutes les conditions voulues par le Code pour être, ou une société anonyme, ou une société en nom collectif; on fait en sorte que les certificats d'emprunt restent certificats d'emprunt pour la Banque, inscriptions de rentes pour ceux qui veulent les convertir; on laisse une maison étrangère mettre en coupon les 3 pour 100, pour les vendre à l'encan et en détail, au grand discrédit de l'honneur françois : il ne manquoit plus que de voir les 3 pour 100 et leurs coupons aussi mal reçus à Londres, Amsterdam et Francfort qu'à Paris, et c'est ce qui arrive.

En vain 100 millions, plus ou moins, ont été employés à l'opération et confection de ces projets, par des prêts sur dépôts de rentes ou certificats d'emprunt, par emprunts sur lingots, et affaires faites avec différentes caisses : ces efforts, qui affectent radicalement le crédit, et démontrent aux yeux de tous le vice de la loi, ont pu à peine jusqu'ici élever au-dessus de 76 cette valeur que l'on nous disoit être, pendant la discussion de la loi, à 79, 80 et même 82, sur les différentes places de l'Europe.

N'oublions pas que la hausse dans les 3 pour 100 n'est pas le but mais le moyen de la loi. Quand les 3 pour 100 monteroient à 82 et à 84, cela ne signifieroit rien pour l'opération de M. le ministre des finances, si cette hausse ne produisoit pas de conversions. La hausse, ainsi que l'amoindrissement du prix des reports, n'est qu'une tentation au jeu; et si l'on n'est pas tenté, il n'y a pas de conversion. Il est probable que personne n'entre dans les 3 pour 100 pour y rester; car personne n'est assez fou pour consentir à réduire son revenu d'un cinquième, quand il peut le conserver intégralement : il n'y a donc que les spéculateurs qui puissent risquer l'aventure des 3 pour 100, afin de jouer sur le capital. Mais ceux-là ne possèdent qu'une bien petite partie de la rente : aussi voyons-nous que la foible hausse des 3 pour 100 n'a jusqu'à présent rien décidé pour le succès de la loi. La menace ridicule d'un remboursement impossible n'a pas eu un résultat plus heureux qu'une hausse si chèrement achetée et si péniblement produite.

Il y a quelques jours que les conversions paroissoient ne pas s'élever à la somme de 4 millions. Les journaux ministériels, désespérant de l'affaire, avouent eux-mêmes que la conversion pourroit bien être assez foible; mais que cela est fort égal à M. le ministre des finances, lequel n'a *jamais désiré une conversion considérable*.

Quoi! M. le ministre des finances n'a jamais désiré une conversion considérable! Quoi! tous ces combats dans les Chambres, toutes les mesures financières qu'il a prises pendant la session et après la session, toutes ces mesures que nous venons de rappeler à l'instant, ne prouvent pas que M. le ministre des finances désiroit une conversion considérable! Ne s'est-il pas flatté lui-même à la tribune de l'espoir de voir la conversion s'élever à 50 millions? Il n'auroit fait et dit tout cela, d'après ses journaux, que pour constater un fait, *le refus des rentiers à toute conversion!* Nous sommes bien accoutumés au revirement d'opinions, au changement de langage de M. le ministre des finances; mais ceci, il faut l'avouer, passe de beaucoup tout ce que nous avons vu : c'est vraiment le sublime du genre.

Parmi les preuves que le journal ministériel apporte du peu d'intérêt que le ministre avoit à la conversion, c'est que celui-ci n'a point dit aux établissements publics sous sa dépendance : « Convertissez-vous. » Qu'est-ce-ci? Veut-on parler des caisses publiques, du domaine, des contributions, de la loterie, etc. Rêvons-nous? Avons-nous bien lu? Nous ne parlons pas des hospices et des biens des communes, car on nous répondroit sans doute qu'ils dépendent de l'intérieur. Imprudents défenseurs d'un homme que rien ne peut plus défendre aujourd'hui, vos apologies l'accusent bien plus que nos reproches, et le dévouement de votre domesticité vous empêche de sentir ce qu'il y a de dangereux pour votre maître dans vos paroles !

Quel est l'intérêt du gouvernement ? nous dit encore le journal ministériel. C'est qu'il y ait peu de conversions, afin que les 3 pour 100 de l'indemnité puissent avoir un cours élevé. Ce tendre intérêt qui prend subitement pour les émigrés est tout-à-fait touchant. Tant qu'on a espéré la conversion des 3 pour 100 à 75, on s'est bien donné de garde de parler des 3 pour 100 de l'indemnité, de peur de nuire à la hausse des premiers par l'apparition des seconds. Ceux-ci au contraire étoient profondément oubliés, et tout ce qu'on savoit de l'indemnité, c'est qu'on alloit payer la Commission, les maîtres des requêtes, et même, assure-t-on, les préfets qui auront un jour à se mêler de cette affaire. Mais voici que les 5 pour 100 ne veulent pas se convertir, et à l'instant on prouve, en dépit des efforts inouïs que l'on a faits pour obtenir leur conversion, que l'on ne vouloit pas cette conversion afin de réserver tout le bénéfice de la caisse d'amortissement au 3 pour 100 de l'indemnité. Vit-on rien de plus merveilleux et de plus souple qu'un pareil esprit ? Qui peut-on tromper par ces gambades ? On est bien malade quand on en est réduit là.

M. le ministre des finances abandonne sa loi lorsque sa loi l'abandonne ; quoi qu'il fasse, il ne pourra jamais détacher sa destinée de cette loi ;

un peu plus tôt ou un peu plus tard, elle l'entraînera dans sa chute. Lorsqu'on a perdu les moyens de marcher, on se traîne encore quelque temps, mais il faut finir par rester sur la place.

Quand toute la victoire de M. le président du conseil se fût réduite, comme nous l'avons supposé, à la conversion d'une trentaine de millions de rentes, c'est-à-dire à la conversion de la dette flottante, non-seulement son opération eût été manquée, mais elle l'eût été de la manière la plus désastreuse : 30 millions de 5 pour 100 convertis en 3 à 75 ne procureroient point le soulagement dont on avoit flatté les contribuables, lesquels n'en seroient pas moins obligés de fournir au fonds d'amortissement, tandis que les 77 millions de cet amortissement, placés par la loi en face de quelques chétifs 3 pour 100, deviendroient la proie d'une poignée de joueurs à la bourse.

Un tel résultat d'une telle loi seroit-il tolérable ? Et que sera-ce si ce résultat n'est pas même la conversion de 30 millions de rentes ? Seroit-il possible d'avoir fait tant de mal au crédit et à l'opinion, pour avoir manqué d'une manière si déplorable le but qu'on s'étoit proposé ?

Au moment de la chute, M. le président du conseil s'emportera-t-il en de nouvelles violences ? Nous réserve-t-il l'essai d'une censure impossible, ou d'un remboursement plus impossible encore ? Ces enfantines colères auront un terme. Attendons l'événement ; il n'est pas loin. Le bon sens du public sauvera le crédit ; car si les 5 pour 100 ne bougent pas, ils sont assurés de rester 5 pour 100, jusqu'à ce que l'intérêt de l'argent soit réellement réduit dans les transactions commerciales : or nous sommes bien éloignés de ce moment ; car l'intérêt de l'argent, au lieu de baisser, augmente aujourd'hui par un nouveau développement de l'industrie et de la liberté des peuples.

Que les rentiers tiennent donc ferme : les 3 pour 100 avorteront ; le roi et les Chambres remédieront au vice que la dernière loi a introduit dans l'emploi des fonds non divisés de la caisse d'amortissement ; les projets de M. le ministre des finances seront à jamais écartés, et nous en aurons été quittes pour la peur. A la vérité, l'éducation de notre nouveau Colbert nous aura coûté quelques millions ; mais enfin de bons parents paient quelquefois les fredaines d'un fils de famille, quand il a promis d'être sage, de ne plus jouer, et surtout de ne plus recourir à ces Harpagons, *qui*, dit Molière, *pour ne charger leur conscience d'aucun scrupule, prêtent leur argent au denier dix-huit.*

―――

Paris, 29 juillet 1825.

Les déplorables lois de finances qui depuis deux ans inquiètent toutes les fortunes, en ébranlant le crédit public, pourront avoir, comme nous l'avons déjà remarqué, des conséquences funestes pour l'honneur et la dignité de notre patrie.

Mais comme la Providence place toujours le bien

auprès du mal, elle a fait sortir du système ministériel, et des mesures employées au soutien de ce système, un autre résultat qui tourne au profit de nos institutions. La Charte a poussé de vigoureuses racines; les esprits les moins disposés au régime constitutionnel ont senti le besoin d'un abri contre les entreprises ou les fautes d'hommes violents et incapables. Et où pouvoit-on le trouver cet abri, si ce n'est dans les libertés publiques?

L'immense service que la liberté de la presse vient de rendre dans la question financière la recommande à jamais à ceux qui en méconnoissoient la valeur. Depuis la restauration, la liberté de la presse a triomphé dans quatre occasions décisives : la première, lorsqu'elle courut au secours de la royauté légitime, gravement menacée, et arrêta le gouvernement au penchant de l'abîme; la seconde, lorsque, après avoir combattu pour la couronne, elle combattit pour la Charte exposée à une réaction; la troisième, lorsque, défendant les tribunaux qui l'avoient défendue, elle fit entendre ses plaintes au nouveau souverain qui la délivra, et la rendit généreusement à la France; la quatrième, enfin, lorsque, attaquant sans relâche les vices de la loi de conversion, elle a éclairé les rentiers et sauvé le crédit public.

Ces résultats incontestables l'emportent sur toutes les déclamations que l'on pourroit élever contre la liberté de la presse, si d'ailleurs son existence n'étoit liée avec celle du gouvernement représentatif.

Quel mal cette liberté a-t-elle fait, en opérant tant de bien? A-t-elle excité des troubles? Toute-puissante quand elle est l'organe de la vérité, elle ne peut plus rien quand elle n'exprime et ne sert que des passions.

L'entreprise d'Espagne a été exécutée en sa présence : l'épreuve étoit rude. Depuis le commencement de la monarchie on n'avoit point encore fait la guerre avec la faculté de contrôler la conduite des hommes, et d'interpréter les événements. Cette guerre offroit de plus deux dangers qui lui étoient propres, et que la liberté de la presse sembloit devoir rendre plus grands. Le drapeau blanc reparoissoit à la tête de nos armées, pour la première fois après la restauration du trône : comme il eût convenu aux souvenirs et aux espérances d'empêcher les victoires de ce drapeau! La guerre d'Espagne étoit en outre une guerre de principes, une guerre qui touchoit à la révolution. Comme elle devoit réveiller les partis!

En effet, à cette époque, ils ont usé largement de la permission de tout dire. Qu'en est-il advenu? La France n'en a été que plus triomphante au dehors et plus paisible au dedans.

Il est vrai que cette liberté de la presse que la couronne et l'État avoient si noblement supportée, parut quelque temps après intolérable à l'incapacité, au pouvoir. Le courage, l'honneur et la gloire de M. le dauphin et de son armée n'avoient pas eu besoin de la censure; il fallut l'établir pour sauver les ministres et leurs commis.

9.

Qui souffre donc de la liberté de la presse? La médiocrité et quelques amours-propres irascibles. Mais, dans le dernier cas, quand la susceptibilité se trouve unie au talent, c'est encore un bien pour l'État que cette susceptibilité, mise à l'épreuve, s'aguerrisse par le combat.

Point de monarchie représentative sans liberté de la presse ; point de liberté de la presse sans l'assujettissement des personnes aux investigations de cette liberté.

Or, si un homme s'emportoit à la moindre contradiction ; si, pour une plaisanterie, bonne ou mauvaise, il étoit toujours prêt à demander la suppression de la liberté qui protége toutes les autres, y auroit-il rien de plus pitoyable que de sacrifier la constitution de l'État à la vanité d'un homme ?

Mais il arrive, relativement à la liberté de la presse, ce qui arrive par rapport à toutes les espèces de libertés : elles sont d'abord assez gênantes à ceux qui en usent pour la première fois ; elles ont leur poids comme l'esclavage ; elles forcent les talents, les caractères à se soumettre à des contraintes ; mais ces contraintes finissent par devenir utiles. On s'habitue à entendre des vérités, à écouter l'opinion, et l'on se corrige. Nous avons déjà fait des progrès sous ce rapport ; nous craignons beaucoup moins les attaques personnelles ; et si nous avons quelque chose à craindre, c'est plutôt d'y devenir insensibles que d'en être puérilement blessé.

Les avantages négatifs de la liberté de la presse

ne sont pas moins considérables que ses avantages positifs. Qui pourroit dire les fautes qu'elle a empêchées depuis dix ans, et combien la crainte qu'elle inspiroit aux autorités a prévenu de sottises ? Supposez tel homme aujourd'hui en possession de faire sans entrave tout ce qu'il voudroit, où en serions-nous ? Qui doute, par exemple, que beaucoup de mal n'eût pu s'opérer, s'il eût été possible aux journaux du pouvoir de prêcher tous les matins la beauté de la conversion, de menacer les rentiers d'un remboursement, de vanter ou de taire les mesures prises par l'administration, tandis que les journaux indépendants, enchaînés par la censure, n'auroient pu démontrer les inconvénients de la conversion, l'impossibilité du remboursement, et le danger des mesures ministérielles ?

Mais la morale, dit-on, mais la religion, blessées par tant de publications impies !

Et l'on produit de longues listes de réimpressions de Voltaire et d'autres auteurs.

Nous devons d'abord faire observer que cette objection n'est applicable, sous aucun rapport, à la presse périodique, déjà soumise à une loi d'exception dont personne ne conteste l'extrême sévérité.

D'abord toutes les publications dont on s'alarme, ou dont on feint de s'alarmer, n'existoient-elles pas autrefois sous la censure ? Ne nous arrivoit-il pas de Suisse et de Hollande des Rousseau, des Voltaire, des Diderot, des Helvétius ? Ne voyoit-on pas, sous cette même censure, des productions d'un libertinage que l'on ne connoît plus, même aujourd'hui ? Si l'incrédulité étoit presque générale sous le régime de la censure; si la révolution a éclaté malgré la censure, et peut-être en partie à cause de la censure, n'accusons pas la liberté de la presse des désastres et des ouvrages dont nous nous plaignons si haut.

Ensuite, est-il bien certain que toutes ces éditions, si soigneusement énumérées, se soient véritablement écoulées? Est-il bien certain qu'on n'en retrouvât pas une bonne partie dans les magasins des libraires ? Est-il bien certain qu'elles n'aient pas ruiné quelques-uns des entrepreneurs, et qu'enfin toutes ces masses de bons, de médiocres, de mauvais livres, n'aient pas été chercher des lecteurs parmi les nègres de Saint-Domingue, et chez les nouveaux républicains de l'Amérique, dont la plupart ne savent pas le françois, et dont un grand nombre ne savent pas lire?

Il y a ici erreur : on a pris des spéculations commerciales de librairie pour une augmentation de lecteurs dans l'intérieur de la France. Or, on voit, par le relevé des abonnements des journaux, que la quantité de lecteurs, depuis trente ans, n'augmente ni ne diminue. Que l'on parcoure le royaume, on trouvera bien chez les libraires des exemplaires des éditions dénoncées, mais on en trouvera très peu de vendus. On n'en verra point, comme on nous le dit, dans la cabane du pauvre et dans les boutiques du peuple; on aime mieux savoir ce qu'il faut penser des 3 pour 100, que d'exhumer quelques tristes facéties de Voltaire du fond d'une édition compacte, possession non disputée dans chaque province d'une demi-douzaine d'amateurs. Enfin, pour être juste, quand on rappelle le nombre des mauvais livres, il faut citer aussi celui des bons ouvrages. Combien, depuis quelques années, a-t-on fait paroître d'éditions de Bossuet, de Massillon, de Fénelon, et de tant d'autres écrivains monarchiques et religieux? Parmi les productions modernes, quelles sont celles qui ont eu le plus de vogue et de succès, celles qui sont devenues populaires, et qui, imprimées et réimprimées, comptent peut-être plus de cent mille exemplaires en Europe? N'est-ce pas celles-là mêmes qui ont eu pour but de défendre le trône et le roi, l'autel et ses ministres? Le mal est donc neutralisé par le bien. Loin d'empêcher la lecture et la multiplication des écrits condamnables, la censure ne seroit qu'un stimulant pour les lecteurs et les imprimeurs; elle feroit vendre ce qui est maintenant oublié dans la poussière des librairies.

Que l'on cesse de faire des choses saintes un moyen de parvenir aux places; que le clergé, charitable et éclairé, soit le premier à s'élever contre ces petites coteries d'hypocrites persécuteurs qui font à la religion un tort incalculable; qu'il se montre ami de nos institutions; qu'il les embrasse pour les sanctifier, pour les rendre vénérables par l'ascendant moral de son caractère; alors il n'aura rien à redouter de la liberté de la presse, et trouvera partout des disciples et des défenseurs. L'Évangile est la Charte (Charte divine!) qui a émancipé le genre humain. Ceux qui sont chargés de l'annoncer à la terre ne peuvent dire anathème aux libertés publiques. Quand le clergé, dont les vertus sont incontestables, aura fait pour la nouvelle monarchie ce qu'il a fait pour l'ancienne, les publications impies viendront se perdre dans le respect qu'il inspirera, même à ses ennemis, et se briser contre sa salutaire et pacifique puissance.

Paris, 8 août 1825.

Le terme de la conversion est déjà expiré depuis trois jours; le grand secret est connu; la quotité des rentes converties et à convertir est de 30 millions 688,268 francs.

Il faut retourner en arrière, et jeter un coup d'œil sur l'immense échafaudage élevé jusqu'aux nues pour construire un monument qui n'est pas même sorti de terre.

La première loi de finances de M. le président du conseil ayant été rejetée par la Chambre des pairs, ce ministre ne parut que plus ardent à suivre son projet; il en varia seulement la forme, et le présenta de nouveau à la tribune parlementaire. Il ne s'étoit point laissé convaincre par la première discussion; les lumières que fit jaillir la seconde ne l'éclairèrent pas davantage. Selon lui, son plan reposoit sur des nécessités, sur des besoins manifestés par l'état des choses.

Il falloit, disoit-il, faire baisser le taux de l'intérêt de l'argent en France, en réduisant l'intérêt de la dette nationale.

Il falloit forcer les capitaux à refluer dans les provinces, et vers l'agriculture.

Il falloit, enfin, créer une valeur au-dessous de 5 pour 100, afin de ne plus racheter les effets publics au-dessus du pair.

On prouva à M. le ministre des finances que le taux de l'intérêt de l'argent, en France, n'étoit ni à 3 et demi ni à 4 pour 100; que les emprunts des villes et les emprunts chez les notaires montroient évidemment qu'il étoit à 5 et au-dessus.

On lui prouva qu'en abaissant l'intérêt de la dette publique il ne feroit pas descendre l'intérêt de l'argent dans les affaires particulières; que ce n'étoit pas l'État qui pouvoit amener l'affoiblissement de l'intérêt de l'argent, quand cet intérêt n'étoit pas amoindri dans les opérations commerciales, mais bien la réduction de cet intérêt dans les transactions privées, qui devoit conduire le gouvernement à la réduction de l'intérêt de la dette générale.

On prouva à M. le président du conseil que son opération, loin de faire refluer les capitaux dans les provinces, les attireroit à Paris par l'appât de l'agiotage; ce qui est encore devenu plus vrai par l'établissement du syndicat des receveurs généraux.

Quant à la nécessité de créer une valeur en 3 pour 100, pour ne pas racheter les 5 au-dessus du pair, on démontra à M. le président du conseil que ce n'étoit pas là le remède à un mal dont il se plaignoit, d'ailleurs, beaucoup trop tôt ; qu'il suffisoit de déclarer que la caisse d'amortissement ne rachèteroit plus les effets publics au-dessus du pair, et qu'alors on puiseroit dans cette caisse, hors de proportion avec le montant de la dette, des sommes qui iroient à la décharge des contribuables, ou à la liquidation de l'indemnité.

M. le ministre des finances parloit de l'Angleterre, et s'appuyoit de son exemple : on lui fit voir qu'il étoit d'une ignorance complète sur ce point; qu'il ne se plaçoit ni dans l'ancien ni dans le nouveau système financier de la Grande-Bretagne ; que les Anglois n'étoient arrivés aux 3 pour 100 qu'en opérant par le passé sur des annuités, et qu'ils déploroient dans le présent une réduction d'intérêt qui les avoit encombrés du capital d'une dette énorme.

A la Chambre des pairs, deux amendements qui auroient tout sauvé furent repoussés par les ministres : l'un, proposé par M. le comte Roy, changeoit en des 5 pour 100 les 3 pour 100 de l'indemnité ; l'autre, rédigé par M. le comte Mollien, avoit pour but de détruire l'emploi arbitraire du fonds d'amortissement.

C'étoit là de la raison, du bon sens, de l'évidence ; les hommes qui parloient avoient toutes les connoissances requises dans ces matières : mais qu'importoient la raison, le bon sens, l'évidence, la puissance des autorités ? Soit que toute la loi ne renfermât qu'une affaire, comme plusieurs orateurs le prétendoient, soit qu'il y eût des raisons inconnues, soit que l'entêtement et l'amour-propre dominassent les motifs d'intérêt public, on n'écouta rien.

L'esprit de conciliation, le besoin de l'union et de la paix au commencement d'un règne, l'espérance des cérémonies augustes qui alloient consacrer de nouveau le pacte social, produisirent l'effet que le ministre désiroit : la loi fut votée.

Mais soudain, et au grand étonnement de ceux qui pensoient que toute la question avoit été décidée dans l'urne, commença une lutte violente entre M. le président du conseil et le public. Le premier avoit vanté à la tribune le bon sens de la France; la France eut à cœur de justifier et de mériter cet éloge : personne ne voulut de la conversion.

M. le ministre attendit, croyant à quelque méprise, ne pouvant comprendre que l'opinion repoussât sa loi : il fallut bien qu'il se convainquît enfin de la vérité.

Alors furent employées ces mesures extraordinaires dont la France gardera long-temps le dégoûtant souvenir : prêts faits ou à faire par les caisses publiques, par la Banque, sur dépôt de rentes, ou sur certificats d'emprunts, ou sur lingots; ordonnance pour les cautionnements; syndicat des receveurs généraux; enfin, tous ces moyens dont l'emploi suffisoit seul pour démontrer le vice de l'opération.

Après trois mois d'un combat aussi pénible, le terme de la conversion expire, et, pour tout résultat, il se trouve que la rente flottante est à peine convertie, et que le tout se réduit à avoir transformé en 3 pour 100, pour la plus grande facilité de l'agiotage, un jeu de bourse qui avoit lieu en 5 pour 100.

Telle est la partie historique d'une loi déplorable dans son principe, plus déplorable encore dans son exécution. Présentons maintenant à nos lecteurs le résumé des conséquences financières et politiques de cette loi.

Conséquences financières :

Trois cent deux millions 70,107 francs ont été employés à produire et à soutenir la conversion de la rente.

Ces immenses ressources n'ont produit que la conversion d'une somme de 30 millions 688,268 fr., sur laquelle nous arrêterons dans un moment l'attention de nos lecteurs.

Supposez maintenant que la loi de conversion eût été abandonnée à son cours naturel, que 302 millions 70,107 fr. n'eussent pas été employés à faire marcher cette loi, nous demandons s'il y eût eu quelque conversion ; nous demandons si l'on peut appeler conversion réelle, conversion véritable, conversion produite par l'habile structure de la loi, par la nécessité dont cette loi étoit pour la France, une conversion de 30 millions 688,268 francs, procurée par un emploi de 302 millions 70,107 francs !

On n'avoit jamais vu, on ne reverra jamais l'étonnant et déplorable spectacle d'un ministre occupé publiquement, pendant un an, d'une affaire de bourse, pour faire réussir une opération repoussée du public, employant, à cet effet, les mesures les plus insolites, se colletant dans le *Moniteur* avec les rentiers, les menaçant d'un remboursement impossible, et dont il avoit lui-même combattu l'idée; leur disant que les 5 pour 100 *sont exclus de la sphère du crédit; qu'ils ne figurent plus au grand-livre que pour mémoire; que les propriétaires qui ont apporté un milliard 500 millions au trésor royal, en échange de rentes aujourd'hui classées, n'éprouvent d'autre appréhension que d'en être chassés par le remboursement.* On n'avoit jamais vu, si ce n'est au temps de Law et de l'abbé Terray, un ministre faisant du crédit à coups de gazettes et d'ordonnances, et finissant par être trompé, même dans ses tristes plans.

Voilà pourtant ce que le gouvernement d'un grand peuple a présenté au monde depuis un an, et plus particulièrement depuis six mois!

Le procès-verbal officiel nous présente une conversion de rentes 5 pour 100 de 30 millions 688,268 fr., c'est-à-dire à peu près 24 millions de rentes 3 p. 100. Cette somme se partage en deux catégories : l'une comprenant les rentes véritablement converties dans le délai légal, l'autre renfermant les *demandes* en conversion qui s'étendent au-delà du délai légal.

Si bon nombre de ces dernières sommes n'a pu être converti avant le délai expiré, ce n'est pas uniquement parce que le temps a manqué pour effectuer les inscriptions nouvelles, mais parce que les demandes n'étoient pas accompagnées des justifications nécessaires.

Ainsi on trouve 4,209 francs en six extraits qui sont au transfert; 22,500 en cinq parties, dont les extraits d'inscription sont à la caisse des dépôts et consignations; 5,225 en quatre parties, qui proviennent de cautionnements, et dont les extraits sont déposés dans les bureaux de l'agence judiciaire du trésor; 1,200 dont l'extrait d'inscription est adiré; 920,150 fr. de rentes pour 4,136 parties, dont les extraits d'inscription sont suppléés par une déclaration du contrôleur en chef de la dette inscrite, qui atteste avoir entre les mains les certificats du dernier emprunt, dont l'inscription produira ladite somme de 920,150 francs; on trouve 10,667 francs, formant deux dotations de majorat, dont les extraits d'inscription ne sont pas joints aux demandes déposées au ministère de la justice; on trouve 673,650 francs dont la propriété est constatée appartenir à 2,572 parties par des certificats du dernier emprunt dont la Banque est dépositaire; on trouve enfin 25,651 fr. pour treize parties qui n'ont point fourni les extraits d'inscription.

Ce seul relevé fait voir combien de questions épineuses s'élèvent pour toutes ces rentes *à convertir*, qui figurent néanmoins en chiffre de la *rente convertie*. Il seroit très naturel qu'il en résultât des impossibilités complètes de conversions, ou que ces conversions fussent retardées jusqu'à des époques successives abandonnées à l'arbitraire des parties intéressées.

Le résultat de cette position, c'est qu'il n'y a réellement pas 30,688,268 fr. de rentes 5 pour 100 de convertis; que la caisse d'amortissement n'agit peut-être dans ce moment que sur une vingtaine de millions de rentes 3 pour 100, plus ou moins, et que les conversions *en suspens*, comme s'exprime le procès-verbal, ne pourront s'effectuer que par une fiction, laquelle peut reculer à l'infini la borne fixée par la loi et par l'ordonnance du 1er mai, en exécution de ladite loi.

Une difficulté encore plus sérieuse se présente pour les rentes à convertir : si les 3 pour 100 tomboient au-dessous de 75 avant l'époque extra-légale de la conversion des *demandes*, le gouvernement seroit-il obligé de les livrer à 75, et par conséquent de subir la perte et de remplir la différence du *déficit*.

D'une autre part, si la nouvelle valeur éprouvoit une dépréciation probable, ceux qui ont demandé des conversions sans les avoir réalisées, n'ayant plus le motif d'intérêt qui avoit déterminé leur première résolution, ne pourroient-ils pas retirer leurs demandes? Quel moyen auroit-on de les forcer à la conversion, le terme général étant expiré ?

Ces doutes, qui naissent dans les esprits à la lecture du procès-verbal, augmentent singulièrement la misère de l'opération.

A qui appartiennent enfin les rentes converties? Le procès-verbal annonce 16,393 parties, c'est peu, très peu; mais encore ces 16,393 parties sont-elles distinctes, sont-elles des parties prenantes ? Il est fort permis d'en douter.

Il est naturel de penser que les 30 millions 688,268 francs de rentes 5 pour 100, converties ou non, appartiennent presque en totalité à des capitalistes précédemment engagés dans les opérations de M. le ministre des finances. On suppose en effet qu'ils possèdent environ 21 millions de rentes 3 pour 100. La masse des rentiers, c'est-à-dire la France, n'est donc presque pour rien dans la conversion, si ce n'est pour le mal que lui a fait et lui fera la loi ?

Mais ne prenant que le fait matériel, et supposant que la conversion se monte à la somme de 30 millions 688,268 francs de rentes 5 pour 100, il s'ensuit que la rente flottante auroit seule été convertie, la rente déclassée ayant été évaluée par M. le président de la commission de la caisse d'amortissement de 25 à 30 millions. La loi n'a donc produit qu'un changement dans le nom du jeu : c'est un grand pharaon en 3 pour 100, au lieu de 5 pour 100, que le gouvernement tient avec un amortissement de plus de 77 millions ; mais ici la perte est pour le banquier.

Parmi tous les biens que nous devrons à l'administration, il faut compter l'augmentation du déclassement de la rente. Ce déclassement étoit d'un neuvième de la dette publique, lors de l'entrée de M. le président du conseil au pouvoir : il est aujourd'hui d'un quart de cette dette.

Admettons maintenant que les 30 millions

688,268 francs de rentes convertis ne soient pas même, ce qui est la vérité, entièrement convertis; admettons que la plus grande partie de ces rentes appartienne à des banquiers étrangers, ou intéressés dans les opérations actuelles, y aura-t-il eu jamais opération plus rudement avortée, plus franchement repoussée par l'opinion, plus honteusement stigmatisée par quiconque a la moindre autorité en finances?

Il faut rechercher à présent ce que deviendront ces 24 millions 3 pour 100 de rentes flottantes, de rentes séparées de la grande masse des rentes; aliment d'agiotage, valeur nouvelle moralement dépréciée, et sans cours sur les places étrangères.

Deux résultats opposés sont à prévoir:

D'abord il faut huit années à la caisse d'amortissement pour racheter les 24 millions de rentes 3 pour 100 de la conversion, en supposant qu'il n'y eût point de concurrence; mais si les 6 millions ou même les 3 millions 3 pour 100 du premier cinquième de l'indemnité viennent bientôt à la Bourse, ils absorberont l'amortissement, qui ne portera plus sa puissance sur les 3 de la conversion.

D'un autre côté la connexion des deux rentes 5 pour 100 et 3 pour 100, étant rompue par l'expiration de la faculté de convertir, les 5 pour 100, privés de la caisse d'amortissement, pourront tomber au-dessous du pair, et retrouver alors cet amortissement, qu'ils enlèveront, comme les 3 de l'indemnité, aux 3 de la conversion.

Quant aux 25 millions formant la somme des

prêts et des achats employés à la confection de la conversion, ils retourneront promptement à leur destination spéciale, et ne pourront plus soutenir les 3 pour 100 de la conversion.

Il est probable alors que toutes les valeurs tendant à prendre leur niveau, les 3 de la conversion tomberont à 67 et au-dessous : ce n'est même qu'en se rapprochant de leur pair, c'est-à-dire de 60 francs, qu'ils pourront se classer, et cesser d'être flottants : ils deviendront des 5 pour 100.

Dans cette chance, l'accroissement du capital n'aura pas lieu, ne sera pas un dédommagement de la perte de l'intérêt ainsi qu'on l'avoit proclamé.

Les 3 pour 100 de l'indemnité, affectés par la même cause, resteront à peu près à leur pair, c'est-à-dire à 60, s'ils ne tombent encore plus bas. Les 400 millions à produire par la hausse, qui devoient compléter le fameux milliard, s'en iront en fumée comme toutes les promesses de M. le ministre des finances.

L'autre résultat, qui seroit celui de l'élévation des 3 pour 100 de la conversion, forceroit de supposer que les 3 de l'indemnité n'arriveront pas de long-temps à la Bourse, que les 5 pour 100 seront maintenus au-dessus du pair, que les 77 millions de la caisse d'amortissement resteront en proie aux 24 millions (s'ils sont réels) de rentes 3 pour 100 de la conversion.

C'est l'état monstrueux que tous les discours de l'opposition ont prédit : tous ont annoncé que si la conversion étoit foible, l'amortissement retiré aux anciens créanciers de l'État, dont il étoit la garantie, seroit livré à des agioteurs et à des banquiers cosmopolites. C'est à quoi sans doute les Chambres s'empresseront de remédier.

Non-seulement, dans la supposition de la hausse des 3 pour 100 de la conversion, il faut que la caisse d'amortissement leur reste entière, mais il faut encore continuer à user des moyens du syndicat, et des autres ressources appelées, dans l'argot, les *absorbants*; il faut que le gouvernement, toujours inquiet, s'évertue de liquidation en liquidation, pour l'amener à bien; que, semblable à ces négociants qui ont de mauvaises affaires, il trouve des expédients pour reculer de mois en mois le moment critique, en accroissant sa détresse et ses périls. Il doit même craindre le trop grand succès de ses efforts; car si le cours fictif de la rente 3 pour 100 s'élevoit trop haut, il y auroit catastrophe par la multitude et l'empressement des ventes.

Comment a-t-on pu se mettre volontairement dans une pareille position ? Et si, dans cette position, il arrivoit le plus petit accident en Europe, que deviendroient nos fonds ? Comment trouveroit-on à emprunter? A quel taux faudroit-il acheter l'honneur et l'indépendance de la France ?

Ainsi, quant aux 3 pour 100 de la conversion, ou ils descendront, ou ils monteront : s'ils descendent, le rentier converti, à qui l'on a promis un accroissement de capital en dédommagement de la réduction de l'intérêt, sera trompé et victime d'une déception ; s'ils s'élèvent (les 3 pour 100) par l'effet de l'amortissement détourné de sa destination primitive, ce sera le trésor (et par conséquent les contribuables) qui supportera les pertes produites par la loi. Ce dilemme est sans réplique.

Que l'auteur de cette loi déplorable, ou plutôt que l'homme qui l'a adoptée sans la comprendre, fasse dire maintenant par ses journaux qu'il est satisfait, très satisfait, qu'il a obtenu ce qu'il vouloit, qu'il est même étonné de son succès, peu importe : l'amour-propre humilié affecte le succès dont il n'a pas la conscience. Jamais *Te Deum* chanté pour une bataille perdue n'a trompé personne : les fanfaronnades sont les consolations de ceux qui n'en ont point d'autres ; laissons-les à qui de droit.

Si l'on menace les rentiers d'un remboursement, nous citerons à M. le ministre des finances ses propres paroles, l'aveu qu'il a fait lui-même de l'improbabilité d'un remboursement, dans le cas où la conversion seroit peu considérable.

Si les journaux ministériels nous disent que les 3 pour 100 de l'indemnité vont profiter de la foible conversion des 3 pour 100, nous leur répondrons qu'il ne sied pas à un ministre qui s'est obstiné aux deux catégories, qui a repoussé les commissions départementales, qui a rejeté l'amendement de M. le comte Roy ; qu'il ne sied pas, disons-nous, à ce ministre de montrer un si vif intérêt dans une cause que d'autres ont mieux servie que lui.

Qu'avoit-on besoin en effet d'une foible conversion pour refouler la puissance de l'amortissement vers les 3 de l'indemnité? Si telle avoit été en effet l'intention secrète du ministre, il étoit parfaitement inutile d'avoir recours à une conversion des 5 pour 100; il suffisoit de créer les 3 pour 100 de l'indemnité, et c'est ce qu'on fit remarquer à la tribune de la Chambre des pairs. Mais il faut bien trouver aujourd'hui quelque chose à balbutier dans la défaite, et ne pas rester court devant l'événement.

Non-seulement M. le président du conseil est condamné par le mal qu'il a fait, mais encore par le bien qu'il a détruit : il peut se vanter d'avoir détérioré les plus belles finances de l'Europe, finances que nous envioit l'Angleterre; finances qui nous promettoient toutes les ressources, toutes les prospérités qu'un État peut désirer; car, avec un peuple brave et industrieux, tout est succès dans la paix et dans la guerre, quand on a du crédit et de l'argent.

Il suffiroit de laisser aller toutes seules nos finances pour qu'elles parvinssent au plus haut point de prospérité. En peu d'années, ce qu'il y avoit de trop dans notre dette auroit disparu; on seroit arrivé à la réduction de l'intérêt des capitaux par l'élévation naturelle des fonds et l'accroissement de l'industrie. Pourquoi ces rêves? pourquoi cette activité stérile, cette inquiétude d'esprit qui ressemble à la fièvre, cette agitation sans nécessité, ces perturbations de la fortune publique, lorsque, pour consolider cette fortune, il suffisoit de dormir en paix? Le motif puéril de l'élévation des 5 pour 100 au-dessus du pair peut-il être admis un moment par un homme d'un esprit mûr et de quelque expérience?

Les intérêts matériels des finances ont été sauvés par le bon sens des rentiers, secondé des efforts de la liberté de la presse; mais le crédit de la France n'est pourtant plus le même; on ne menace pas pendant deux ans les finances d'un peuple par des lois et des mesures inopportunes, sans que le crédit n'en soit profondément affecté. Qui peut vous garantir d'un ministre qui sans cesse remue, qui laisse et reprend ses doctrines, change tous les matins de principes et d'amis, se plaît dans les nouveautés et les aventures, se mêle d'affaires de bourse et s'entoure de banquiers agioteurs; qui peut s'assurer, disons-nous, que ce ministre ne reniera pas demain la loi qu'il a voulue aujourd'hui?

Dans cette perplexité, les capitaux étrangers iront chercher des établissements plus solides pour se mettre à l'abri de pareils caprices. Trouvera-t-on sûreté à rester dans une rente toujours traitée en ennemie, écornée sous l'ancien gouvernement, consolidée, c'est-à-dire réduite au tiers sous la république, avec déclaration que désormais *elle seroit non remboursable;* et pourtant *convertie* sous nos yeux par M. le ministre des finances, et grossièrement outragée dans le journal officiel?

M. le président du conseil quittera les finances

après avoir augmenté la rente déclassée, entamé les 5 pour 100, créé une valeur d'agiotage, dénaturé la caisse d'amortissement, augmenté la dette de l'État de manière à ce qu'elle soit devenue inremboursable, et rendu difficile, sinon impossible dans l'avenir, tout emprunt sur des bases raisonnables.

Si, à ces conséquences financières de la loi, on joint les conséquences morales et politiques, alors on voit s'accroître d'une manière effrayante la somme des maux que nous signalons.

N'est-ce rien que d'avoir condamné trente millions d'hommes, pendant l'espace de deux années, à ne s'occuper que d'affaires de bourse, à oublier tous ces graves intérêts sur lesquels repose l'édifice religieux, moral et politique de la société? Qui pourroit dire la part que le système de Law eut à la corruption du règne de Louis XV, règne qui prépara la chute de la monarchie?

N'est-ce rien que d'avoir divisé l'opinion royaliste pendant deux années; que d'avoir semé partout la discorde, changé et dénaturé l'opinion?

La couronne a-t-elle à se louer des mesures imprudentes que nous déplorons? Dans un étrange entêtement, on ne fut pas même arrêté par la mort de l'auguste auteur de la Charte; on ne fut point épouvanté de l'idée de réduire la rente au moment où le sceptre changeoit de main, de l'idée d'attacher une mesure impopulaire au commencement d'un nouveau règne. On ne sentit pas ce qu'il y avoit de dangereux, nous osons dire de moralement coupable, après une révolution de plus de trente années, à venir troubler les finances de l'État, au moment même où elles avoient atteint une prospérité que l'on attribuoit avec justice au retour des souverains légitimes.

Et quand le trésor se seroit trouvé dans une crise, il eût encore été d'un bon citoyen, d'un bon François, d'un bon royaliste, d'éviter de toucher aux rentes sous la restauration. De quel nom faut-il donc qualifier une mesure prise de sang-froid, sans besoin, sans nécessité; une mesure qui, loin d'améliorer les finances, tendoit à les renverser, alors même que leur état florissant passoit toutes les espérances?

En exposant ainsi le trône, le ministre compromettoit les lumières et l'honneur des Chambres. Il falloit être bien sûr du succès pour s'obstiner à une conversion combattue à la tribune par les hommes les plus habiles. Qu'apprendra-t-on aux pairs et aux députés? Qu'une opération qu'on leur vantoit comme le chef-d'œuvre de l'*expérience et du génie* a été repoussée par le public. N'ont-ils pas le droit de dire à l'auteur de cette opération funeste : « Nous vous avons accordé nos suffrages « de confiance, et par amour pour le roi dont vous « nous prononciez sans cesse le nom; nous avons « voté votre loi : qu'avez-vous fait de notre vote? « qu'avez-vous fait du crédit de la France? »

Si la nouvelle France a le droit de se plaindre, l'ancienne n'a pas moins été blessée. La connexité de la loi de l'indemnité et de la loi de la conversion est une flétrissure que ne méritoient pas les victimes de la plus noble cause.

Enfin les dernières mesures financières ont paralysé dans le passé le gouvernement, et le rendent impuissant dans l'avenir; remarque qui n'a point échappé aux journaux anglois.

Pendant cinq ans la caisse d'amortissement est affectée au service des nouvelles rentes, et ne peut être détournée de son emploi; pendant cinq ans on ne sera occupé qu'à soutenir le mal qu'on a fait, et à prévenir des catastrophes; ainsi, pendant ces cinq années, il faudra se résoudre à dévorer toutes les humiliations que l'on voudra nous faire subir. On réglera sans nous ce qui concerne les Amériques et la Grèce, dont il nous appartenoit de commander les destinées. Notre pavillon sera insulté par des corsaires; nous n'oserons pas avoir une politique à nous; nous ne serons ni pour ni contre l'alliance ; nous nous traînerons derrière l'Angleterre sans pourtant embrasser son système; nous laisserons tomber nos forteresses en face de ces forteresses nouvelles que l'étranger élève à grands frais à quelques pas de nos frontières, et dont ses généraux vont tous les ans visiter les travaux. Les alliés ont conservé presque entières les armées dont ils nous environnent; ils entretiennent incessamment leurs arsenaux, et en augmentent le matériel : et nous, nous allons jouer à la Bourse! et 302 millions 70,107 francs qui auroient fait tant de bien à notre marine et à notre armée, ont été employés, sans succès, à soutenir une seule opération désastreuse de finances !

Quant à l'Espagne, n'en parlons plus ; elle deviendra ce qu'elle pourra. Tous les fruits d'une expédition miraculeuse ont été gâtés par cette main qui flétrit ce qu'elle touche. Au moment de la délivrance du roi Ferdinand, nous pouvions tout ; aujourd'hui nous ne pouvons rien. Les victoires de M. le dauphin sont venues se perdre, sinon se faire oublier, dans les 3 pour 100.

L'univers change autour de nous ; de nouveaux peuples paroissent sur la scène du monde ; d'anciens peuples ressuscitent au milieu des ruines ; des découvertes étonnantes annoncent une révolution prochaine dans les arts de la paix et de la guerre : religion, politique, mœurs, tout prend un autre caractère. Nous apercevons-nous de ce mouvement ? marchons-nous avec la société ? suivons-nous le cours du temps ? nous préparons-nous à garder notre rang dans la civilisation transformée ou croissante ? Non : les hommes qui nous conduisent sont aussi étrangers à l'état des choses de l'Europe, que s'ils appartenoient à ces peuples dernièrement découverts dans l'intérieur de l'Afrique. Que savent-ils donc ? La bourse ! et encore ils la savent mal.

Disons-le : un homme coûte trop cher à la France ; un grand génie seroit encore trop payé à ce prix. Sommes-nous condamnés à porter le poids de la médiocrité, pour nous punir d'avoir subi le joug de la gloire ?

Lorsqu'on voit les agents du pouvoir marchander des procès, des opinions et des hommes, attaquer l'indépendance des tribunaux et les libertés publiques, alarmer le crédit par l'imprudence de leurs combinaisons; lorsqu'on est forcé de reconnoître dans leurs actes un mélange de foiblesse et d'obstination, de témérité et d'impuissance, la patience est au moment d'échapper : rien n'empêcheroit d'exprimer des sentiments énergiques, n'étoit la crainte d'enfler de petits orgueils. La supériorité qui s'égare, gémit quand l'opinion l'abandonne; mais l'infériorité qui tombe, trouve une preuve de son mérite dans les vérités qu'on lui dit, et se fait une grandeur de l'indignation publique.

Paris, ce 14 août 1825.

Nous avions espéré lire aujourd'hui dans le *Moniteur* quelque chose de satisfaisant des dépêches de M. de Mackau. Nous y avons trouvé simplement un paragraphe conçu en ces termes :

« Les dépêches venues par *la Béarnoise* confir« ment la nouvelle annoncée par le télégraphe.

« Les intentions du roi sont complétement rem« plies; 150 millions sont assurés aux anciens co« lons de Saint-Domingue; et notre commerce « jouira dans cette île d'avantages doubles de ceux « accordés aux nations les plus favorisées; en un « mot, l'ordonnance du roi a été acceptée avec res« pect et reconnoissance : le président Boyer faisoit

« les préparatifs nécessaires pour que l'ordonnance
« fût entérinée au Sénat avec la solennité conve-
« nable. »

Il faut convenir que cette courte note du *Moniteur* n'est pas bien propre à éclaircir les doutes que l'on pourroit avoir ; une répétition à peu près textuelle de la dépêche télégraphique, lorsque les dépêches *in extenso* sont arrivées, est une chose assez inattendue et peu instructive. Seulement nous apprenons de plus que le président Boyer faisoit les *préparatifs nécessaires pour que l'ordonnance fût entérinée au Sénat avec la solennité convenable.*

Nous ne connoissons pas assez la Constitution de Saint-Domingue pour découvrir ce que c'est qu'un entérinement, au Sénat d'Haïti, d'une ordonnance du roi de France, et les préparatifs que cet acte parlementaire exige : tout cela est fort singulier. En attendant un plus ample informé, raisonnons sur ce que nous savons.

C'est par la Bourse que nous avons appris l'affaire de Saint-Domingue. La Bourse est la route des nouvelles que l'on veut donner à la France et à l'Europe. On vit jadis un grand peuple soumettre la terre pour faire croître sa gloire au Capitole ; nous, nous verrions un ministre se servir, au besoin, du monde entier pour faire hausser de quelques centimes nos 3 pour 100 à la Bourse.

Cependant, comme cette affaire de Saint-Domingue touche à la politique la plus élevée ; comme elle intéresse non-seulement la couronne de France, mais toutes les couronnes; comme elle entre profondément dans les entrailles du gouvernement représentatif, retirons-la du théâtre des 3 pour 100, pour la porter au tribunal de l'opinion publique.

Saint-Domingue, au moment de nos troubles révolutionnaires, brisa les liens qui l'attachoient à la France. Un gouvernement sorti du sein de cette colonie agit depuis ce jour pour elle et sans nous, dans une indépendance complète. Toute la colonie n'entra point néanmoins dans ce mouvement : la population blanche, autrement dite *européenne*, propriétaire de la presque totalité du sol, fut proscrite et égorgée; ses biens furent ravis. Voilà les premiers faits.

Un homme, en France, après avoir conquis l'Italie et l'Égypte, rêve de conquérir le trône vacant. Il le prend d'assaut à Saint-Cloud. Il lui faut, avec ce trône, un royaume plus étendu que celui de nos rois; le vaste héritage de Louis XIV est trop étroit pour sa fortune nouvelle. Lui, qui doit reculer nos limites d'un côté au-delà du Rhin, de l'autre aux bords du Tage, laissera-t-il Saint-Domingue, colonie françoise, hors des lois de la France? Non; mais, cette fois, trahi par son génie, ou plutôt par la foiblesse de ses lieutenants, il perdit son armée et la colonie; les droits seuls de la couronne restèrent intacts; si bien que la légitimité les retrouva, les reprit, et sembla les tenir en réserve pour des jours de force et de bonheur. Voilà d'autres faits. Maintenant, de Buonaparte descendons à M. le ministre des finances.

Tandis que ce ministre remuoit 300 millions pour ses 3 pour 100, il se tournoit aussi vers Saint-Domingue. Envisageoit-il cette île comme un bon effet d'agiotage? Un acte est proposé, accepté, nous dit-on, et conclu. D'un côté, il porte, pour la colonie, 150 millions à donner à la France; de l'autre, que donne la France? Quelque chose apparemment; car dans un acte de vente il faut bien spécifier et l'objet qu'on vend et le prix dont on le paie. Or, ce que nous vendons, nous, ce sont nos droits.

Ces droits sont donc bien réels, puisqu'on nous les achète; ils ont donc quelque prix, puisqu'on les évalue à 150 millions, somme énorme pour le gouvernement de Saint-Domingue.

Si la colonie se croit et se dit libre; s'il étoit impossible de la rappeler dans notre administration, soit par des avantages, des traités, des règlements favorables, soit par des concessions nécessitées par la marche du temps, pourquoi donc méconnoît-elle sa situation au point qu'elle pense agir avec sagesse en nous payant 150 millions? Ou nos droits sont illusoires, et dès lors ils n'ont aucun prix; ou nos droits sont positifs, et dès lors nous devons examiner comment on pouvoit les céder, et s'ils ont été cédés à un bon prix.

Quatre opinions existent en France, relativement à Saint-Domingue.

La première auroit voulu qu'on fît la conquête de la colonie à main armée.

La seconde, trouvant que cette conquête étoit

impossible, demandoit au moins qu'on ne reconnût jamais une république de nègres révoltés.

La troisième désiroit qu'on reconnût purement et simplement l'indépendance du gouvernement de Saint-Domingue comme gouvernement de fait, et que l'on conclût un traité avec lui.

La quatrième, et c'est la nôtre, admettoit qu'il y a des nécessités auxquelles on doit se soumettre; que l'on pouvoit émanciper Saint-Domingue à certaines conditions, mais seulement au moyen d'une loi proposée par le roi et votée par les Chambres, conformément au droit public de la France, ancien et moderne.

Aucune de ces opinions n'a été satisfaite par l'ordonnance à laquelle M. le ministre des finances a mis si singulièrement son *visa*.

Ceux qui vouloient la conquête de Saint-Domingue prétendoient qu'elle étoit facile; que notre position différoit entièrement de celle où s'étoit trouvé Buonaparte.

Ceux qui vouloient qu'on ne s'occupât point de Saint-Domingue prétendoient que la discorde se mettroit tôt ou tard dans ce refuge d'esclaves armés, et que la république noire se détruiroit de ses propres mains.

Ceux qui vouloient la reconnoissance pure et simple de Saint-Domingue soutenoient qu'avec un traité nous aurions trouvé ce que ne nous donnera pas, selon eux, l'ordonnance.

Ceux enfin qui vouloient une loi d'émancipation,

disoient qu'avec cette loi tous les intérêts auroient été mis à l'abri.

En effet, l'ordonnance présente des difficultés immenses : elle sort du principe jusqu'ici admis. Dans notre ancien comme dans notre nouveau droit public, une province ne peut être concédée que par les pouvoirs législatifs, c'est-à-dire par le roi uni à la nation, comme cela s'est vu sous le roi Jean et sous François Ier.

Il n'y a aucun doute que si le gouvernement représentatif avoit une plus longue existence parmi nous, M. le président du conseil seroit exposé à être mis en accusation pour avoir cédé Saint-Domingue par un seul acte administratif.

Qu'on annonce demain que M. Canning vient d'abandonner Gibraltar ou le cap de Bonne-Espérance par un acte du conseil revêtu de la signature de S. M. B., et vous verrez ce qui arrivera en Angleterre. Le ministre imprudent n'auroit, pour sauver sa tête, que la plus prompte fuite.

Et que l'on ne vienne pas invoquer l'article de la Charte qui donne au roi le droit de faire des traités; il n'est pas applicable à l'espèce. Il n'y a pas ici de véritable traité; ce n'est point un gouvernement quelconque de droit ou de fait avec lequel on a négocié; ce n'est point un traité conclu et signé par deux parties contractantes : c'est une seule partie qui se dépouille de ce qui lui appartient, moyennant une somme d'argent; c'est un contrat de vente d'une nature tout extraordinaire, dans lequel non-seulement les tiers intéressés, les colons, ne sont point appelés à stipuler pour leurs droits, mais au bas duquel la partie même qui paie n'a pas été admise à apposer sa signature.

Sous ce rapport politique, les embarras qui naissent de l'ordonnance sont effrayants. La France, restant souveraine *de droit* de Saint-Domingue (et c'est ce que nous font entendre les journaux ministériels), devient responsable de tous les actes du gouvernement *de fait* établi dans cette île. Elle pourra être importunée des réclamations de toutes les puissances étrangères qui se croiroient lésées dans leurs relations commerciales. Il faudra qu'elle veille à ce que le gouvernement Haïtien ne contracte pas des alliances qui pourroient être vues avec jalousie de telle ou telle puissance, ou blesser les articles de tel ou tel traité, etc.

Sous un point de vue politique plus élevé, on peut prédire que la république de Saint-Domingue aura tôt ou tard des sœurs dans les Antilles et dans la mer des Indes. Les cabinets feront bien de se hâter de prendre les mesures les plus efficaces pour le salut des colons. On doit aussi s'attendre à des nouveautés singulières dans les relations diplomatiques.

La république de Saint-Domingue ne sera-t-elle qu'une colonie françoise, se gérant à la vérité par ses propres lois, mais n'étant point un État indépendant de la France, n'ayant par conséquent d'ambassadeurs ni à notre cour, ni auprès des puissances étrangères? Est-il probable que le gouvernement de Saint-Domingue pousse à ce point la condescendance ?

De tout ceci, il faut bien se persuader que nous arriverons à un changement capital dans la police européenne. La création des républiques du Nouveau-Monde, fortifiée par la reconnoissance d'un État nègre indépendant, introduira nécessairement dans la diplomatie des principes et des hommes dont les vieilles monarchies sentiront en peu d'années l'influence. Ici s'ouvre un horizon immense où nous doutons que la vue de M. le ministre des finances ait pénétré. Il est probable qu'il n'a aperçu dans tout cela que quelques millions, et des moyens de popularité à la Bourse : il s'est bien trompé.

Enfin, par l'ordonnance, où est la garantie des deux parties ?

Pour Saint-Domingue ? une ordonnance peut toujours être rappelée par une ordonnance, et les journaux ministériels, en commentant l'acte, ont soin de faire remarquer que la France sera toujours prête à ressaisir ses droits, en cas de besoin. Si cela est, la république d'Haïti a payé un peu cher un droit éventuel.

La garantie pour la France ? Saint-Domingue, en 1789, rapportoit à peu près 40 millions au fisc : s'il s'agissoit d'un traité avec un État indépendant, le gouvernement françois pourroit dire qu'il a généreusement abandonné ses avantages : mais il s'agit d'un marché ; et alors n'étoit-il pas juste de stipuler dans ce marché un dédommagement égal au sacrifice que l'on faisoit ?

Dira-t-on que le privilége accordé pour notre commerce à Saint-Domingue est une compensation de l'ancien revenu de cette colonie?

Mais ce droit est un privilége que nous nous donnons aux dépens des autres puissances; ces autres puissances ne réclameront-elles pas quelque jour, soit auprès du gouvernement de Saint-Domingue, soit auprès du nôtre? Il seroit étrange que, pour n'avoir pas voulu faire la guerre à Saint-Domingue, nous fussions à une époque quelconque obligés de la soutenir contre l'Angleterre!

Le gouvernement de Saint-Domingue pourra-t-il tenir le marché? Il est pauvre; ses revenus, qui vont toujours diminuant, ne se sont guère élevés dans la dernière année au-dessus d'une trentaine de millions : il est difficile avec cela de payer 150 millions de capital.

Ce gouvernement est républicain, et l'on sait ce que sont les républiques. Il y a des corps qui délibèrent et qui ne sont pas toujours soumis au pouvoir exécutif. Ce pouvoir exécutif peut lui-même changer, et refuser de tenir les clauses du marché. Quelles seront vos ressources? La guerre? Mieux vaudroit l'avoir faite avant de reconnoître l'indépendance de la colonie. Le rappel de l'ordonnance? Qu'importera ce rappel à Saint-Domingue, quand elle sera puissance indépendante reconnue par toute l'Europe?

Rentrerons-nous dans nos droits? Il ne sera plus temps : il est des droits qui n'existent plus dès qu'on les a une fois cédés. Montrer qu'on peut y renon-

11.

cer, c'est les perdre. Louis XVIII, d'auguste mémoire, a donné sur ce point un grand exemple : la postérité connoîtra sa réponse à Buonaparte, qui lui demandoit une renonciation à ses droits ; les Stuarts au contraire acceptèrent une pension de Guillaume, et l'Angleterre se ferma pour eux.

Si encore vous receviez les 150 millions à la fois, vous auriez une garantie dans la possession actuelle de cette somme.

Si vous aviez demandé et obtenu une concession de territoire, vous aviez une hypothèque ; mais 150 millions à payer en cinq années et dans l'état où se trouve l'Amérique, et dans les éventualités de l'Europe, et dans la position financière où notre administration a placé la France, et avec la plaie de l'Espagne en contact avec nous !

C'est une sorte de manie de M. le président du conseil de fixer à tout un terme de cinq années ; il semble qu'il ait fait un pacte pour ce laps de temps.

La garantie pour les colons, où est-elle ?

D'abord, on n'a pu disposer de leurs biens, en vertu d'un article de la Charte, qu'avec une juste et préalable indemnité.

Or, 150 millions sont-ils la valeur de ces biens ? Il y a deux espèces de propriété, la propriété de la terre, et la propriété de l'esclave ; ces biens dans les colonies ne peuvent pas être évalués à un revenu fixe de 3 et 4 pour 100 comme les biens des émigrés en France, mais sur un intérêt commercial de 15, et quelquefois de 20 et 30 pour 100.

Par une loi discutée dans les deux Chambres, tous les intérêts auroient été examinés, toutes les objections prévues ou détruites.

Il n'y a que deux manières de disposer légitimement de la propriété d'autrui : ou en justice comme fondé de pouvoir des propriétaires, ou par un acte législatif avec une indemnité.

Enfin, ces 150 millions, représentant une propriété qu'on peut évaluer hardiment à 600 millions, comment seront-ils distribués ? On a trouvé avec justice qu'une loi étoit nécessaire pour régler et répartir l'indemnité des émigrés, et comment admettroit-on qu'une ordonnance suffit pour régler et répartir l'indemnité des colons ?

Et où sont ces colons ? On connoît ceux à qui M. le ministre de l'intérieur vouloit retrancher des secours; mais il en est beaucoup d'autres aux États-Unis, à la Louisiane, dans l'île de Cuba, dans les Amériques espagnoles. Ont-ils leurs titres ? Ces titres n'ont-ils point péri dans la dévastation de Saint-Domingue ? Comment prouveront-ils qu'ils avoient tant de nègres ? et comment prouverez-vous qu'ils ne les avoient pas ?

Toutes ces objections disparoissent, dans l'hypothèse de ceux qui vouloient un traité pur et simple, parce qu'il y auroit eu alors force majeure; dans l'hypothèse de ceux qui auroient voulu une loi, toutes ces choses auroient été réglées.

On nous parle de la dignité de l'ordonnance : c'est très bien de faire parler la couronne avec dignité; mais, avant tout, il faut éviter de la compromettre; car la dignité cesse là où il est possible qu'elle ne puisse être maintenue.

Si le gouvernement de Saint-Domingue, si les puissances étrangères, comme nous l'avons dit plus haut, venoient à faire des difficultés sur l'ordonnance, et qu'il fallût ou la retirer en partie ou la défendre en totalité, la dignité seroit perdue, ou la paix de la France seroit exposée.

M. le ministre des finances auroit dû ne pas mettre son esprit dans tout cela. D'une ignorance complète dans ces matières, il auroit dû en confier au moins la rédaction à des gens du métier. Mais tel est son génie : il se précipite dans les mesures dont il n'aperçoit jamais au premier coup d'œil les conséquences, et il est confondu lorsque les objections s'élèvent de toutes parts. On distinguoit dans M. le président du conseil l'homme d'État de l'homme d'affaires : l'homme d'affaires s'est noyé à la Bourse, et l'homme d'État a fait naufrage à Saint-Domingue.

Il est encore un moyen de remédier à la faute grave que vient de commettre M. le président du conseil, c'est de changer l'ordonnance en loi à la prochaine session. Mais, certes, elle ne passeroit pas sans amendement si elle étoit discutée ; et comme il y a maintenant un autre gouvernement en possession de l'ordonnance, l'affaire se compliqueroit singulièrement.

Partons bien de ce principe, qu'une colonie ne peut être cédée que par une loi, quand elle n'est pas emportée par les stipulations d'un traité imposé par la force dans l'État et par le droit de guerre. Encore dans les traités où il est question de finances, l'intervention des Chambres est commandée : témoin ce qui nous est arrivé après les Cent-Jours.

N'admettons jamais qu'un ministre, que tout un conseil, dans un gouvernement représentatif, puisse être seul juge de la convenance qu'il y a à céder une partie du territoire de la monarchie ; qu'il puisse décider qu'il est bon de toucher à l'intégralité des droits et des possessions de la couronne : cela ne pouvoit pas être même dans l'ancien gouvernement. Répétons-le en finissant : c'est le roi uni aux deux Chambres, uni à la nation, qui, dans ce cas, est le juge suprême de la nécessité de l'acte de séparation ; et alors personne ne craindra de voir notre territoire traité comme nos finances : jamais la France et son roi ne demanderont la conversion ou la réduction de notre gloire.

Paris, le 16 août 1825.

Nous n'avons pas fini avec l'affaire de Saint-Domingue : nous ignorons quelle en sera la suite à Saint-Domingue même ; nous ne savons pas quelle est la prépondérance du président Boyer sur le corps politique du gouvernement ; nous ne pouvons pas prévoir ce que pensera ce corps politique, lorsqu'il lira l'interprétation que les journaux ministériels donnent à l'ordonnance royale ; mais en attendant les événements, nous voulons revenir encore sur un principe que nous avons posé, parce que toutes les fois qu'on agite une question nouvelle, on ne parvient à l'éclaircir dans les esprits qu'en insistant sur les arguments, qu'en les répétant, qu'en les étendant, qu'en les rappelant dans la mémoire de ceux qui pourroient déjà les avoir oubliés.

Pour défendre l'ordonnance sur Saint-Domingue, on est obligé de se retrancher dans cette seule assertion : que l'ordonnance est un traité, et qu'aux termes de la Charte, la couronne a le droit de faire des traités.

Quelques hommes honorables et indépendants, qui désapprouvent, d'ailleurs, toute la mesure, paroissant incliner à cette opinion, nous croyons devoir la combattre de nouveau.

Qu'est-ce qu'un traité, d'après la définition de tous les légistes ? C'est une convention sur quelque affaire d'importance entre deux parties qui concluent, signent, ratifient ou rompent cette convention.

Or, l'ordonnance relative à Saint-Domingue n'a aucun de ces caractères : il n'y a point ici de contrat bilatéral; on ne nomme même pas, dans cette ordonnance, le gouvernement d'Haïti, on ne parle que des habitants de Saint-Domingue, personnage collectif dont on ne se forme qu'une idée confuse. Cette ordonnance, par sa nature même, est d'ailleurs susceptible d'être rappelée par une autre ordonnance; une seule partie a contracté, une seule partie peut défaire ce qu'elle a fait : est-ce là le caractère du traité ?

Ce que l'on approuve même dans cette ordonnance, la dignité du langage, l'accent du souverain et du maître, détruit toute idée de traité : là où l'on commande, on ne traite pas.

Par une de ces contradictions si communes chez les écrivains ministériels, si nous prétendions que l'ordonnance est un traité avec des esclaves noirs révoltés, ils jetteroient les hauts cris, ils soutiendroient que l'acte royal est une pure et simple ordonnance, une concession gracieusement octroyée par le roi à ses sujets de Saint-Domingue. Mais disons-nous que l'ordonnance n'est pas un traité, qu'en cédant Saint-Domingue par une ordonnance, les ministres ont outrepassé leurs pouvoirs, à l'instant on s'écrie que l'ordonnance est un traité; car il faut bien couvrir les ministres avec quelque chose, même, en désespoir de cause, avec la Charte.

Est-ce par un acte du conseil britannique, signé George III, et contre-signé d'un ministre, que les États-Unis ont été émancipés ? Non : c'est par un traité de paix, en due forme, signé par les plénipotentiaires des deux parties, ratifié de part et d'autre par les chefs des deux gouvernements, et approuvé par les résolutions parlementaires.

L'ordonnance relative à Saint-Domingue est, au contraire, une simple déclaration en vertu de laquelle trois ministres contre-signataires ont pris sous leur responsabilité la cession d'une portion du territoire françois, à des conditions quelconques. Or, nous avons soutenu et nous soutenons que, dans l'ancien comme dans le nouveau droit public, la cession d'une province ne s'est jamais faite qu'avec l'assentiment des pouvoirs politiques de l'État.

Le roi Jean ayant conclu pour sa délivrance un traité avec Édouard III, en 1359, et par lequel il lui abandonnoit en toute souveraineté la Guienne, la Normandie, et plusieurs autres provinces, les états-généraux, convoqués par Charles V, alors régent du royaume, rejetèrent le traité. Le régent fit plus, il se rendit au palais; on lut au peuple, assemblé au pied de l'escalier de marbre, le traité apporté de Londres. Le peuple, d'une voix unanime, s'écria avec indignation : « Ledit traité n'est point « passable, ni faisable; nous ferons bonne guerre « au roi anglois! »

En 1468, les états-généraux n'étant pas rassemblés, ne purent délibérer sur le traité de Péronne; mais, dans leur absence, les députés du parlement de Paris et des cours souveraines, convoqués par Louis XI, à Senlis, différèrent, pendant plus de quatre mois l'enregistrement du traité qui, sans nul doute, eût été rejeté par les états-généraux.

Dans la même année 1468, et sous le même roi Louis XI, les états-généraux, convoqués, décidèrent unanimement que la Normandie ne pouvoit, sous quelque prétexte que ce fût, être séparée du domaine de la couronne : il s'agissoit de la donner en apanage au prince Charles, frère unique du roi.

Enfin, sous François Ier, le premier président de

Paris, Jean de Selves, traitant de la rançon du roi, dit à Charles-Quint ces paroles, qu'il est bon de rappeler, parce qu'en même temps qu'elles constatent un fait, elles témoignent de l'ancienneté d'une doctrine :

« Si l'argent ne suffit pas, et que votre majesté
« désire encore des provinces, demandez celles qui,
« appartenant au roi sans être du domaine de la
« couronne, *peuvent être cédées sans qu'il soit besoin*
« *du consentement des états-généraux.* »

Si telle étoit la doctrine sous l'ancienne monarchie, on ne prétendra pas, sans doute, qu'elle ait pu être affoiblie sous la monarchie constitutionnelle.

Disons plus : si l'on s'obstinoit à vouloir que l'ordonnance royale fût un traité, encore est-il vrai, comme on vient de le voir, que, pour céder par un traité une partie des possessions françoises, il falloit anciennement la ratification des états-généraux, à plus forte raison si, dans ce traité, il se trouve des conditions fiscales qui tiennent à la nature de l'impôt.

Or, une question de finances de la plus grave nature se mêle à l'affaire de Saint-Domingue. L'ordonnance dit bien que le gouvernement de cette île paiera, en cinq années, une somme de 150 millions pour indemnité aux colons; mais elle ne dit pas en *combien d'années* cette somme sera répartie à ces colons, comment et en quelle proportion elle leur sera distribuée, etc.

Si des colons ont perdu leurs titres (et cela est

extrêmement probable); si d'autres sont morts sans héritiers connus; si d'autres, établis sur les bords du Missouri ou de l'Orénoque, ne se trouvent plus, entre les mains de qui séjourneront des sommes disponibles ? Qu'en fera-t-on ? A quel service de l'État seront-elles appliquées ? Quoi ! 150 millions, s'ils sont jamais payés, ou partie de ces 150 millions, demeureront à la disposition d'un ministre ! il n'en rendra aucun compte aux Chambres !

C'est pourtant ce qui arrivera si l'ordonnance n'est pas convertie en loi, et si des mesures législatives ne sont pas ajoutées à cette ordonnance : 150 millions resteront en dehors du budget, hors de la connoissance des pairs et des députés, contre les articles positifs de la Charte, contre toutes les dispositions précises de toutes les lois de finances.

Même précipitation, même ignorance de la matière se fait remarquer dans les avantages commerciaux stipulés pour la France. Régler qu'à tout jamais les droits perçus sur les marchandises seront réduits de moitié pour le pavillon françois, comparativement aux droits perçus pour tous les autres pavillons, est une condition impossible à tenir à la longue, une condition qui deviendroit une source de discordes. Aussi, dans tous les traités de commerce, les priviléges ont toujours été renfermés dans des limites déterminées.

De plus, les avantages stipulés sont, en grande partie, illusoires. L'Angleterre, par exemple, n'a point de concurrence avec nous pour les vins, les huiles, les farines, les soieries, la bijouterie, etc.;

et comme elle peut donner ses cotonnades à un prix fort inférieur au nôtre, ces cotonnades pourront supporter un droit dont la moitié sera encore un droit excessif pour les mêmes marchandises d'origine françoise.

Enfin, les ports espagnols de Saint-Domingue étant entre les mains de la république d'Haïti, pourront recevoir les marchandises étrangères à un tarif différent du tarif imposé dans les anciens ports françois, et se répandre de là dans le reste de l'île.

Étourdi par l'affiche de la dépêche télégraphique à la Bourse, on n'a pas aperçu d'abord tout ce que l'affaire de Saint-Domingue renfermoit de grave ; mais nous osons assurer que plus on l'approfondira, plus on s'apercevra qu'elle soulève les questions les plus ardues. Elle a fait faire un pas immense à la politique du monde par la reconnoissance d'une république de nègres ; elle aura tôt ou tard les conséquences les plus graves pour les populations noires des Antilles et des États-Unis. Que deviendra, par exemple, l'île de Cuba, entre la république noire de Saint-Domingue et les républiques blanches du Mexique et de la Colombie ? Comment se fait-il que l'Angleterre et les États-Unis, qui ont reconnu l'indépendance des colonies espagnoles, n'aient pas reconnu celle de Saint-Domingue, d'une bien plus ancienne date en Amérique ? Ils y voyoient donc des inconvénients que nous n'y avons pas vus. Le moment a-t-il été choisi avec prudence par nos ministres pour prononcer cette reconnoissance ?

Cette reconnoissance apportera encore des changements inévitables dans les relations diplomatiques, et elle nous a fait prendre un grand parti. Enfin, elle touche, par rapport à nous seuls, à toutes nos opinions, à tous nos principes monarchiques, à notre droit public, à notre pacte constitutionnel, et à notre ordre de finances.

M. le président du conseil s'est précipité, avec sa légèreté ordinaire, dans une entreprise dont il n'a pas vu les conséquences; c'est ce qui lui arrive presque toujours. Il ne doute de rien : il avance avec témérité, et tout à coup il recule, ou plutôt ses mesures se perdent dans des résultats dont lui seul ne s'étoit pas douté. A des projets qui ne sont pas mûris il joint une action irréfléchie. Le petit intérêt du moment lui ôte toute prévision de l'avenir. Croit-il faire monter les 3 pour 100, il s'empresse d'afficher à la Bourse une dépêche télégraphique sur une affaire qui se lie aux plus grands intérêts du monde. Combien il se repentiroit de cette pétulance, s'il nous parvenoit aujourd'hui des nouvelles annonçant quelques retards dans des négociations qu'il a crues terminées ! Comment se présentera-t-il aux Chambres avec la chute des 3 pour 100, l'affaire Ouvrard, et l'affaire de Saint-Domingue ?

Quant à celle-ci, il n'y a que trois moyens de rentrer dans le principe de la Constitution octroyée par Louis XVIII, et jurée par Charles X :

1° Convertir l'ordonnance royale en loi à la prochaine session ;

2° Demander un bill d'indemnité ou acte d'abolition pour les ministres ;

3° Mettre en accusation les mêmes ministres.

Cette sévère franchise déplaira, sans doute, aux partisans de l'arbitraire ; mais nous croyons bien mériter de notre pays en expliquant ces doctrines constitutionnelles, encore trop peu connues, dont les générations nouvelles doivent se pénétrer, et qui feront la sûreté comme la gloire du trône et de la France.

***

Paris, le 25 août 1825.

C'est aujourd'hui la fête d'un saint, d'un grand homme, d'un roi père de la race auguste qui règne sur la France : c'étoit aussi celle du vénérable auteur de la Charte. Il a manqué pour la première fois à l'amour reconnoissant de ses peuples ; et ce jour, qui s'écouloit au milieu de l'allégresse publique, a passé en silence au milieu des regrets.

Charles X nous console ; un autre Louis auprès de lui a paré un nom antique d'une gloire nouvelle. Pourquoi donc la France n'a-t-elle point retrouvé sa joie ? C'est qu'un aveugle ministère ne cesse d'attaquer l'ouvrage de Louis XVIII.

Louis XVIII, en confiant l'expédition d'Espagne au fils de son choix, nous avoit replacés à notre rang politique et militaire parmi les nations, et ce ministère nous en a précipités.

Sortis de l'alliance continentale, l'Angleterre veut bien nous traîner à la suite de ses vaisseaux.

Nous osons avouer qu'il nous étoit impossible de reconquérir Saint-Domingue, parce que la Grande-Bretagne ne l'auroit pas souffert. (*Voyez* les journaux ministériels.)

Nous émancipons une république d'esclaves révoltés, et nous hésitons à traiter avec les républiques des Amériques espagnoles.

Nous laissons périr la Grèce à notre porte, reconnoissant la légitimité du Grand-Turc en Morée, abandonnant la nôtre à Saint-Domingue pour le despotisme nègre avec Ibrahim, pour le libéralisme nègre avec Boyer. Qui sait si nous ne verrons pas un jour, sous l'étendard du croissant et du bonnet de la liberté, des légions africaines nous apporter d'un côté le Coran, et de l'autre les droits de l'homme?

Le crédit public avoit été fondé sous Louis XVIII. Une main inhabile en a dérangé toutes les bases, en inquiétant toutes les fortunes.

Le sage monarque, déjà penché sur sa tombe, avoit laissé de tristes ministres couvrir leurs fautes du silence, en suspendant la plus précieuse de nos libertés : Charles X nous l'a rendue; mais déjà elle fait sentir son poids aux médiocrités alarmées; on parle de nous la ravir de nouveau. Qu'on y prenne garde; il n'est aujourd'hui au pouvoir de personne de renverser impunément nos institutions !

Les anomalies du système actuel frappent tous les yeux : au dehors, une politique qui menace le principe de toutes les monarchies, et qui marche au républicanisme; au dedans, des coteries qui rêvent un arbitraire impossible.

Dans l'administration se retrouve un mélange presque inexplicable d'agitation et d'apathie. D'une part, rien ne se fait; les magistrats sont obligés de se plaindre qu'on ne leur envoie pas les pièces nécessaires; nos chemins se détériorent; nos monuments reçoivent à peine une pierre tous les six mois : d'une autre part, nous sommes menés en hâte, et sans qu'on nous laisse respirer, de la réduction des rentes à la conversion, de la conversion à la cession de Saint-Domingue, de la cession de Saint-Domingue à un procès qui peut soulever les plus graves questions religieuses.

Tout cela est-il le résultat d'une profonde combinaison, d'un système lié dans toutes ses parties, et conçu par une vaste tête? Non; c'est le fruit d'une imprudence sans exemple, la résolution d'un moment, l'inspiration du quart d'heure : l'entêtement vient donner ensuite de la durée à un mal enfanté dans l'esprit, à la fois le plus téméraire et le plus léger qui fut jamais.

On ne peut se le dissimuler : l'avenir qui s'ouvroit si brillant devant nous s'est obscurci; on se demande quel seroit le résultat d'un seul événement en Europe. Toutes les opinions entre lesquelles on s'est plu à partager la France sont également inquiètes : royalistes purs, royalistes constitutionnels, anciens ministériels, libéraux, tous sont blessés dans leurs intérêts ou dans leurs principes; les rentiers ont tremblé pour leur fortune ; les indemnisés voient, comme on le leur avoit prédit, s'évanouir le milliard si prôné à la tribune ; les colons de Saint-Domingue auront pour tout équivalent de leur capital une année de leur revenu, si jamais encore les 150 millions sont exactement payés par la république haïtienne. L'indépendance des tribunaux a été stigmatisée ; la liberté de la presse est l'objet de la haine des ennemis du roi, et la liberté des consciences accordée par la Charte aura bientôt à s'expliquer à la barre des tribunaux.

Disons-le : si un pareil état de choses produit par un seul homme se prolongeoit, il pourroit avoir des conséquences funestes. Puisse saint Louis nous toucher de ses mains miraculeuses, et nous guérir de notre nouveau mal !

Paris, le 4 septembre 1825.

Bessières n'est plus : tout homme estimable ou non estimable qui, à tort ou à raison, lève, par un motif ou par un autre, l'étendard contre un gouvernement établi, se condamne éventuellement à la mort. La société attaquée se défend contre cet homme, le prend, le tue ; c'est à la fois le droit naturel et le droit politique : il n'y a rien à dire contre et sur ce fait, en tant que fait.

Moralement parlant, l'homme sera plus ou moins criminel, s'il est royaliste, et qu'il se soit révolté contre son roi ; s'il est républicain, et qu'il ait pris les armes contre la république. Mais la justice ne connoît point de l'ordre moral, ou du moins elle n'en connoît que ce qui trouble l'ordre social : elle ne frappe que lorsqu'il y a action accomplie ou commencée : le reste, elle l'abandonne à l'opinion humaine et à la sentence de Dieu.

Ainsi, Bessières et ses adhérents ont péri : dans le droit rigide, il n'y a pas une objection à faire, en supposant toutefois qu'ils ont été *convaincus* et *jugés*. Que le roi du ciel les ait traités avec plus de miséricorde que les princes de la terre, c'est tout ce qu'on peut leur souhaiter à présent.

Mais de cette exécution découle des conséquences si graves pour l'ordre monarchique absolu et pour l'ordre monarchique constitutionnel, qu'il est important de les examiner.

Bessières s'étoit insurgé contre les Cortès; seul il avoit conservé et défendu contre elles Mequinenza; il avoit porté la guerre jusqu'aux campagnes de Madrid, et quand notre armée entra dans cette capitale, Bessières marchait d'accord avec nos soldats. Mequinenza, restée en sa puissance, servit de communication à nos troupes, entre l'Aragon et la Catalogne.

Ainsi voilà l'identité reconnue : c'est un *royaliste* que l'on vient de fusiller avec sept autres royalistes.

Par qui cet acte de rigueur a-t-il été accompli? Par les Cortès? Non : par le gouvernement absolu, pour lequel Bessières et ses compagnons avoient tout fait.

On ne leur a tenu compte d'aucun souvenir; le passé n'a sollicité aucune miséricorde; aucun mouvement de reconnoissance ne s'est fait apercevoir; aucun attendrissement n'a réveillé le droit de grâce; tous les services rendus pendant de longues années ont été effacés par le crime d'un moment : Bessières a été fusillé.

Mais n'auroit-il point cru seconder des vues, des désirs secrets, en se précipitant dans son projet désespéré? N'auroit-il pas cru deviner une pensée? N'auroit-il pas voulu délivrer le pouvoir d'une modération dont on abhorroit jusqu'à l'espérance? Peut-être; mais il falloit réussir : Bessières a été fusillé.

Mais ceux qui ont porté les armes contre l'ancienne monarchie espagnole; ceux dont Bessières a contribué à délivrer cette monarchie, et qui auroient fusillé Bessières, les Abisbal, les Morillo, les Ballesteros, etc., n'ont-ils pas leur pardon? N'est-ce pas avoir été bien doux pour les uns, bien sévère pour les autres?

Si Bessières avoit suivi le parti des constitutionnels, et qu'ensuite il n'eût pas tenté, par excès d'un autre zèle, de rendre l'arbitraire plus arbitraire encore, il vivroit donc aujourd'hui paisible, avec la fortune, les grades, les honneurs conquis sous les drapeaux des Cortès! Sans doute.

Telles sont les réflexions qui vont se présenter aux amis et aux ennemis des rois. Les uns gémiront, les autres feront éclater leur joie; et, pour point de comparaison, le général La Fayette reviendra bientôt enrichi, paré, couronné des mains d'une république reconnoissante.

Mais si des royalistes ont été condamnés, des constitutionnels ne l'ont-ils pas été pareillement? C'est justice pour tous !

Ces justices-là ne consolent guère; et, pour les exercer, il faut de certaines conditions.

La force peut abattre; elle passe d'une exécution à un champ de bataille. L'homme qui expose sa vie croit avoir le droit de mépriser celle des autres; il contient l'indignation par la terreur; il fait du silence avec de la gloire.

Mais la foiblesse doit y regarder de plus près : ses violences irritent, parce qu'elles flétrissent en même temps qu'elles tuent. Pour porter l'épée, il faut un bras; il faut aller à la bouche du canon, quand on veut apprendre à fusiller. Un ministre absolu qui casse la tête à des citoyens par sa fenêtre et du coin de son feu, s'expose à voir briser les portes des palais.

On a pendu des constitutionnels comme on vient de fusiller des royalistes. C'est justice pour tous !

Qu'on y fasse attention : dans la théorie des échafauds, suivant Machiavel, il n'est pas bon de tuer indistinctement; il faut tuer dans un système, pour un intérêt, pour une abstraction même : l'impartialité politique en fait de sang est funeste. Aussi voyez-vous que les puissances despotiques, comme les factions populaires, égorgent toujours avec un but et sous l'empire d'une pensée.

Mais quand on prend au hasard dans toutes les opinions, que l'on frappe à droite et à gauche royalistes et constitutionnels, amis et ennemis, cela ne va pas loin. Un gouvernement devroit surtout éviter, autant que possible, ces manières-là, lorsqu'il en est réduit à l'extrême malheur de garder pour sa sûreté des baïonnettes étrangères.

Nous pensons donc que les ministres espagnols eussent mieux agi, dans les intérêts et dans les sentiments généreux d'un Bourbon, s'ils avoient fait appliquer le droit de grâce à Bessières, en considération de ses services passés; nous pensons que cet acte de mansuétude (dont Naples donne en ce moment un exemple heureux) eût été plus utile aux monarchies en général, et à la monarchie de Ferdinand en particulier, que la stricte justice exercée envers des hommes d'ailleurs si criminels; le pardon n'eût laissé qu'un traître où la condamnation ne va montrer qu'un martyr.

Recherchons maintenant les enseignements que l'on peut tirer de cet événement pour la monarchie constitutionnelle.

Bessières a pris (à ce que l'on présume) les armes pour l'absolutisme; il ne jugeoit pas son roi assez maître de ses volontés : il a péri victime de son erreur.

Or, supposez qu'il eût existé des institutions en Espagne, que fût-il arrivé à Bessières?

Auroit-on vu paroître ce décret du 22 août, qui rappelle celui du 17, et dans lequel il est dit, article 2 : « Tous les individus susdits (Bessières et

« ses compagnons), aussitôt qu'ils auront été pris,
« seront passés par les armes, sans autre délai que
« le temps nécessaire pour qu'ils se préparent à
« mourir chrétiennement. »

Bessières auroit-il pu être mis ainsi hors la loi par une ordonnance au simple contre-seing d'un ministre ? Eh quoi ! la justice humaine n'a-t-elle pas aussi ses délais nécessaires, ses indulgences, ses instances charitables ? Condamne-t-elle sans entendre ? Quoi ! pris, et par ce seul fait, fusillé sans procès, ou tout au plus avec quelque vaine forme de tribunal !

On a vu en France, dans l'ordre civil, à la gloire immortelle de la monarchie représentative, un tribunal, le plus auguste des tribunaux, employer un temps considérable à juger..... qui ? Louvel !

Dans l'ordre militaire, on a vu en France prononcer lentement, et avec toutes les précautions d'un tribunal institué, sur le sort de plusieurs hommes accusés de s'être révoltés contre leur souverain ; on a vu les juges écouter attentivement, patiemment les plaidoiries publiques, trouver des innocents parmi les coupables, graduer les peines, et implorer, avec un succès toujours assuré auprès des descendants d'Henri IV, la miséricorde royale.

Que les amis du trône qui pourroient encore parmi nous, conserver quelques préjugés, apprennent, par le sort de Bessières, à bénir la Charte; qu'ils se souviennent de la prétendue conspiration du bord de l'eau, dans laquelle on enveloppoit jusqu'à l'héritier de la couronne; qu'ils se rappellent le procès du général Canuel, et qu'ils disent quelle eût été la destinée de tant de royalistes, si tout eût été, comme en Espagne, abandonné à la seule volonté d'un ministère et de ses passions !

Infortuné Bessières, vous avez voulu prendre les armes contre la pensée même de ces institutions qui vous auroient peut-être sauvé, qui, du moins, ne vous auroient laissé périr ni sans défenseur, ni sans consolation sur la terre !

Depuis l'époque de l'accession de la maison d'Autriche au trône d'Espagne, l'action unique du monarque a été substituée à l'action de la loi. Les anciennes Cortès ont péri, et la justice criminelle a cessé d'avoir les garanties nécessaires.

Le roi fait la loi et l'exécute; il crée le délit et la peine; il définit le crime, désigne le coupable, le condamne à mort, et tout cela dans le même décret. Et il n'y a rien à blâmer, car elle est devenue la constitution de l'État. Mais les conséquences d'une pareille constitution sont inévitables.

Dans un pays où une volonté suprême fait tout, les volontés intermédiaires se constituent pouvoir en vertu du même droit : le sceptre absolu inféode leur poignard, et elles établissent leur justice sur les grands chemins et dans les bois.

Dans un pays où la liberté des opinions n'est pas légale, on ne peut exprimer sa pensée que par des actes ; on s'insurge quand il n'est permis ni d écrire, ni de parler; on se jette dans des entreprises funestes quand on n'a aucune ressource pour manifester la vérité. Si, depuis 1815 jusqu'à 1819, les royalistes en France n'avoient pu faire entendre leurs voix, qui sait si, dans leur désespoir, ils n'auroient pas été poussés à des extrémités déplorables ? La Charte leur fournit heureusement un moyen de combattre leurs ennemis; ils triomphèrent sans devenir coupables; il n'en coûta que la retraite de quelques ministres.

Il paroîtroit, d'après tous les rapports, que le système ministériel est sur le point de faire en Espagne le mal qu'il fait en France; mais, se trouvant placé dans un autre ordre de choses politique, chez une nation d'un esprit différent, il produit des effets encore plus marqués.

Il n'existoit que deux partis au-delà des Pyrénées, les absolutistes et les negros, c'est-à-dire des royalistes et des constitutionnels à la manière des passions du sol et des intérêts nationaux.

Au milieu de ces deux grandes divisions sont venus, assure-t-on, s'interposer des ministres, lesquels auroient formé, à l'aide des places, un parti ministériel en dehors des deux masses de la nation.

Partout où se formera un pareil parti ministériel qui n'appartiendra ni aux supériorités intellectuelles, ni à l'une des grandes opinions du pays, ou qui, étant sorti d'une de ces opinions, l'aura abandonnée, ce parti se fera reconnoître à des traits propres à sa nature.

Des nuances doivent sans doute exister entre un parti ministériel à Madrid et un parti ministériel à Paris : ici, par exemple, les opinions sont moins absolues, plus diverses et plus conciliables qu'en

Espagne; par conséquent cette différence politique doit en produire une dans le mode d'action des individus : mais, en général, le caractère du parti ministériel, tel que nous venons de le définir, restera le même; ce parti sera en tous lieux, foible, envieux, irascible, corrupteur ou persécuteur, parce qu'il sent qu'il ne convient à personne.

Pourquoi le parti ministériel parmi nous ne se montre-t-il pas aussi violent qu'en Espagne ? C'est qu'il ne le peut. Délivrez-le des institutions dont il est muselé, et qu'il essaie de déchirer sans cesse, et vous verrez ce qu'il fera. Il n'en est aux outrages, aux injures, aux calomnies, aux ingratitudes, aux destitutions, que faute de mieux. Donnez-lui la censure, et il augmentera le poids de son oppression; supprimez la Charte, et il vous enverra aux galères ou à l'échafaud, si vous avez attiré sa haine. Et il ne faut pour cela ni fanatisme ni passions véhémentes, comme de l'autre côté des Pyrénées. L'amour-propre en France suffit à tout : implacable dans sa vengeance, il vous étoufferoit pour justifier une faute, comme ailleurs on vous feroit disparoître pour cacher un crime.

Ne comptez pas sur la bonhomie de la sottise ; en politique la sottise est féroce. La médiocrité a son fanatisme; c'est une religion fort répandue, qui a ses dieux, ses autels, ses sacrifices : elle choisit ordinairement les plus belles victimes.

L'Espagne auroit pu être heureuse : il ne s'agissoit d'abord pour fermer les plaies de la révolution que d'écouter les sages conseils de son glorieux libérateur. Ensuite, pour ne pas lutter inutilement contre ses vieilles mœurs, il eût suffi de lui rendre ses vieilles lois, de lui restituer ses anciennes Cortès. Elle eût adoré la liberté si elle l'avoit reconnue pour espagnole, pour sa propre fille. Le monarque, appuyé par la loi, n'en eût été que plus respecté et plus puissant. Le clergé, possesseur des grandes richesses territoriales, le clergé réformé et sorti des intrigues du cloître, auroit repris des mœurs politiques, restauré le crédit en payant les dettes de l'État, et répandu au dehors cet esprit d'administration qui le distingue ; les grands, cessant d'être les esclaves de la cour, se seroient ressaisis de leur influence aristocratique, tandis que les villes qui députoient aux Cortès auroient ranimé les libertés populaires. D'une autre part, le régime municipal romain, introduit de tous temps au-delà des monts, est excellent, et les communes en Espagne jouissent d'une entière indépendance. Toutes les bases de la monarchie constitutionnelle se seroient donc trouvées fondées, et peut-être mieux qu'en France, et cela sans révolution, sans spoliations, sans victimes, sans malheurs, en rétablissant seulement le passé ; le temps auroit fait le reste. D'autres desseins ont prévalu.

Puisse le trône du petit-fils de Louis XIV, puissent nos nobles et infortunés voisins profiter de la mort de Bessières ! On ne peut guère l'espérer. Quant à nous, elle n'a pas même servi à nos misères du jour; elle n'a pu faire monter les 3 pour 100. On conçoit que la dépouille d'un royaliste devienne matière d'agiotage; mais son sang, à quoi est-il bon dans une monarchie ?

———

Paris, le 17 septembre 1825.

Il y avoit dans le moyen âge, au milieu des guerres perpétuelles, des trêves qu'on appeloit *trêves de Dieu* : on pourroit nommer *trêves du roi* les espèces de repos que l'opinion laisse trois ou quatre fois l'an aux ministres. Lorsque la monarchie célèbre quelques-unes de ces pompes qui commandent la joie ou la douleur, on oublie un moment les auteurs de tous nos maux, pour porter ses vœux vers un trône révéré. Quel François ne donneroit volontiers de son sang pour voir se convertir en paix durable ces trêves du roi, paix qui tourneroit à l'honneur et à la prospérité de la patrie? Avec quel plaisir on cesse de combattre! avec quel dégoût, quelle lassitude on reprend les armes! Combien il est dur de répéter éternellement les mêmes vérités à des hommes inaccessibles aux remords, endurcis aux reproches! Comme de vieux soldats qui reprennent au lever du jour leur sac pour continuer leur route, nos ministres chargent tous les matins leurs épaules du poids de l'animadversion publique, et cheminent ainsi jusqu'à la couchée : pourvu qu'ils dorment, ils comptent pour rien leur fardeau.

Bien qu'il fût si commode de se taire, ou si doux de n'avoir que des louanges à donner, c'est un devoir impérieux de continuer l'opposition contre ces agents de l'autorité suprême qui mettent en péril tout ce qui nous est cher. Écoutez-les; ils vous diront que la France est florissante au dedans, puissante au dehors : ils prennent la fertilité du sol, les bienfaits de la Charte, la force naturelle de la nation, pour leur ouvrage; illusion commune à tous les ministres qui cherchent à se tromper sur leurs fautes.

Rien ne périt immédiatement, donc tout va bien et tout ira bien.

On bâtit des maisons, on projette des canaux, on remue des millions, on négocie des emprunts, on fait des affaires à la Bourse, on satisfait la cupidité de quelques joueurs, de quelques banquiers ; on achète quelques suffrages avec des places, quelques écrivains par de l'argent : donc la prospérité publique est à son comble.

Mais portez un œil attentif au fond des choses, vous trouverez un crédit ébranlé, les éléments de la morale et de la politique déplacés et corrompus; les libertés publiques compromises, l'indépendance des tribunaux attaquée, et, plus que tout cela, une opinion détériorée. Prêtez l'oreille, et vous entendrez (car il est plus que temps de le dire), vous entendrez jusque dans les classes populaires des propos qui vous feront connoître où votre système conduit la monarchie.

Quant à vos plans extérieurs, si jamais vous en

avez eu, ils tendent à créer des républiques qui menaceront dans l'avenir les couronnes; et, en vous ôtant la force et la gloire, ils renferment dans le présent des principes de division qui peuvent à tout moment éclater. Ne croyez pas qu'avec de petites ruses, de petites négociations secrètes, vous arrêtiez le mouvement du monde. Vous êtes encore en paix, mais tout s'agite autour de vous : les Amériques, la Grèce, l'Espagne, sont des foyers dont les flammes tôt ou tard s'étendront au dehors. Le seul changement d'un homme sur les trônes ou dans les cabinets peut amener un ébranlement soudain. Ce qui existe aujourd'hui n'est point un état de choses où l'on puisse rester : on est dans l'accident, dans le passage; tout marche rapidement vers une révolution générale. Malheur à ceux qui, ne l'ayant pas prévue ou n'ayant pas su la diriger, auroient livré au naufrage les intérêts sacrés qu'il étoit possible de sauver, et qu'ils étoient chargés de défendre !

On nous dira : « Si les choses sont telles que « vous les peignez, si le mal a dépassé le ministère, « s'il attaque à présent parmi nous les sources « mêmes de la vie sociale, les racines de la monar- « chie, comment continuez-vous votre opposition ? « comment accroissez-vous l'inquiétude et le mé- « contentement par vos cris ? comment n'êtes-vous « pas assez bon François pour faire à la paix pu- « blique le sacrifice de vos ressentiments plus ou « moins justifiés, de vos opinions plus ou moins « raisonnables ? »

Nous répondons : Si les hommes qui sont à la tête de l'administration étoient capables d'un mouvement généreux ; si, descendant dans leur conscience, ils cherchoient franchement ce qu'il peut y avoir de vrai dans les reproches que les opinions les plus opposées leur adressent, à l'instant même nous cesserions notre opposition, tant nous sommes effrayés des périls que nous avons signalés !

Nous espérions alors que les hommes du pouvoir, n'ayant pas assez de noblesse pour abandonner des places où ils ont fait tant de mal, auroient du moins assez de repentir pour essayer de réparer leurs fautes ; nous nous flattions de les voir mettre un terme aux divisions des royalistes, de les voir abandonner un système de corruption, de les voir embrasser toutes les libertés de la Charte, de les voir chercher un remède à leurs opérations de finances, de les voir compter pour quelque chose la sûreté de la couronne dans les transactions diplomatiques.

Mais pouvons-nous attendre de leur orgueil un tel retour à la vérité, un aveu si candide de leur premier égarement ? Non : nous les connoissons mieux. Ils regarderoient le silence de l'opposition comme un triomphe ; ils tourneroient contre nous notre générosité, notre désir de la concorde, notre amour de la patrie. Délivrés de tout obstacle, ils avanceroient à pas précipités dans la carrière de perdition où ils nous conduisent ; et nous croyant subjugués par la force de leur raison, terrassés par la puissance de leur génie, ces prétendus géants étoufferoient la monarchie sous les montagnes de sottises que l'opposition muette leur permettroit d'entasser.

Paris, le 6 octobre 1825.

Nous le savons, les vérités que nous disons blessent. On veut dormir au bord de l'abîme ; après tant de révolutions, on regarde comme des ennemis ceux qui avertissent des nouveaux dangers. La voix qui nous réveille est importune, et il est reconnu qu'il n'y a que des hommes passionnés ou trompés dans leur ambition qui trouvent que tout va mal, lorsqu'il est évident que tout va bien.

On faisoit la même observation, on tenoit le même langage lorsque *le Conservateur* proclamoit des vérités qui n'ont point été perdues. Qu'y a-t-il de changé dans la position des choses depuis cette époque ? Cette position est bien loin de s'être améliorée. Que des *hommes* aient abandonné leurs doctrines, renié leurs amis, trafiqué de leur conscience, cela prouve-t-il que ceux qui sont restés fermes doivent les imiter ou se taire ?

Ce n'est pas la première fois que ceux-là luttent seuls contre des autorités malfaisantes plus ou moins redoutables ; ce ne seroit pas la première fois qu'ils auroient préparé des triomphes dont le résultat ne seroit pas pour eux. Ils ne l'ignorent pas ; et s'ils n'avoient été mus que par une ambition personnelle, ils auroient pris une autre route; elle leur étoit ouverte, large, facile, honorable même dans le sens des âmes communes et des esprits ordinaires; mais alors le mal se fût fait en paix, on eût ruiné à l'aise le crédit, semé la corruption, étouffé les libertés publiques sans trouver de résistance; on eût élevé un monde républicain sans que la monarchie eût su où on la menoit. L'opposition eût manqué d'unité et de centre; et les hommes qui veulent encore l'honneur, la prospérité, l'indépendance de leur patrie, dispersés, isolés, découragés, auroient laissé la victoire à l'incapacité triomphante.

Placé dans cette alternative, il falloit choisir : or, jamais honnête homme n'a hésité entre ses intérêts particuliers et les intérêts de son pays.

En Angleterre, un citoyen voulut énoncer des idées qu'il croyoit utiles; il cacha son nom, et l'on ignore encore quel fut *Junius*. Aujourd'hui, l'anonyme n'est qu'une convenance, et non pas un voile. Le masque ne rend pas hardi, il rend insolent : nous ne chercherions jamais à le mettre entre nous et l'outrage que nous aurions fait, si jamais, comme Junius, nous pouvions aller jusqu'à l'outrage.

Mais de quoi s'agit-il ici? d'hommes qui ne vaudroient pas même la peine qu'on s'occupât d'eux, si la puissance de faire du mal n'appartenoit spécialement à la médiocrité vaine.

« Bientôt, dit-on, si le feu prenoit à Paris, on
« accuseroit les ministres d'avoir allumé ce feu; on

« dira bientôt qu'ils ont causé la dernière séche-
« resse. »

C'est attribuer à l'opinion royaliste la manière d'argumenter de l'opinion ministérielle ; c'est confondre les crédulités populaires avec les persuasions raisonnables des classes éclairées, dans lesquelles l'opinion prend aujourd'hui naissance.

Non, ce n'est point l'opinion royaliste qui attribuera aux hommes du pouvoir *la dernière sécheresse;* mais c'est l'opinion ministérielle qui se vante tous les jours d'être la cause de ces prospérités natives de la France, qu'il est hors de son pouvoir de détruire.

Les ministres ne nous ont pas maintenus au dehors au rang que nous devions occuper, et ils ont mis en danger tous les principes de la monarchie. Au dedans ils ont essayé de tout corrompre, de nous ravir nos plus précieuses libertés, d'enchaîner l'indépendance des tribunaux, de dépouiller la fortune publique de sa sûreté et de ses gages, d'acheter les consciences, de diviser l'opinion monarchique, de pactiser avec tous les principes. Mais si les moissons sont abondantes, les vendanges heureuses; si le soleil a été bienfaisant; si les semences de la Charte, quoi qu'on ait fait pour les étouffer, ont fructifié parmi nous, les ministres vous diront que ces biens, qu'ils n'ont pas pu nous enlever, sont l'ouvrage de leur génie. N'étendent-ils pas leur puissance jusque sur le temps? Ne lui ont-ils pas ordonné de s'arrêter pendant cinq années, pour achever leur victoire? Il leur falloit cinq ans de paix en Europe, de sommeil en France, pour couronner un édifice qui, au bout de cinq mois, tremble déjà dans ses fondements.

L'heure de la justice a sonné. Cette opinion publique que vous avez tant dédaignée, tant insultée, est en face de vous. Qu'en dites-vous maintenant? Y croyez-vous enfin? Mépriserez-vous encore ceux qui peuvent l'éclairer? Vous avez voulu la guerre, vous l'avez : êtes-vous satisfaits?

La session approche; les députés ne reviennent pas comme ils sont partis; ils ont à demander compte au ministère des lois qu'ils ont votées : l'esprit des provinces est encore peut-être plus opposé à ce ministère que l'esprit de la capitale. En vain l'autorité bureaucratique compte sur des divisions : les hommes qui combattoient jadis sous différents étendards se sont réunis dans de communs sentiments de liberté religieuse et monarchique, et ils y resteront pour leur salut commun. Un corps de doctrines a commencé à se former, et tous les bons esprits s'y rallient; des vérités importantes ont été révélées, et sont désormais tombées dans le domaine public.

Ministres! vous avez cru qu'on pouvoit repousser toutes les légitimités naturelles; que l'on pouvoit renier les doctrines, les services, les talents, sans blesser la légitimité politique; et vous avez commis une prodigieuse erreur. Cherchant une popularité qui vous fuit dans toutes les opinions, tantôt vous avez essayé de remonter vers le temps passé, et vous n'avez pas fait assez pour ceux qui vous appeloient dans cette région des tombeaux, où l'on ne rencontre que des ombres et des ruines; tantôt vous vous êtes livrés au cours du temps, et vous avez franchi la borne où les monarchies pouvoient s'arrêter, et où le système républicain commence. Nous répéterons ici une vérité que nous avons dite, parce que nous croyons qu'elle deviendra fondamentale, et qu'elle comprend tout notre avenir.

La découverte du système républicain représentatif renferme le germe de la destruction des monarchies : mettez-vous à la queue du siècle, et vous arriverez à la république; mettez-vous à sa tête, et vous entrez dans le port de la monarchie constitutionnelle.

Que si, consterné à l'aspect d'un système qu'on pouvoit ne pas créer, mais qu'on n'est plus maître de détruire, on en est réduit à espérer le bouleversement de ces républiques dont il eût été si facile de faire des monarchies constitutionnelles, comment ces républiques nous sauroient-elles gré des relations forcées qu'on établiroit avec elles? Saisi de terreur ou de haine toutes les fois qu'on reconnoîtroit un état populaire, il seroit dur que chaque acte de reconnoissance ne fût au fond qu'une lâcheté ou une malédiction.

La France, après l'expédition d'Espagne, fut remise entre les mains des ministres, riche, brillante, rajeunie, glorieuse, prépondérante en Europe; leurs mains débiles ont tout gâté, jusqu'aux bienfaits et aux espérances du sacre.

Qu'ont donc à faire les hommes qui nous gouvernent? à se retirer ou à se jeter dans des violences. Mais détruire la liberté de la presse, casser la Chambre des députés, ce seroit pour eux se précipiter dans l'abîme, au lieu d'y descendre. Ne souhaitons pas de mal à ces hommes funestes : qu'ils aillent, s'ils le peuvent, dormir en paix après avoir flétri le présent et compromis l'avenir.

Paris, ce 17 octobre 1825.

Enfin, les partisans du ministère en sont réduits à leur dernier argument, à cet argument religieusement déposé et gardé dans les bureaux depuis qu'il y a des ministres, à cet argument qu'on va prendre dans les cartons poudreux, quand toute autre ressource est épuisée. On promène l'antique relique autour du ministère assiégé, pour écarter l'ennemi : si elle ne sauve pas les infortunés ministres, on la remet solennellement à sa place pour servir à leurs successeurs. Ceux-ci, comme des rois débonnaires, prennent à leur service la maison de leurs devanciers. « Le ministère est mort, « vive le ministère ! » Les gratifications recommencent; on essuie ses larmes, et le monde va son train.

Cet argument héréditaire dans la famille ministérielle est celui-ci :

« Vous dites que les ministres sont incapables ;
« nous le pensons aussi : qu'ils vont mal, que même

« ils ne peuvent plus aller : c'est notre opinion.
« Mais qui mettrez-vous à leur place ? Où trouverez-
« vous un meilleur ministère, un ministère qui ne
« succombe pas sous les difficultés dont celui-ci est
« écrasé ? Donc il faut s'en tenir à ce qu'on a, et
« garder les ministres actuels. »

Depuis et avant la restauration, voilà ce qui est constamment répété à chaque changement présumé de ministère.

Écartons ce qu'il y a de bizarre, et presque de ridicule, dans cette manière de raisonner; ne disons pas qu'en pressant l'argument, on arriveroit à cette conséquence absurde : qu'il ne faut jamais changer de ministres, même lorsque leur inaptitude est prouvée, et que l'incapacité doit avoir pour un empire tous les effets de la nécessité. Renfermons-nous dans la simple question personnelle.

Qui pourroit, demandez-vous, remplacer les ministres du moment ?

Nous répondons : Tout le monde.

Ne voulez-vous pas choisir parmi les talents signalés et les supériorités avouées ? Eh bien ! outre ces capacités reconnues dans les Chambres et hors des Chambres, il y a cent hommes de sens et de jugement infiniment supérieurs aux membres actuels du conseil, et qui conduiroient cent fois mieux la monarchie.

De quoi s'agit-il pour réussir beaucoup mieux que le ministère actuel ?

De ne pas faire ce qu'il fait, et de défaire autant que possible ce qu'il a fait.

Ainsi la route d'un ministre des finances est toute tracée : il renverroit MM. les receveurs généraux dans leurs départements respectifs ; il abandonneroit à leur force naturelle les 3 pour 100, lesquels iroient se niveler à leur pair réel, et deviendroient des 5 pour 100 ; il proposeroit aux Chambres, à la session prochaine, l'amendement de M. Mollien et celui de M. Roy, convertis en projet de loi, savoir : la division du fonds d'amortissement par les divers effets, et le changement des 3 pour 100 de l'indemnité en 5 pour 100 ; il cesseroit de tracasser et de menacer les rentiers, mettroit un terme aux prêts des caisses publiques, et à cette préoccupation journalière de la bourse et de l'agiotage. Rentré dans les voies simples et consciencieuses, le crédit auroit repris sa solidité première ; les rêves de l'imagination de M. le ministre des finances s'évanouiroient devant le bon sens de son successeur, non pas, il est vrai, sans qu'il nous en eût coûté plusieurs millions en faux calculs, machines, prestiges et fantasmagories financières.

A l'intérieur, la tâche ne seroit pas plus difficile : il suffiroit de ne plus rester dans ce sommeil d'où l'on ne sort que pour demander, avant de se rendormir, s'il n'y a pas quelques procès à vendre. Le nouveau ministre ne croiroit pas que tout consiste, dans un État bien constitué, à acheter des journaux et des suffrages ; il ne seroit pas tout-à-fait persuadé qu'il est inutile de savoir lire, et que c'est un abus d'ajouter une pierre à des bâtiments commencés; il ne seroit pas bien convaincu qu'un administrateur doit passer son temps à s'ennuyer de sa besogne, à la maudire, à menacer sans cesse de s'en aller, bien entendu qu'il n'en feroit rien, et qu'il tiendroit obstinément à son ennui, comme d'autres tiennent à leurs plaisirs; il ne prendroit pas la rudesse pour de la franchise, et le cynisme du pouvoir pour de la force; il donneroit des signatures, répondroit aux préfets, mettroit à jour leur correspondance, dût-il bâiller en écrivant. Il ne faut à l'intérieur qu'un homme laborieux, expédiant beaucoup d'affaires, prévenant, affable, toujours prêt à s'enquérir, à écouter, aimant l'économie publique, les sciences, les lettres et les arts. Or, des administrateurs de cette espèce, il y en a une foule en France, dans tous les états de la société.

A la guerre, quel est le colonel qui n'en remontreroit au ministre actuel ?

A la justice, tout magistrat instruit, qui ne prétend pas mener des juges comme des caporaux, qui respecte l'indépendance des tribunaux et les arrêts des cours, est un ministre convenable.

Il fut un moment où de grandes choses étoient à faire dans les relations étrangères, où la liberté et la monarchie pouvoient s'allier pour jamais : la limite de ce puissant système a été franchie sans être aperçue ; on a remis, faute de lumière et de courage politique, l'avenir entre les mains du hasard, lorsque la Providence permettoit de préparer les voies de cet avenir. Aujourd'hui la France ne tenant plus les rênes des affaires extérieures, n'a plus besoin dans cette partie que d'un homme qui défende notre honneur, s'il ne peut rien pour notre gloire.

Qu'un ministère ainsi composé d'hommes sages et modérés paroisse; qu'il s'annonce comme l'ami de la religion, du trône et des libertés publiques, comme l'ennemi de toute corruption; qu'il témoigne à chacun un esprit de conciliation et de bienveillance; qu'il ne frappe personne et se contente de réparer les injustices : ce ministère mettra un terme à nos divisions; l'opposition royaliste cessera à l'instant même. Quant à nous, nous le déclarons : nos amis fussent-ils tous exclus de ce ministère, nous sommes prêts à le soutenir de toute l'influence que nous pouvons exercer sur la partie considérable de l'opinion dont notre journal a l'honneur d'être l'organe.

Sans doute un ministère quelconque rencontrera toujours quelques adversaires; mais il n'est pas vrai de dire qu'une opposition puisse se soutenir quand elle n'a pas un fondement raisonnable. Or, aura-t-on toujours à combattre et à repousser un syndicat, une conversion de rentes, une indemnité avortante, une émancipation de colonies par ordonnance, des entreprises sur les libertés publiques et sur l'indépendance des tribunaux? Aura-t-on toujours devant soi des hommes parjures à leurs principes, infidèles à leurs amis, haineux, envieux, persécuteurs, foibles et violents, antipathiques au génie de la France, boitant, appuyés sur un système contradictoire qui tend au despotisme au dedans et au républicanisme au dehors? Non, sans doute : de pareils hommes ne se rencontreront pas deux fois.

Des ministres marchant dans la route honorable que nous avons indiquée auroient, à coup sûr, une immense majorité dans les Chambres et en dehors des Chambres, majorité d'estime et de confiance. Qu'on prenne de pareils ministres, et nous répondons qu'un quart d'heure après la retraite de M. le président du conseil, la France sera aussi tranquille, les affaires marcheront avec autant de facilité que dans les temps les plus prospères de la monarchie. Le ministère tombé ne fera faute à personne; il ne laissera aucun vide, et ces hommes dont on ne peut se passer rentreront dans le profond oubli dont ils n'auroient jamais dû sortir.

Mais, dit-on, si les ministres doivent se retirer devant les clameurs de cinq ou six journaux, alors la France est donc gouvernée par les journaux?

L'Angleterre est-elle gouvernée par les journaux, bien autrement libres qu'en France? et pourtant les ministres anglois se retirent quand les feuilles publiques de divers principes politiques se trouvent être d'accord sur l'incapacité ministérielle. Le vice radical de cet éternel raisonnement des ennemis de la liberté de la presse, c'est de prendre les journaux pour la cause de l'opinion, tandis qu'ils n'en sont que l'effet. Ayez des ministres habiles, monarchiques et nationaux, et vous verrez si les journaux parviendront à les rendre impopulaires : loin de là, ces journaux deviendroient eux-mêmes impopulaires en attaquant des hommes que le public auroit pris sous sa protection.

Mais poussons les choses à l'extrême : supposons que l'on doive résister à une opinion aussi générale que celle qui existe contre le ministère actuel, qu'arrivera-t-il ?

Supprimera-t-on la liberté de la presse ?

C'est le moyen le plus sûr de faire tomber immédiatement le ministère.

Dissoudra-t-on la Chambre des députés, ou augmentera-t-on la Chambre des pairs si les ministres y ont perdu la majorité ?

Est-on sûr des élections ? Est-on certain qu'une augmentation de la Chambre héréditaire, tout en affoiblissant le principe de la pairie, procureroit une majorité ?

Marchera-t-on, comme on le fait aujourd'hui, en narguant l'opinion publique, et laissant les journaux libres d'user de leur droit constitutionnel, et par conséquent de dire, dans les limites de la loi, tout ce qu'ils voudront ?

Très bien ; mais les journaux ne se lasseront point ; le combat est à mort entre l'opinion et le ministère ; or, est-il possible de se maintenir long-temps dans une lutte aussi violente ? Ce combat de tous les jours, de toutes les minutes, n'a-t-il pas des inconvénients ? Les partisans du ministère ne s'en plaignent-ils pas amèrement ? Or, comme l'oppression de l'opinion, comme l'établissement de la censure ne sauveroit pas le ministère, et exposeroit la monarchie en attaquant le principe de nos institutions, il est évident que c'est le ministère qui doit céder la place à l'opinion : c'est ce qui arrivera un jour plus tôt, un jour plus tard.

Ne soyons pas trop rigoureux. Il y a dans le ministère deux ou trois hommes qui ne sont coupables que de foiblesse, qui gémissent intérieurement du système que l'on suit. L'opinion publique ne repousse pas invinciblement ces ministres, et elle les verroit sans peine faire partie d'un nouveau conseil.

Quant au ministère tel qu'il existe aujourd'hui, non-seulement il doit se retirer pour les mille raisons que chacun connoît, mais encore pour une raison qui domine toutes les autres. Ce ministère n'est point le ministère du règne actuel; héritage d'un règne évanoui, il manque de l'action nécessaire à une monarchie renouvelée.

Sans doute, des hommes supérieurs peuvent occuper des emplois sous des souverains successifs; mais alors même il faut que, par une flexibilité de talent extrêmement rare, ils se rajeunissent, pour ainsi dire, avec la couronne refleurissante. Chaque prince a son génie particulier : si vous ne pouvez vous plier à ce génie, vous n'êtes plus qu'un obstacle au bien, qu'une entrave au gouvernement que vous avez la prétention de faire marcher.

Or, les ministres actuels sont-ils des hommes extraordinaires, ou qui aient seulement le bon sens qui s'applique à tout? Se sont-ils conformés au caractère du nouveau monarque? Conviennent-ils à un roi chevalier qui voit tout par lui-même, qui se montre à ses peuples, qui prend connoissance de toutes les affaires, et qui, assis à son conseil avec son auguste fils, n'a pas besoin de s'en reposer sur un président inutile ? Il faut à ce roi des ministres en harmonie avec ses qualités et ses vertus, loyaux et sincères comme lui, et qui, pour bien gouverner, n'auroient qu'à suivre l'inspiration de ses pensées et à deviner les vœux de son cœur. La présente administration est vieillie, flétrie, usée : laissée par la tombe à un monarque plein de vie, on sent que la mort a pesé sur cette administration; le moment est arrivé de la retirer du lit de parade où elle a été trop long-temps exposée.

Paris, ce 23 octobre 1825.

Les Grecs semblent encore avoir échappé à la destruction dont ils étoient menacés à l'ouverture de la dernière campagne : ils se sont montrés plus intrépides que jamais. Le siége de Missolonghi, soit que ce siége ait été levé ou qu'il se soutienne encore, soit que la ville foudroyée doive succomber ou sortir triomphante du milieu des flammes; ce siége, disons-nous, attestera à la postérité que les Hellènes n'ont point dégénéré de leurs ancêtres. Si des gouvernements étoient assez barbares pour souhaiter la destruction des Grecs, il ne falloit pas laisser aux derniers le temps de déployer un si illustre courage. Il y a trois ou quatre ans qu'une politique inhumaine auroit pu nous dire que le fer musulman n'avoit égorgé qu'un troupeau d'esclaves révoltés ; mais aujourd'hui seroit-elle reçue à parler ainsi d'un sang héroïque ? L'univers entier s'élèveroit contre elle. On se légitime par l'estime et l'admiration qu'on inspire : les peuples acquièrent des droits à la liberté par la gloire.

Il n'est pas étonnant que la défense ait été moins forte dans le Péloponèse. Quand on a parcouru ce pays, quand on sait que les paysans grecs, opprimés, dépouillés, égorgés par les Turcs, ne pouvoient avoir chez eux ni poudre, ni fusils, ni armes d'aucune espèce, on conçoit comment une troupe de villageois, pourvus, pour tout moyen de défense et d'attaque, de bâtons et de pierres, aient été étonnés à l'aspect de troupes régulières de Nègres et d'Arabes. Mais leurs montagnes leur serviront de rempart; ils s'accoutumeront à voir marcher des soldats à demi disciplinés; ils apprendront la guerre; et si Ibrahim n'est pas continuellement secouru, il pourroit rester dix ans dans les vallées du Péloponèse sans être plus avancé le dernier que le premier jour.

Sur la mer, les Grecs ont maintenu leurs avantages. Les Turcs, malgré la supériorité de leurs vaisseaux, ne cherchent plus même à tenir devant un ennemi qui ne leur oppose pourtant que de frêles embarcations. L'audacieuse entreprise de Canaris sur le port d'Alexandrie a été au moment de tarir cette source de peste et d'esclavage que l'Afrique fait couler vers la Grèce.

On nous dit que des flottes russes vont venir à leur tour dans la Méditerranée juger des coups et assister à la lutte de quelques chrétiens abandonnés de la chrétienté entière, contre un peuple de barbares qui a menacé le monde chrétien, et qui fait encore peser son joug sur une grande partie de l'Afrique, de l'Asie et de l'Europe. Le spectacle est digne, en effet, de l'admiration des hommes; mais nous plaindrions les spectateurs qui pourroient en être les témoins sans en partager l'honneur et les périls.

En attendant que les cabinets se réveillent, nous, simples particuliers, nous qui n'avons aucune raison pour séparer la justice et l'humanité de la politique, formons des vœux pour nos frères en religion. Que tous ceux dont le cœur palpite au nom de la Grèce; que tous ceux qui apprécient à sa juste valeur le grand nom de chrétien; que tous ceux qui estiment le courage, qui aiment la liberté, détestent l'oppression et ont pitié du malheur, que tous ceux-là s'empressent de soutenir une cause que la civilisation ne peut abandonner sans une lâche ingratitude : la foi de nos pères et la reconnoissance du genre humain doivent prendre sous leur protection la mission de saint Paul et les ruines d'Athènes.

Une autre campagne en Grèce peut avoir lieu; il faut pourvoir d'avance aux besoins des braves qui seront appelés sur le champ de bataille : déjà nous avons ouvert un asile aux deux enfants de Canaris; leur mère a été massacrée; leur père, qui, décidé à mourir pour la patrie, les regarde déjà comme orphelins, sera-t-il abandonné par nous ? Pouvons-nous mieux répondre à la touchante confiance qu'il nous témoigne, qu'en lui fournissant les moyens de recevoir dans ses mains triomphantes les chers gages qu'il a déposés dans le sein de l'honneur françois ? Ce sont les orphelins de la Grèce qui implorent eux-mêmes aujourd'hui à nos foyers notre piété nationale : qui mieux que des François peut sentir la sympathie de la gloire et du malheur ?

Paris, le 24 octobre 1825.

La presse périodique est une force immense sortie de la civilisation moderne : on ne l'étoufferoit ni par la violence ni par le dédain. Née des besoins de la société nouvelle, elle a pris son rang parmi ces faits que les hommes n'abandonnent plus, une fois qu'ils en sont saisis; elle a remplacé pour nous la tribune populaire des anciens; elle est à l'imprimerie ce que l'imprimerie a été à l'écriture. Il n'est au pouvoir de personne de la détruire, pas plus que d'anéantir les grandes découvertes qui ont changé la face du monde. Il faut vivre, quoi qu'on en ait, avec la boussole, la poudre à canon, l'imprimerie, et, de nos jours, avec la machine à vapeur : c'est fort malheureux sans doute, mais c'est comme cela ; qu'y faire ?

Ainsi la presse périodique proclame aujourd'hui des vérités qui n'étoient autrefois renfermées que dans des livres; elle les rend familières et les met à la portée de tous.

Pour nous, qui ne connoissons que le salut du prince et de la patrie, qui ne demandons rien, qui ne craignons personne, qui sommes habitués aux persécutions, et qui nous croyons au-dessus des injures, nous continuerons à énoncer sans déguisement ce qui nous paroîtra utile au trône et à la France.

Le monde, comme on le mène, va à la république : nous l'avons dit, nous le répétons ; et ce crime de lèse-monarchie est dû en grande partie au ministère actuel.

Il y avoit un moyen assuré d'éviter tout péril, c'étoit d'arrêter le monde dans la monarchie constitutionnelle. Or, les amis du ministère nous disent que la Charte n'est qu'un cadre disloqué, et qu'*il faut que la royauté se convertisse en despotisme.* De l'autre côté de ce despotisme d'un moment, on se trouveroit face à face avec la république.

Dans le discours d'adieux du président des États-Unis au général La Fayette, discours, d'ailleurs, remarquable de tout point, nous lisons ce passage :
« Pendant ce long espace de temps (il auroit dû
« dire pendant ce court) le peuple des États-Unis,
« pour qui et avec qui vous avez pris part aux ba-
« tailles de la liberté, a joui pleinement de ses fruits
« et a été l'un des plus heureux dans la famille des
« nations, voyant sa population s'accroître et son
« territoire s'agrandir, agissant et souffrant selon
« les conditions de sa nature, et jetant les fonde-

« ments *de la plus grande, et, nous l'espérons sin-*
« *cèrement, de la plus bienfaisante puissance qui ait*
« *jamais réglé les intérêts humains sur la terre.* »

Le général La Fayette répond : « Avoir été, dans
« les circonstances les plus critiques, adopté par
« l'Union comme un fils chéri; avoir participé aux
« travaux et aux périls de la noble lutte qui avoit
« pour objet l'indépendance, la liberté et l'égalité
« des droits; avoir pris part à la fondation de l'*ère*
« *américaine qui a déjà traversé, et qui doit encore,*
« *pour la dignité et le bonheur de l'espèce humaine,*
« *traverser chaque partie d'un autre hémisphère.* »

Le chef d'un puissant État raconte des faits, un citoyen adoptif exprime des vœux : voilà où l'on en est pour les idées de république.

Parmi les rois de France qui ont été l'objet des éloges du président des États-Unis, on eût désiré trouver le nom de Louis XVI, principal auteur et innocente victime de la liberté américaine.

Et les États-Unis ne sont plus seuls à influer sur l'esprit des peuples; ils ont créé autour d'eux tout un monde républicain, qui bientôt va tenir son congrès général à Panama. Les discours qui seront prononcés dans cette réunion retentiront au-delà des mers. Que produiront-ils? La seule déclaration des droits de l'homme, par les États-Unis, nous donna les sanglantes saturnales de 1793.

Les esprits, toutefois, étoient-ils préparés, comme ils le sont aujourd'hui, à recevoir des impressions populaires ? N'y avoit-il pas encore, en 1789, des ordres politiques, des grands propriétaires, des corporations, d'antiques mœurs, de vieilles habitudes, de récents souvenirs, qui luttoient contre les nouvelles doctrines? Depuis cette époque, la révolution a fait rouler sur la France son pesant niveau; tout en a été écrasé, choses et hommes. Les illusions du passé ont disparu; les appuis du trône ont été brisés; chaque individu, devenu libre par ses malheurs, a appris à ne compter que sur lui-même, à ne s'estimer que par ses qualités propres, et cette légitimité naturelle, qui remplaça la légitimité politique absente, a fondé dans les esprits une indépendance désormais invincible.

En même temps ce sentiment de liberté ne vient plus des agrégations démocratiques, des masses passionnées et tumultuaires; ce ne sont plus les classes ignorantes, mais les classes éclairées, qui penchent aux réformes. Si des révolutions devoient encore avoir lieu, il est probable qu'elles s'effectueroient avec moins de violence, moins d'effusion de sang, moins d'injustices, moins de spéculations; ce seroit un changement politique élaboré et amené à point par le temps, comme le soleil mûrit un fruit. La république représentative a ses formes toutes trouvées; et cette république, qu'on auroit pu repousser à jamais avec la monarchie représentative, franchement admise, seroit là pour en consacrer les libertés méconnues.

Il y a des hommes qui ne veulent rien voir, ou qui ne peuvent rien voir de ce qui se passe autour d'eux. Tout annonce qu'une révolution générale s'opère dans la société humaine, et ceux qui devroient en être le plus persuadés ont l'air de croire que tout va comme il y a mille ans.

Dans l'ordre moral, l'affoiblissement de la foi chrétienne a rendu les mœurs moins puissantes; le système politique a été ébranlé par les coups que l'on a portés au système religieux.

Dans l'ordre physique, le développement inouï de l'industrie, la diffusion des lumières parmi les classes inférieures de la société, ont multiplié les ressources des peuples, en même temps qu'elles les ont rendus indociles à tout pouvoir qui ne se fonde pas sur la raison.

Jetez un regard sur le monde, et voyez le spectacle qu'il vous présente.

Des républiques occupent une immense partie de la terre sur les rivages des deux Océans; chez ces peuples, qui ont toute la vigueur de la jeunesse, dans ces pays vierges encore, la civilisation perfectionnée de l'ancienne Europe va prêter ses secours à une nature puissante et énergique. Les machines de l'Angleterre exploiteront les mines de l'Amérique, découverte, pour ainsi dire, une seconde fois. Des bateaux à vapeur remonteront tous ces fleuves destinés à devenir des communications faciles, après avoir été d'invincibles obstacles. Les bords de ces fleuves se couvriront en peu de temps de villes et de villages, comme nous avons vu sous nos yeux de nouveaux États américains sortir des déserts du Kentucky. Dans ces forêts, réputées impénétrables, bientôt passeront, sur des chemins de fer, comme sur les routes de la Grande-Bretagne, ces espèces de chariots enchantés marchant sans chevaux, transportant à la fois, avec une vitesse extraordinaire, des poids énormes, et cinq à six cents voyageurs. Sur ces fleuves, sur ces chemins, descendront, avec les arbres pour la construction des vaisseaux, les richesses des mines qui serviront à les payer; et l'isthme qui unit l'une et l'autre Amérique rompra sa barrière pour donner passage à ces vaisseaux dans l'un et l'autre Océan.

La nouvelle marine, qui emprunte du feu son mouvement, ne borne pas ses efforts à la navigation des fleuves, elle affronte aussi les mers : les distances s'abrégent; il n'y a plus de courants, de moussons, de vents contraires, de ports fermés en certaines saisons de l'année.

L'art de la guerre subira à son tour une altération notable : l'embouchure des rivières est défendue par des forteresses mobiles qui vomissent des feux et des eaux bouillantes; des projectiles d'une force et d'une forme inconnues sont inventés; la vapeur lance le boulet plus vite et plus sûrement que la poudre, et il est impossible de dire, avec les essais qui se multiplient, à quels résultats inattendus ces nouveaux arts peuvent arriver.

Et tandis que l'Amérique se transforme et vient, monde nouveau et civilisé, mettre son poids dans la balance des empires, le gouvernement britannique fait découvrir les régions hyperboréennes et achever la reconnoissance de la terre. Une compagnie de marchands anglois complète son occupation de l'Inde, réunit à ses territoires le royaume d'Aracan, et s'approche des frontières de la Chine, dont on déclare déjà la conquête assurée avec une armée de trente mille hommes.

Cette Grèce, jadis héroïque, libre et riante; cette Grèce, toujours héroïque, mais aujourd'hui opprimée et désolée, voit encore l'Angleterre placée à ses avant-postes; celle-ci la recevra dans ses bras lorsqu'elle aura été repoussée de ceux de tous les princes chrétiens.

Que faisons-nous au milieu de ce mouvement du monde ? Nous opposons au congrès de Panama la réunion de tous les commis des finances autour d'un ministre. Aux discours du président des États-Unis, aux proclamations prochaines des nouveaux gouvernements libres, nous répondons par des projets de censure et des procès en tendance. Nous ne cherchons pas sous le pôle des routes ignorées, nous n'avons pas la prétention de donner dans l'Inde un royaume à nos marchands; et peu nous importe la Grèce; il nous suffit de connoître les rues qui mènent à la Bourse, et de conquérir un franc sur quelques misérables rentiers. Quand on mesure nos hommes d'État à l'échelle des événements, c'est véritablement alors que leur petitesse effraie.

Tout nous oblige donc à croire que l'espèce humaine marche à de nouvelles destinées; mais si un homme d'État ne pouvoit, sans être atteint de folie, essayer de remonter le torrent des siècles, il seroit encore plus insensé de s'y livrer aveuglément.

A une époque qui n'est pas encore fort éloignée, on a pu établir dans les Amériques espagnoles le système monarchique avec une véritable liberté. L'Angleterre n'avoit point encore tranché la question ; nous osons assurer qu'elle l'eût plus mûrement examinée, si l'ont eût continué à lui opposer les raisons, le calme et la fermeté qui l'avoient empêchée d'abord de se précipiter trop vite dans la route qu'elle a depuis suivie. Elle eût fini par reconnoître elle-même que ses intérêts commerciaux pouvoient également être assurés, sans compromettre dans une postérité assez rapprochée son existence monarchique. Il étoit encore possible de réveiller dans certains cabinets les idées généreuses qui leur étoient naturelles, et dont les traces existent partout dans les documents diplomatiques ; idées qui n'ont été étouffées, au grand malheur de l'espèce humaine, que par des conseils rétrécis.

Les bases étoient posées ; le double travail de tempérer les uns, d'éclairer les autres, s'avançoit : encore un peu de patience, et un ouvrage immense qui décidoit de la nature de l'avenir, qui donnoit une grande gloire à la France, pouvoit s'achever. Soudain tout a été interrompu ; l'intérêt des peuples et des rois a été immolé à de basses envies. L'Angleterre, dégagée de toute représentation raisonnable, a reconnu les républiques espagnoles avant de s'être bien assurée que toute autre forme politique n'étoit pas incompatible avec l'indépendance et la liberté de ces nouveaux États : de ce jour le destin du monde a été changé.

Alors quelques administrateurs parmi nous, ne se doutant pas de ce qu'ils faisoient, ne sachant pas qu'ils confirmoient le plus vaste de tous les systèmes, croyant ne prendre qu'une mesure populaire de commerce, croyant ne jouer qu'un coup heureux à la Bourse; quelques administrateurs, disons-nous, par une sorte d'étourderie politique naturelle à la légèreté de leur esprit, ont achevé l'ouvrage commencé : ils ont, sans mesure législative, lancé à leur tour dans le monde une république de la plus formidable espèce pour la sûreté domestique et pour celle des colonies, pour les intérêts de la propriété et pour la stabilité de l'ordre monarchique.

Et quels sont les hommes qui ont versé dans ce système républicain? Sont-ce des hommes amis de la liberté des peuples, des hommes qui aient favorisé cette liberté dans leur patrie, des hommes qui aient maintenu nos institutions, qui en aient voulu le développement et appelé toutes les conséquences ? Non : ce sont les auteurs de la censure, les admoniteurs de l'indépendance des tribunaux, les marchands de procès, les brocanteurs d'opinions, les trafiquants de conscience, les joueurs à la Bourse, les convertisseurs de rentiers, les petits tyrans domestiques dont les élèves brûleroient avec joie la Charte en place de Grève par la main du bourreau. Voilà les hommes qui devoient propager sur la terre le système républicain! Et nous, que l'on accuse d'un trop grand penchant aux idées constitutionnelles, nous que l'on voudroit bien accuser encore de n'être pas royaliste, si la chose étoit possible, c'est nous qui défendons la monarchie contre le républicanisme ministériel!

Tel est le malheur d'un État quand il est conduit par des ministres sans principes arrêtés; ils flottent au hasard; et, selon les besoins du jour, ils abondent tantôt dans une opinion, tantôt dans une autre : despotes à l'intérieur, républicains au dehors; double moyen d'amener des catastrophes.

Mais les événements échappent aux mains qui ne peuvent les diriger; tandis que l'on reste stationnaire ou que l'on se jette tête baissée dans des abîmes, le temps fuit, et le monde s'arrange malgré nous.

Qu'un ministre tombe à l'intérieur dans des erreurs considérables, qu'il protége les méchants, qu'il écarte les gens de bien, qu'il propose de mauvaises lois, qu'il prenne de fausses mesures, il y a remède à tous ces maux; mais ce qui ne se répare point, ce sont les fautes commises au dehors. Des guerres longues et sanglantes ne rétabliroient pas ce qui souvent n'auroit coûté qu'une dépêche diplomatique; on ne peut pas faire aujourd'hui, par exemple, que l'Amérique ne soit pas républicaine : on verra tôt ou tard où cela conduira l'Europe monarchique, si l'Europe monarchique surtout brise le sceptre constitutionnel : la gloire même ne soutient pas long-temps l'arbitraire des baïonnettes. Nous le savons : on se réfugie dans des espérances d'anarchie; on pourra reconnoître des républiques, mais en leur souhaitant intérieurement malheurs, troubles et destructions. Ces lâches espérances d'une *politique* qui ne sait rien vouloir ni rien oser ne reposent pas même sur l'expérience des faits. L'anarchie des nouvelles républiques ne seroit pas moins funeste aux monarchies que l'ordre même de ces républiques. L'anarchie de la France populaire pendant cinq années a-t-elle empêché cette France de troubler l'Europe ? Et après les exemples de nos agitations révolutionnaires, le monde a-t-il été guéri des idées démocratiques ? Les États-Unis n'ont-ils pas continué de nourrir partout ces idées ? et l'Amérique presque entière ne vient-elle pas de devenir républicaine ?

N'espérons pas non plus que des mœurs qui seroient devenues facilement monarchiques constitutionnelles, si on l'avoit voulu, refusent de se plier à des institutions populaires dans une république représentative. Cette sorte de république ressemble de bien près à la monarchie; elle souffre, comme elle, les grands propriétaires, les grandes corporations, même religieuses ; le luxe, le commerce, l'élégance et la politesse de la vie.

Il y a deux espèces de liberté : l'une qui appartient à la jeunesse des peuples, l'autre qui peut être le fruit de leur vieillesse : l'une est une vertu d'innocence, une sorte d'instinct de l'ordre religieux ; l'autre est une vertu de philosophie, une connoissance savante qui résulte de l'ordre intellectuel ; celle-là se confond dans le cœur avec l'amour exclusif de la patrie : des habitudes simples lui servent de compagnes; celle-ci s'associe dans l'esprit avec la bienveillance pour tous les hommes : elle jouit des arts de la civilisation; on arrive à la première par les mœurs, à la seconde par les lumières. Ce furent ces deux espèces de libertés qui inspirèrent à Fabricius et à Tacite une égale haine des tyrans.

Qu'on cesse donc de s'en reposer, pour la sûreté monarchique de l'Europe, sur les heureux malheurs qui pourroient affliger les républiques américaines: les larmes de ces républiques, pas plus que leurs prospérités, ne feroient notre joie. Ne pouvant désormais rien empêcher, le seul parti qui reste à prendre, c'est de combattre, autant que possible, les conséquences de nos œuvres.

Nous devons d'abord sûreté à nos compatriotes d'outre-mer : il n'y a qu'un moyen efficace de les mettre à l'abri, c'est de donner graduellement la liberté aux nègres de la Martinique et de la Guadeloupe. Il ne faut pas que la révolte soit mieux traitée que la fidélité; il est de meilleurs titres à l'indépendance que des massacres, des spoliations et des incendies. Quoi qu'il arrive désormais, l'émancipation de Saint-Domingue a fini le système colonial, et c'est de cette vérité qu'il faut partir.

Ce n'est pas pour les ministres que nous parlons en agitant ces questions importantes, mais pour le trône légitime, pour la France, pour l'Europe monarchique. Les ministres nous entendroient-ils? Ont-ils su ce qu'ils faisoient? Uniquement occupés de leur existence, la baisse d'un centime à la Bourse leur paroît bien plus importante que la création de tout un monde républicain.

On trouvera peut-être que des matières aussi graves mériteroient d'être traitées dans des feuilles moins fugitives que celles d'un journal, on se trompe : dans le temps où nous vivons, on lit peu les livres et beaucoup les ouvrages périodiques, qui suffisent au besoin du jour. Les pensées se communiquent plus vite par ce moyen que par tout autre écrit. Les écrivains seuls ne recueillent aucun fruit de leur travail, et ils peuvent dépenser inutilement pour eux, beaucoup de temps et de talent dans ces combats sans nom et sans gloire : mais il ne s'agit pas des écrivains, et ils doivent immoler leur amour-propre au profit de la société. On se souviendra long-temps des services qu'a rendus *le Conservateur*, et il en reste encore de plus grands à rendre.

Mais quelles sont nos raisons particulières pour tirer l'opposition de son champ de bataille habituel, la Bourse, le syndicat, l'indemnité, et pour la porter dans des régions si élevées ?

Apparemment que nous espérons effrayer les ministres de ce qu'ils ont fait, les amener à quitter leurs places ?

Nous connoîtrions bien mal les hommes, si nous nourrissions une pareille espérance. En général, qui effraie-t-on, et surtout en France, par des prédictions dont l'accomplissement peut n'être pas immédiat ! « Quoi ! nous pourrions être républi-

« cains un jour ? radotage ! Qui est-ce qui rêve
« aujourd'hui la république ? Ne nous disputerions-
« nous pas des places électives ? Dans notre amour-
« propre françois, quel individu ne troubleroit
« l'État pour arriver à la présidence ? La France
« peut-elle jamais devenir un état fédératif ? Le
« monde est las des révolutions ; on n'en veut plus ;
« et si par hasard quelques fous s'avisoient de trou-
« bler le repos public, on sauroit y mettre bon
« ordre. Et enfin, les choses arrivent-elles jamais
« comme on les prévoit ? Que d'événements peuvent
« déranger tous vos calculs ! Les républiques nou-
« velles ne peuvent-elles se déchirer ? etc. »

Voilà ce que nous opposeront le rétrécissement de l'esprit, l'imprévoyance de la légèreté et la pusillanimité de caractère qui fait qu'on ferme les yeux de crainte d'avoir peur ; voilà l'oreiller sur lequel on se rendormira jusqu'au moment du réveil. Peut-être se dira-t-on de plus, intérieurement : « Qu'importe d'ailleurs ? je n'y serai plus. »

Si nous sommes convaincu que cette grande et haute opposition paroîtra fort indifférente au ministère, elle nous est donc suggérée par quelque autre raison *personnelle* ; car il est clair qu'on n'est dans l'opposition que par *intérêt*. Nous aurons apparemment été saisi d'une frayeur subite de la république ; l'ombre sanglante de la Convention nous sera apparue ; nous nous serons vu proscrit de nouveau, et dans notre terreur panique, nous aurons cru devoir sonner l'alarme.

Vous vous trompez encore : et pour donner plus

de poids aux vérités que nous avons énoncées, pour montrer combien elles procèdent de notre amour très désintéressé de la monarchie légitime, nous allons faire notre profession de foi.

Attaché à la famille royale par amour, fidélité, devoir, honneur, nous avons eu le bonheur de lui rendre quelques services, et nous sommes toujours prêt, s'il étoit nécessaire, à faire pour elle des sacrifices que ne feroient pas ceux dont les systèmes sont aujourd'hui écoutés. Partout où sera la couronne, là nous serons : nous vivrons et nous mourrons pour sa cause sacrée.

Attaché à l'ordre monarchique par raison, nous regardons la monarchie constitutionnelle comme le meilleur gouvernement possible à cette époque de la société.

Mais si l'on veut tout réduire aux intérêts *personnels*, si l'on suppose que pour nous-même nous croirions avoir tout à craindre dans un État républicain, on est dans l'erreur.

Nous traiteroit-il plus mal que ne nous a traité la monarchie ? Deux ou trois fois dépouillé pour elle et par elle, l'Empire, qui auroit tout fait pour nous si nous l'avions voulu, nous a-t-il lui-même plus rudement renié ? Nous avons horreur de la servitude ; la liberté plaît à notre indépendance naturelle : nous préférons cette liberté dans l'ordre monarchique, mais nous la concevons dans l'ordre populaire. Qui a moins à craindre de l'avenir que nous ? Nous avons ce qu'aucune révolution ne peut nous ravir : sans place, sans honneurs, sans fortune, tout gouvernement qui ne seroit pas assez stupide pour dédaigner l'opinion, seroit obligé de nous compter pour quelque chose. Les gouvernements populaires surtout se composent des existences individuelles, et se font une valeur générale des valeurs particulières de chaque citoyen. Nous serons toujours sûr de l'estime publique, parce que nous ne ferons jamais rien pour la perdre, et nous trouverions peut-être plus de justice parmi nos ennemis que chez nos prétendus amis. Le temps des ingratitudes républicaines est passé, parce qu'on a reconnu que l'ingratitude est stérile, et, en dernier résultat, funeste.

Ainsi, de compte fait, nous serions sans frayeur des républiques, comme sans antipathie contre leur liberté: nous ne sommes pas roi, nous n'attendons point de couronne ; ce n'est pas notre cause que nous plaidons. Nous aimons à le répéter : notre dévouement à la légitimité est sans bornes, comme sans intérêt personnel. Nous mourrons dans les doctrines les plus sincères du royalisme; royalisme d'autant plus assuré qu'il est dépouillé pour nous de toute illusion, qu'il n'est point fondé sur un penchant servile, et qu'il vient du choix réfléchi d'un esprit sans préjugés politiques. Eh bien ! c'est dans les intérêts de l'ordre monarchique légitime et constitutionnel que nous résumerons en quelques lignes cet article.

La lutte du ministère actuel contre l'opinion est la lutte de l'intérêt matériel de quelques hommes contre l'intelligence humaine : c'est un compte à régler entre le nombre des suffrages et le nombre des idées ; une balance à établir entre l'orgueil de l'ignorance et les lumières de l'esprit. On a essayé de former au milieu de la nation une minorité qui devînt, par sa position, une majorité suffisante à l'existence des autorités du jour ; mais il est arrivé qu'en immolant tout à cette existence, d'ailleurs impossible, le mal que l'on a fait a dépassé le ministère. Il n'est plus question en réalité de ce ministère moralement anéanti, mais de la vie même de la monarchie.

On a dit sous un autre ministère, et à propos de ce ministère : « Que les choses étoient conduites « de sorte, et si bien préparées pour une révolu- « tion, que chacun pourroit un matin se mettre à la « fenêtre pour voir passer la monarchie. »

Nous disons aux ministres actuels : « En conti- « nuant de marcher comme vous marchez, et de « favoriser le système républicain, toute la révolu- « tion pourroit se réduire, dans un temps donné, à « une nouvelle édition de la Charte, dans laquelle « on se contenteroit de changer seulement deux ou « trois mots. »

Paris, le 28 octobre 1825.

Il est loin de notre intention d'entrer en lice avec les chevaliers du ministère. Il y a tantôt une vingtaine d'années que ces champions de l'arbi- traire ministériel, depuis Fouché jusqu'aux espions de nos jours, nous insultent pour notre attachement à des principes généreux. Les pauvres gens ! si jamais nous pouvions et voulions les payer, ils insulteroient demain, en notre honneur et gloire, les hommes qui les nourrissent aujourd'hui.

Un seul raisonnement mérite néanmoins d'être relevé.

Nous sommes républicain, parce que nous avertissons la monarchie qu'on la mène à la république ! Un homme s'avance vers un abîme qu'il ne voit pas ; je le saisis par le bras, je l'arrête au bord du gouffre, et il s'écrie que j'ai voulu l'y précipiter ! Admirable logique de la mauvaise foi et de l'ingratitude ! Un journal indépendant royaliste a très bien fait sentir l'absurdité de ce raisonnement.

Fidèle à la conduite que nous avons toujours tenue depuis la restauration, nous avons cru devoir avertir la couronne des dangers que tous les amis du monarque voyoient, et que personne n'osoit clairement signaler.

Les hommes que l'opinion royaliste trompée a portés au ministère n'auront plus d'excuse à présent. Nous avons levé le bandeau qui leur couvroit les yeux ; et s'ils ne peuvent éviter l'écueil dont ils se sont trop approchés dans les ténèbres, qu'ils abandonnent le gouvernail à des pilotes plus habiles.

On n'a point détruit et l'on ne pouvoit pas détruire ce que nous avons dit de l'influence que doivent avoir les républiques américaines sur le monde monarchique européen. Nous aurions pu entrer à ce sujet dans des considérations beaucoup plus étendues. Quand il n'y auroit que les mines possédées par les nouveaux États populaires, ce seul accident renferme pour eux un principe extraordinaire de puissance. Ils ont dans leur sein les sources de l'or; avec de l'or, on achète des vaisseaux, des armes et des hommes. Il sera donc possible à ces républiques d'avoir des soldats étrangers, à leur paye, en Europe même. Des nègres pourront solder et commander des blancs, faire des descentes sur les côtes de notre continent, pour se joindre à leurs auxiliaires. Carthage n'envoyoit-elle pas des Ibériens et des Gaulois en Italie?

Ces riches républiques américaines pourront encore appeler à elles tous les talents de l'Europe, dans quelque genre que ce soit, et les employer à leur usage. Elles se sont déjà servies de lord Cochrane; et toutes foibles, toutes naissantes qu'elles sont, ne bloquent-elles pas, dans ce moment même, les ports de la vieille Espagne?

La création des nouveaux peuples diminue aussi l'importance relative des anciens peuples.

Autrefois il n'y avoit dans le monde civilisé que l'Europe; dans cette Europe, il n'y avoit que cinq ou six grandes puissances, dont les colonies n'étoient que des appendices plus ou moins utiles.

Aujourd'hui il y a une Amérique indépendante et civilisée; dans cette Amérique il y a six grands États républicains, deux ou trois plus petits, et une monarchie constitutionnelle. Ces neuf ou dix nations, jetées tout à coup dans un des bassins de la balance politique, rendent, comparativement, le poids des monarchies européennes plus léger. Ce n'est plus une querelle entre la France, l'Autriche, la Prusse, la Russie et l'Angleterre, qui fera le destin de la société chrétienne. La diplomatie, le principe des traités de commerce et d'alliance, le droit politique, vont se recomposer sur des bases nouvelles. Les vieux noms, les vieux souvenirs perdent aussi de leur autorité au milieu des récentes générations, au milieu des jeunes espérances d'un univers qui se forme dans d'autres idées.

L'Angleterre souffrira moins que les puissances continentales européennes de cette création nouvelle, en raison de sa liberté, de son industrie, de son commerce et de ses diverses possessions. Elle regarde des deux côtés, les Amériques sur les deux Océans: elle compte dans l'Inde plus de 80 millions de sujets; elle étend ses colonies sur les côtes de l'Afrique, dont elle est au moment de découvrir et de traverser l'intérieur, comme elle explore les régions polaires. Le cinquième continent se peuple par elle; dans l'océan Pacifique elle a créé de plus petits royaumes défendus par une marine, du canon et des forteresses; elles les a créés sur ces mêmes rives habitées, il n'y a pas encore cinquante ans, par les sauvages meurtriers du grand navigateur qui, le premier, nous révéla leur existence.

Que falloit-il faire pour ne pas être envahi en

Europe par la souveraineté du peuple, pour éviter la lutte entre des républiques dans la force de l'âge, et des monarchies affoiblies par le temps et les révolutions? Nous le répéterons jusqu'à satiété, parce que la question étoit là tout entière : il falloit favoriser autant que possible l'établissement des monarchies constitutionnelles en Amérique, et maintenir franchement celles qui existent en Europe. Nous allons montrer, par un grand exemple, la foiblesse de la monarchie absolue et la force de la monarchie constitutionnelle.

En 1701, Louis XIV, le puissant, le glorieux Louis XIV, met son petit-fils sur le trône des Espagnes. Il est obligé de lui fournir des soldats, des généraux et des ministres : Philippe V n'avoit rien trouvé. Charles-Quint avoit renversé les institutions nationales au-delà des Pyrénées, et Philippe II en avoit dispersé jusqu'aux débris.

La monarchie, devenue absolue, marche avec la nouvelle dynastie, et s'enfonce de plus en plus dans l'abîme. Riche de tous les trésors du Mexique et du Pérou, conservant encore des possessions précieuses dans la mer des Indes et dans la mer Atlantique, l'Espagne tombe dans un état de pauvreté et de langueur presque sans exemple. Les provinces d'outre-mer qui devoient augmenter sa puissance lui deviennent un fardeau : après avoir retrouvé un moment de gloire dans son combat contre le conquérant de l'Europe, comme la vie près de s'éteindre jette une vive lumière, cette noble Espagne semble expirer aujourd'hui, dépouillée de superbes colonies qui deviennent des États indépendants.

A peu près dans le temps où un fils de France alla régner à Madrid, un petit électeur d'Hanovre fut appelé au trône de Londres : il y arrive sans appui et sans force extérieure, et soudain il devient un roi puissant. Ses successeurs combattent avec avantage le pavillon de la France ; l'Angleterre perd ensuite des colonies importantes, mais elle est si loin d'être affoiblie par cette perte, qu'elle lutte corps à corps pendant vingt ans avec la révolution françoise, enrôle l'Europe entière sous ses drapeaux, triomphe, et est chargée de garder sur un rocher celui qui avoit enchaîné le monde.

Buonaparte est arrivé à la fin des monarchies absolues comme pour les continuer à force de gloire : l'arbitraire avoit enfanté par un dernier effort ce qu'il avoit de plus brillant pour arrêter les peuples sur la pente de la liberté. Buonaparte a succombé : qui oseroit essayer d'accomplir l'œuvre que n'a pu achever sa main formidable?

L'Angleterre a-t-elle été épuisée par ses efforts gigantesques ? Non. La voilà plus florissante que jamais, qui se rajeunit avec la société, prend la route nouvelle ouverte devant le genre humain, et se place, pour ainsi dire, à la tête des nations que la Providence appelle sur la scène du monde.

Qui a produit cette différence de destinée entre deux grands royaumes, lors de leur changement de dynastie et après ce changement ?

Philippe V rencontra le despotisme en Espagne, et Georges Ier la liberté en Angleterre; l'un trouva la monarchie absolue, l'autre la monarchie représentative.

Nous l'avons, cette monarchie représentative, nous l'avons, grâce à la généreuse race de nos rois légitimes. Gardons précieusement ce don inappréciable de nos dignes souverains : loin de chercher à entraver les institutions qu'ils nous ont octroyées, loin d'en redouter les effets, favorisons le développement de ces institutions, promulguons les lois qui doivent en compléter l'édifice. Que cet édifice, nous l'avons déjà dit, ait la religion à sa base, la couronne à son sommet, et la liberté entre la religion et la couronne, alors nous pourrons, comme l'Angleterre, échapper à l'influence de ce monde républicain, qu'une politique sans prudence a laissé créer devant nous. Jouissons dans la monarchie représentative de toutes les libertés raisonnables que pourroit nous offrir un système populaire ; et nos mœurs, notre caractère, nos habitudes, donneront la préférence à un ordre de choses qui nous assurera la prospérité de l'avenir, sans nous isoler de notre gloire historique, sans briser la chaîne des traditions, sans nous séparer du passé.

Mais qu'on abandonne promptement la route que l'on suit; qu'on ne s'endorme pas; qu'on ne vienne pas se rassurer par l'horreur qu'inspirent les crimes de 1793! La révolution, qui est partout, n'a plus cette couleur effrayante : son masque aujourd'hui est riant, et elle affecte l'air de la monarchie. Si l'on regardoit comme ennemis ceux qui nous dénoncent sa présence, nous pourrions la trouver un matin assise tranquillement dans le palais où on l'auroit laissée pénétrer.

Enfin, que notre roi bien-aimé touche nos maux et guérisse nos plaies avec ce sceptre bienfaisant à qui la France doit toutes ses libertés, depuis Louis-le-Gros jusqu'à Charles X. La légitimité et la monarchie constitutionnelle, voilà nos trésors : qu'ils ne soient pas dissipés par des mains qui n'en connoissent pas la valeur.

Paris, 3 novembre 1825.

Encore une *trêve du roi !*

Paix aujourd'hui aux ministres !

Gloire, honneur, longue félicité et longue vie à Charles X !

On voudroit bien nous faire passer à ses yeux pour des mécréants, des gens suspects, des loups déguisés en bergers, des alliés secrets des jacobins, des demi-révolutionnaires ; on a beau faire, on n'y parviendra pas. Notre prince connoît par le cœur ses amis et ses ennemis : il nous a vu dans son armée, il nous a rencontré à Gand ; il nous rencontreroit demain pour lui sur la brèche s'il y avoit assaut à repousser. Nous avons encore dans les veines quelques vieux restes d'un sang fraternel qui a coulé au pied du trône. On peut nous enlever la faveur, mais il n'est au pouvoir de personne de nous ravir la bienveillance intérieure et l'estime de notre roi : voilà le désespoir de nos ennemis.

Mais nous sommes dans l'opposition : c'est nous qui divisons tout; sans nous, il n'y auroit qu'une seule opinion parmi les royalistes. Qu'on nous donne tous les jours un texte comme celui de la Saint-Charles, et l'on verra si nous disputons quelque chose.

Que pourroit-on dire de notre roi ? Parleroit-on de l'honneur ? il en est le modèle; de la bonté ? cette vertu semble avoir été inventée pour lui; de la vérité ? elle se retrouveroit dans sa bouche si elle étoit perdue sur la terre; de l'humanité ? quel est le malheureux qu'il n'ait pas secouru ? de la générosité politique ? il a aboli la censure et juré la Charte.

C'est à nous surtout, vieux compagnons d'exil de notre monarque, qu'il faut demander l'histoire de Charles X.

Vous autres François, qui n'avez point été forcés de quitter votre patrie; vous qui n'avez reçu *un François de plus* que pour vous soustraire au despotisme impérial et au joug de l'étranger, habitants de la grande et bonne ville, vous n'avez vu que le prince heureux : quand vous vous pressiez autour de lui, le 12 d'avril 1814; quand vous touchiez, en pleurant d'attendrissement, des mains sacrées et libératrices; quand vous retrouviez sur un front ennobli par l'âge et le malheur toutes les grâces de la jeunesse, comme on voit la beauté à travers un voile, vous n'aperceviez que la vertu triomphante, et vous conduisiez le fils des rois à la couche royale de ses pères.

Mais nous, nous l'avons vu dormir sur la terre, comme nous sans asile, comme nous proscrit et dépouillé. Eh bien ! cette bonté qui vous charme étoit la même; il portoit le malheur comme il porte aujourd'hui la couronne, sans trouver le fardeau trop pesant, avec cette bénignité chrétienne qui tempéroit l'éclat de son infortune, comme elle adoucit celui de sa prospérité.

La Saint-Charles succède à la Saint-Louis. Sous quelque nom que l'on cherche nos rois, on rencontre toujours de grands et d'illustres princes : Charlemagne, Charles V le sage, Charles VII le victorieux, Charles VIII le courtois, nous amènent à Charles X le loyal, le bon, le chevalier, et pour tout dire, le chrétien. Notre auguste souverain est pour nous la source des plus touchants souvenirs, comme des plus douces espérances; d'une main il nous présente le passé, de l'autre l'avenir : on ne peut contempler ce pieux monarque sans se rappeler la religion de Louis XVI son frère, la sagesse de Louis XVIII son autre frère, la gloire du dauphin son fils, et la vertu de la dauphine sa fille adoptive. A l'ombre de son sceptre croit aussi, près de sa noble et courageuse mère, cet autre rejeton d'une tige, hélas ! si promptement coupée.

On peut considérer la Saint-Charles de cette année comme la première célébrée en France depuis l'avénement du roi au trône. L'année dernière le roi ne permit pas qu'on interrompît son deuil. Nous-mêmes nous n'aurions pu nous défendre de quelque tristesse. La mémoire du vénérable auteur de la Charte vivra à jamais dans la reconnoissance nationale; mais les bénédictions que nous donnons aujourd'hui à cette mémoire peuvent s'allier avec les témoignages de notre amour pour notre nouveau souverain. Les pompes de Reims ont succédé à celles de Saint-Denis; les réjouissances du sacre se prolongent dans celles de la Saint-Charles.

Si la voix populaire appelle Charles X Charles le loyal, le bon, le chevalier, le chrétien, elle pourroit aussi l'appeler Charles le bien reçu, car c'est un des caractères particuliers du roi que de faire éclater des transports d'allégresse sur son passage. Il arrive en France : quel jour que celui de son entrée dans Paris! Il monte au pouvoir suprême : quelles acclamations au Champ-de-Mars, lorsqu'il y parut moins brillant encore de sa couronne nouvelle que d'une liberté qu'il venoit de rendre à son peuple! Aujourd'hui, offrons au ciel les vœux les plus ardents pour l'enfant de saint Louis, pour l'héritier d'Henri IV.

Souvenons-nous que nous devons la fin de tous nos malheurs au retour de nos princes légitimes; souvenons-nous que nous devons tout, en France, à la race antique de nos rois. Ces rois, nés, pour ainsi dire, avant la nation, en ont été comme les pères; ils l'ont protégée dans son berceau; ils l'ont plusieurs fois délivrée des armes étrangères; ils l'ont formée à la guerre, aux arts, aux lettres, à la politique, à la liberté; ils en ont été tout à la fois les législateurs et les capitaines, et ils l'ont amenée par la main, à travers une longue suite de siècles, à cette grandeur immortelle où elle est parvenue de nos jours. Protecteurs des talents, ils ont fait naître autour d'eux les grands hommes. Buonaparte lui-même fut nourri dans une école royale, comme si sa gloire devoit être encore un fruit de la couronne.

Les bienfaits de Charles X s'accroissent de tous les bienfaits dont nous ont comblés ses aïeux : la fête d'un roi très chrétien est pour les François la fête de la reconnoissance. Livrons-nous donc aux transports de gratitude qu'elle doit nous inspirer! Ne laissons pénétrer dans notre âme rien qui puisse un moment rendre notre joie moins pure! Malheur aux hommes qui ont............! Nous allions violer la trêve! Vive le roi!

Paris, le 7 décembre 1825.

Les deux lettres qu'on va lire, l'une d'un Grec de Napoli de Romanie, l'autre du brave Canaris à son jeune fils, confié aux soins du comité grec, donneront à nos lecteurs une idée des sentiments qui animent aujourd'hui les malheureux Hellènes. Nous ne connoissons rien d'aussi touchant et d'aussi héroïque; et si quelque chose de funeste et d'extraordinaire n'aveugloit, dans ce moment, la politique européenne, rien ne seroit plus propre à lui faire prendre un parti plus prudent et plus généreux.

La postérité pourra-t-elle jamais croire que le monde chrétien, à l'époque de sa plus grande civilisation, a laissé des vaisseaux sous pavillon chrétien transporter des hordes de mahométans des ports de l'Afrique à ceux de l'Europe, pour égorger des chrétiens? Une flotte de plus de cent navires, nolisée par de prétendus disciples de l'Évangile, vient de traverser la Méditerranée, amenant à Ibrahim les disciples du Coran, qui vont achever de ravager la Morée. Nos pères, que nous appelons barbares, saint Louis, quand il alloit chercher les Infidèles jusque dans leurs foyers, prêtoient-ils leurs galères aux Maures pour envahir de nouveau l'Espagne?

L'Europe y songe-t-elle bien? On enseigne aux Turcs à se battre régulièrement; les Turcs, sous un gouvernement despotique, peuvent armer toute la population. Si cette population armée se forme en bataillons, s'accoutume à la manœuvre, obéit à ses chefs; si elle a de l'artillerie bien servie; en un mot, si elle apprend la tactique européenne, on aura rendu possible une nouvelle invasion des Barbares, à laquelle on ne croyoit plus. Cette remarque a déjà été consignée dans une brochure pleine de faits, de talent et de raison, par M. Benjamin Constant. Qu'on se souvienne, si l'expérience et l'histoire servent aujourd'hui à quelque chose, qu'on se souvienne que les Mahomet et les Soliman n'obtinrent leurs premiers succès que parce que l'art militaire étoit, à l'époque où ils parurent, plus avancé chez les Turcs que chez les chrétiens.

Non-seulement on fait l'éducation des soldats de la secte la plus fanatique et la plus absurde qui ait jamais pesé sur la race humaine, mais on les approche de nous. C'est nous, ce sont les chrétiens qui prêtent des barques aux Arabes et aux nègres d'Abyssinie, pour envahir la chrétienté, comme les derniers empereurs romains transportèrent les Goths des rives du Danube dans le cœur même de l'Empire.

C'est en Morée, à la porte de l'Italie et de la France, que l'on établit ce camp d'instruction et de manœuvres; c'est contre des adorateurs de la croix qu'on leur livre, que les conscrits du turban vont apprendre à faire l'exercice à feu. Établie sur les ruines de la Grèce antique et sur les cadavres de la Grèce chrétienne, de ce poste avancé, la barbarie enrégimentée menacera la civilisation. On verra ce que sera la Morée lorsque, appuyée sur les Turcs de l'Albanie, de l'Épire et de la Macédoine, elle sera devenue, selon l'expression énergique du Grec, une nouvelle régence barbaresque. (Voyez la lettre ci-après.) Les Turcs sont braves, et ils ont derrière eux, sur le champ de bataille, le paradis de Mahomet. Dieu nous préserve de l'esclavage en guêtres et en uniforme, et de la fatalité disciplinée!

Et cette nouvelle régence barbaresque, n'en prenons-nous pas un soin tout particulier? Nous lui laissons bâtir des vaisseaux à Marseille; on assure même, ce que nous ne voulons pas croire, qu'on lui cède, pour ces constructions, des bois de nos chantiers maritimes. D'un autre côté, elle achète aussi des vaisseaux à Londres : elle aura des bateaux à vapeur, des canons à vapeur, et le reste. Les Turcs ont conservé toute la vigueur de leur férocité native; on y ajoutera toute la science de l'art perfectionné de la guerre. Vit-on jamais une combinaison de choses plus formidable et plus menaçante !

Sait-on bien ce que c'est, pour les Osmanlis, que le droit de conquête, et de conquête sur un peuple qu'ils regardent comme des esclaves révoltés ? Ce droit, c'est le massacre des vieillards et des hommes en état de porter les armes, l'esclavage des femmes, la prostitution des enfants, suivie de la circoncision forcée et de la prise du turban. C'est ainsi que Candie, l'Albanie et la Bosnie, de chrétiennes qu'elles étoient, sont devenues mahométanes. Un véritable chrétien peut-il fixer les yeux sans frémir sur ce résultat de l'asservissement de la Grèce? Ce nom même, qu'on ne peut prononcer sans respect et sans attendrissement, n'ajoute-t-il pas quelque chose de plus douloureux à la catastrophe qui menace cette terre de la gloire et des souvenirs? Qu'iroit désormais chercher le voyageur dans les débris d'Athènes ? Les retrouveroit-il, ces débris ? Et, s'il les retrouvoit, quelle affreuse civilisation retraceroient-ils à ses yeux? Du moins le janissaire indiscipliné, enfoncé dans son imbécile barbarie, vous laissoit en paix, pour quelques se-

quins, pleurer sur tant de monuments détruits ;
le spahi discipliné, ou le Grec musulman, vous présentera sa consigne et sa baïonnette.

La cour de Rome, dans les circonstances actuelles, s'est montrée humaine et compatissante ; cependant, nous osons le dire, si elle a connu ses devoirs, elle n'a pas assez senti sa force. Qu'il eût été touchant de voir le père des Fidèles réveiller les princes chrétiens, les appeler au secours de l'humanité, se déclarer lui-même, comme Eugène III, comme Pie II, le chef d'une croisade pour le moins aussi sainte que les premières ! Il auroit pu dire aux chrétiens de nos jours ce qu'Urbain II disoit aux premiers croisés (nous nous servons de l'éloquente traduction de M. Michaud, dans son excellente *Histoire des Croisades*) :

« L'impiété victorieuse a répandu ses ténèbres
« sur les plus riches contrées de l'Asie ; Antioche,
« Ephèse, Nicée, sont devenues musulmanes ; les
« hordes barbares des Turcs ont planté leurs éten-
« dards aux rives de l'Hellespont, d'où elles me-
« nacent tous les pays chrétiens. Quelle nation,
« quel royaume pourroit leur fermer les portes de
« l'Occident ? . . . . Quelle voix humaine
« pourra jamais raconter les persécutions et les
« tourments que souffrent les chrétiens ? La rage
« impie des Sarrasins n'a point respecté les vierges
« chrétiennes ; ils ont chargé de fers les mains des
« infirmes et des vieillards ; des enfants arrachés
« aux embrassements maternels oublient mainte-
« nant, chez les Barbares, le nom du Dieu véri-

« table..... Malheur à nous, mes enfants et mes
« frères, qui avons vécu dans les jours de cala-
« mités! Sommes-nous donc venus dans ce siècle
« pour voir la désolation de la chrétienté, et pour
« rester en paix lorsqu'elle est livrée entre les mains
« de ses oppresseurs?..... Guerriers qui m'écoutez,
« vous qui cherchez sans cesse de vains prétextes
« de guerre, réjouissez-vous, car voici une guerre
« légitime ! »

Que de cœurs un pareil langage, une pareille politique, n'auroient-ils pas ramenés à la religion!

Elle eût surtout formé un contraste frappant cette politique, avec celle que l'on suit ailleurs : on refuse tout secours aux Grecs qu'on affecte de regarder comme des rebelles, des républicains, des jacobins, des révolutionnaires; lord Cochrane a pu faire ce qu'il a voulu en Amérique, et on lui ôte les moyens d'agir en faveur de la Grèce.

Jamais, non jamais, nous ne craignons pas de le déclarer, politique plus hideuse, plus misérable, plus dangereuse par ses résultats, n'a affligé le monde. Quand on voit des chrétiens aimer mieux discipliner des hordes mahométanes que de permettre à une nation chrétienne de prendre (même sous des formes monarchiques) son rang dans le monde civilisé, on est saisi d'une sorte d'horreur et de dégoût. Mais qu'on ne s'y trompe pas : on laisse les Turcs égorger les Grecs, quand une seule dépêche diplomatique suffiroit pour leur délivrance. Eh bien ! ce sang chrétien retombera tôt ou tard sur la chrétienté. Que la France particulièrement y réfléchisse : elle a laissé partager la Pologne, qui servoit de barrière aux peuples du Nord, et les Cosaques ont campé dans la cour du Louvre !

(*Traduite du grec.*)

Nauplie (Napoli de Romanie), le 24 août [5 septembre 1825.]

« MON CHER AMI,

« J'ai reçu votre lettre du 25 mai passé dans un
« moment d'embarras. C'étoit l'arrivée du fils du
« pacha d'Égypte avec douze mille soldats bien
« aguerris et bien disciplinés, commandés par des
« officiers habiles, que la fausse civilisation euro-
« péenne a fournis au sectateur de Mahomet pour
« coloniser la Grèce par des enfants noirs de l'Afri-
« que et de l'Arabie, et qui, profitant de quelques
« circonstances intérieures de la Morée, s'est avancé
« jusqu'aux portes de Nauplie, car il est devenu
« sensible au point d'honneur, et il a dû tenir sa
« parole, donnée à un certain commandant, de
« venir le saluer au golfe de l'Argolide. Le preux
« chevalier s'est trouvé présent au poste fixé. Vous
« concevez donc que je ne pouvois vous répondre
« alors, et je devois attendre des jours plus sereins.
« Le pacha s'est retiré, après s'être donné le plaisir
« de brûler Argos. Depuis lors, nos affaires ont
« commencé à prospérer un peu : on a renfermé
« le pacha dans le plateau de Tripolitza, et nos
« guérillas se forment chaque jour davantage à l'art

« d'attaquer un ennemi discipliné. Dans le conti-
« nent de la Grèce, on est parvenu à resserrer
« l'ennemi bien plus nombreux, mais moins disci-
« pliné, dans deux points, celui de Salone et celui
« de Missolonghi, où nos braves luttent à présent
« corps à corps avec des forces triples. La flottille
« grecque n'a eu qu'à se présenter pour faire fuir
« ignominieusement celle du sultan. En Candie, on
« a surpris l'importante forteresse de Graevonsa,
« et l'insurrection s'y propage, de manière que le
« pacha d'Égypte, au lieu d'acquérir le Péloponèse,
« va perdre peut-être l'importante île de Candie.
« Vous voyez donc que la balance penche en notre
« faveur; mais l'ennemi nous menace de ses grands
« renforts qu'il attend, soit d'Égypte, soit de la
« Haute-Albanie et de la Macédoine, et il se montre
« cette année et plus systématique et plus persévé-
« rant; et, ce qui est plus étonnant, il s'appuie sur
« des ingénieurs et des militaires européens. La
« marine marchande européenne nous est tout-à-fait
« hostile : c'est elle qui transporte les troupes de
« l'ennemi, et qui lui fournit des vivres et des mu-
« nitions. La fleur des matelots mahométans est
« composée de chrétiens. Je ne vous parle point
« des cabales et des intrigues étrangères qui ne
« nous laissent pas un moment tranquilles, et ce-
« pendant nous ferons face à tous ces ennemis, soit
« mahométans, soit chrétiens, soit blancs, soit
« noirs. Nous nous flattons qu'à la fin nous triom-
« pherons, et que, malgré la politique cruelle qui
« veut en Grèce une *nouvelle régence barbaresque*,

« nous lui épargnerons cette honte éternelle. Il est
« vrai que cela nous coûte extrêmement cher, et la
« Grèce est dévastée en tous sens. Il ne nous reste
« à présent pas une ville, et nos plantations sont
« abîmées. Mais nous voulons être libres et chré-
« tiens, ou, autrement, nous cesserons d'exister.
« Vous me parlez, dans votre lettre, de parents et
« de propriétés! *Hors de la Grèce armée, un Grec*
« *ne peut plus rien posséder ; et je regarde mes pa-*
« *rents comme morts.* Je ne puis même correspondre
« avec eux. Les Turcs ont pris le parti de mahomé-
« taniser tout le pays sous leur domination; et,
« dans les circonstances actuelles, je ne puis même
« penser aux moyens de faire échapper mes parents
« de mon pays.

« Voilà où nous en sommes réduits. Que le bon
« Dieu maudisse ceux qui ont tant contribué à nos
« malheurs ! »

(*Traduite du grec.*)

De Napoli de Romanie, 5 septembre 1825.

« MON CHER ENFANT,

« Aucun des Grecs n'a eu le même bonheur que
« toi, celui d'être choisi par la société bienfaisante
« (le Comité grec françois) qui s'intéresse à nous
« pour apprendre les devoirs de l'homme. Moi je
« t'ai fait naître, mais ces personnes recomman-
« dables te donneront une éducation qui rend véri-
« tablement homme. Sois bien docile aux conseils

« de ces nouveaux pères, si tu veux faire la con-
« solation des derniers moments de celui qui t'a
« donné le jour.

« Ton père, C. Canaris. »

Ce billet, de l'illustre Canaris, est adressé à cet enfant plein d'esprit et d'intelligence que l'on a vu à la seconde représentation de *Léonidas*, dans la loge de Mgr le duc d'Orléans, et qui a été applaudi avec enthousiasme par toute la salle.

Paris, le 31 décembre 1825.

L'année expire, le rayon de joie qui l'avoit éclairée au moment du sacre s'est promptement évanoui : tous les François, les yeux attachés sur la couronne, attendent que ce phare, qui ne les égara jamais, brille de nouveau pour les sauver au milieu des écueils.

Si ce n'étoit cette espérance, on pourroit être justement alarmé de voir l'année nouvelle s'ouvrir sous les auspices les moins favorables. Les choses se compliquent de manière qu'il devient presque impossible de voir à quelques pas devant soi.

Dans les circonstances difficiles, lorsqu'un État a été conduit habilement à l'extérieur et à l'intérieur, que tout est prospérité dans les finances et union dans les esprits, que l'opinion générale est prononcée en faveur de l'administration publique, que des hommes d'un talent incontestable sont à la tête des affaires, on attend sans crainte ce que l'avenir peut amener. Mais quand le crédit public a été altéré dans sa source; quand des lois funestes ont mécontenté les diverses classes de citoyens; quand l'incapacité des ministres est telle que ces ministres mêmes se la reprochent mutuellement, et qu'elle est avouée de leurs propres créatures; quand ces ministres sont devenus impopulaires au point de gâter toutes les mesures où on leur suppose une influence, quand ils reçoivent des leçons à la barre des tribunaux, et quand l'improbation publique les poursuit jusque sur les théâtres, alors on ne peut s'empêcher d'être alarmé des chances qui semblent menacer le repos de l'avenir.

M. le ministre des finances demandoit cinq ans de paix pour accomplir ses bouleversements; et, dans l'espace de moins d'un an, les deux plus grands événements politiques qui pouvoient arriver dans les deux mondes ont eu lieu : les nouvelles républiques américaines ont été reconnues par l'Angleterre, et l'empereur Alexandre est mort !

Quelle est la politique du ministère? Que pense-t-il de ces deux grands événements?

Pour l'Amérique, que veut-il? Reconnoître les républiques nouvelles ?

Pourquoi n'a-t-il pas essayé de les transformer en monarchies constitutionnelles sous des princes de la maison de Bourbon ? Il fut un moment où la chose étoit possible: le Mexique même l'avoit offert. Le principe monarchique en Europe eût été sauvé. La France, avec ses liaisons continentales, peut-elle aujourd'hui reconnoître franchement les républiques nouvelles de l'Amérique? Le peut-elle tandis que nous occupons encore militairement la Péninsule au-delà des Pyrénées, et que des Bourbons règnent sur les trônes de France et d'Espagne? On devine bien ce que le ministère voudroit, et ce qu'il n'ose faire; le penchant de sa politique est combattu par le sentiment de sa foiblesse. Notre position à l'égard de l'Amérique espagnole est la pire de toutes; car nous ne sommes ni amis ni ennemis : nous avons tous les inconvénients qui résultent des demi-partis, et nous attirons sur nous cette déconsidération de l'étranger, si fatale à l'honneur et à la prospérité des États.

En Europe, comment sommes-nous placés pour attendre les résultats de la mort d'Alexandre? Elle ne produira aucun événement. Dieu le veuille! Et si pourtant elle alloit développer une politique nouvelle, que ferions-nous? Nous verrions, sans doute, le cabinet de Saint-James, moins confiant que nos ministres, augmenter les forces de terre et de mer de l'Angleterre dans la Méditerranée; et nous, songeons-nous à mettre notre armée sur un pied respectable? Une partie de cette armée est au-delà des monts; et, si nous retirons nos troupes, que deviendra l'Espagne? Nos places frontières sont-elles réparées, approvisionnées? Avons-nous un matériel de guerre suffisant? L'argent, où le prendrions-nous? Dans un nouvel emprunt? Mais, après les funestes résultats du système de M. le président du conseil, à quel taux le ferions-nous, cet emprunt, et quelle seroit la garantie des prêteurs? La caisse d'amortissement? Mais la caisse d'amortissement n'est-elle pas livrée au 3 pour 100 de la conversion, tandis que la dette nationale, que les vieux 5 pour 100 en sont privés, et que les 3 pour 100 de l'indemnité périssent? Si, dans ce moment même, les Grecs ne sont pas exterminés, les affaires d'Orient ouvriront une immense carrière à la politique. Aurons-nous l'humiliation d'être les spectateurs impuissants d'une lutte où nous aurions dû être les premiers engagés?

Il faut gémir sur le sort de la France! Quels ministres sont chargés de la conduire à travers tant de périls! quels hommes pour se mesurer à la hauteur des choses qui s'amoncellent autour de nous! Croyez-vous qu'ils songent enfin à s'en éloigner, dans la crainte d'en être écrasés? Loin de là: s'ils croyoient les choses aussi importantes, aussi menaçantes qu'elles le sont, ils les regarderoient comme une heureuse distraction à l'attention publique; ils s'enfouiroient dans la grandeur des événements, et s'y feroient si petits qu'on ne les verroit plus.

Mais ils n'en sont pas même là; ils n'ont pas même l'instinct de la chose du moment, le sentiment de ce qui existe; ils ne comprennent pas la position où nous sommes; ils reposent dans cette sécurité de l'incapacité, qui se contemple dans son mérite et s'admire dans ses œuvres. Qu'ont-ils vu, qu'ont-ils pu voir dans les républiques du Nouveau-Monde, dans la mort d'Alexandre? Des accidents naturels qui ne font rien à la France, qui ne valent pas la peine d'y penser. A quoi songent-ils donc ? A la session prochaine, comme ils songeoient il y a deux mois aux 3 pour 100. Alexandre est mort : peu importe. Il est bien plus essentiel de savoir dans quel esprit ce député arrive du fond de son département ; il faut l'épier à la descente de sa voiture, le prévenir, apaiser son humeur par tous les moyens : cela fait, le ministère est sauvé, et avec le ministère, la France, l'Europe, le monde.

Et c'est au milieu des ténèbres de la politique extérieure que la session va s'ouvrir : que feront et que diront les ministres ? S'ils présentent des lois importantes, seront-elles votées ? M. le président du conseil auroit-il aujourd'hui le crédit de faire adopter un plan de finances quelconque, à moins que ce ne fût un plan qui le condamnât lui-même ? Pourroit-il venir aujourd'hui nous parler à la tribune de ses prévisions, de la certitude qu'il auroit du succès de ses opérations ? Chaque mot tombé de sa bouche feroit rire ou pleurer.

Paris, le 11 janvier 1826.

Il ne faut juger le dernier événement de Pétersbourg ni avec des passions, ni avec des systèmes, mais avec la raison.

Voilà une insurrection militaire pour Constantin, dans la ville, dans le corps de troupes où on lui supposoit le moins de partisans. Ce n'est peut-être qu'une échauffourée qui n'aura aucune suite; mais c'est peut-être aussi un mouvement qui peut se répéter dans toute l'armée, sur tous les points de l'empire, et particulièrement à Moscou, en Pologne et en Bessarabie. Voilà deux mille soldats qui ont un dessein, qui l'exécutent avec ordre, et qui refusent de reconnoître et d'écouter leur empereur Nicolas; des soldats qui se forment en bataillon carré, qui tirent les premiers, et contre lesquels on est obligé d'employer le canon. Au régiment de Moscou viennent se réunir les *leib*, grenadiers, les marins de la garde et le peuple. Le général commandant de Saint-Pétersbourg est tué; deux autres généraux sont blessés. Il est rare que dans une bataille sanglante on perde autant d'officiers supérieurs; le tout finit par la déroute des insurgés: deux cents hommes, nous dit-on, restent sur le champ de bataille; et l'on sait que les bulletins officiels ne comptent pas exactement les morts: on en croira ce qu'on voudra.

Cependant, après la victoire, nous voyons les troupes fidèles obligées de bivouaquer autour du palais impérial pour le garder. Constantin, d'un autre côté, ne paroît pas avoir quitté Varsovie: pourquoi n'a-t-on encore de lui aucun manifeste pour blâmer et apaiser les troubles? Le grand-duc Michel est arrivé à Pétersbourg le jour même où l'on proclamoit Nicolas empereur: ce n'est donc pas sur le message dont il pouvoit être porteur que la proclamation avoit eu lieu? Que renfermoit *le manifeste de Nicolas I*[er]*, pièce qui, très remar-*

quable selon l'Étoile, *expose avec beaucoup de détail et de clarté l'historique de la renonciation de Constantin, et les actes qui la constatent y sont annexés en entier.* Il sembleroit pourtant que cette pièce n'a pas paru assez claire à une partie du peuple et à un grand nombre de soldats, puisqu'ils ont pris les armes. Pourquoi ne nous a-t-on pas donné hier, ou du moins ce matin, cette pièce *remarquable?*

Quelle sera pour l'Europe la conséquence de ce mouvement? une inquiétude fort motivée pour l'avenir: on pourra craindre le retour de ces scènes violentes. La Russie, mêlée désormais au système de l'Europe, ne sauroit être troublée sans que le monde s'en ressente. Qu'il arrive quelque autre accident dans d'autres États, et de cette complication d'événements naîtra une politique nouvelle dans laquelle on sera malgré soi entraîné. La France, avec une partie de son armée en Espagne, avec l'état de son matériel de guerre et la dégradation de ses places frontières, avec son crédit ébranlé et ses déplorables opérations de finances, avec le mécontentement général de l'opinion, avec l'impopularité et l'incapacité de ses ministres, est-elle dans une position à attendre les grands événements que l'on peut prévoir?

Espérons que l'union de la famille impériale de Russie, que les vertus de ses princes étoufferont ces semences de discorde; mais n'est-il pas probable aussi que le cabinet de Saint-Pétersbourg sera obligé de satisfaire l'opinion du pays? Une guerre religieuse et populaire, appelée par tous les vœux des Russes, peut mettre fin, comme dans l'ancienne Rome, aux divisions intestines, et devenir le gage d'une réconciliation complète. Les soldats, occupés ailleurs, n'auront plus qu'à suivre avec joie l'empereur et les princes qui marcheront à leur tête. La Russie a été trop long-temps jouée à Constantinople par une double politique : le sentiment de son honneur comme de sa sûreté finira tôt ou tard par déterminer ses résolutions.

De ces considérations élevées, n'est-ce pas trop descendre que de retomber à notre ministère ? Que pense-t-il de tout cela ? Rien. Qui sait pourtant ? Il voit peut-être des raisons de sûreté pour lui dans les troubles extérieurs. Si les nations se battent au dehors, on nous dira que c'est le moment de rester tranquille, le moment de faire le mort pour profiter de ces divisions; on nous dira que si l'on marche vers l'Orient, ou si l'on s'agite à Varsovie, on ne viendra pas nous troubler chez nous. Nos grands ministres croient peut-être que la France, dans une monarchie représentative, avec un gouvernement public, peut s'anéantir au milieu des peuples, laisser, s'il y a lieu, partager la Grèce, et se tapir sous le portefeuille de M. le président du conseil. Ils sont gens à rêver cela, à s'applaudir de la profondeur de leur politique. Ils bravent pour leur compte tous les événements : ils n'ont pas besoin de se courber pour les éviter, leur petitesse leur permet de passer dessous; mais du moins devroient-ils songer au trône, qui, plus élevé, peut se trouver exposé à la violence de la tempête.

En attendant, remercions nos rois de nous avoir donné ces institutions qui ne font pas dépendre le sort de la couronne et celui des peuples du caprice d'une garde prétorienne; ces institutions qui établissent dans l'État une autre force que la force des baïonnettes; ces institutions où les intérêts publics, publiquement discutés, enseignent à tous leurs devoirs, et apprennent à chacun ses droits. Ce sont pourtant ces institutions, aussi utiles au trône qu'à la nation elle-même, contre lesquelles des hommes sans jugement conspirent: l'absolutisme leur semble le chef-d'œuvre de l'esprit humain, la censure le port de salut. Ils appellent de tous leurs vœux, ils favorisent de toutes leurs intrigues un ordre de choses qui mèneroit en peu de temps à la perte de la monarchie légitime.

Paris, 19 juillet 1826.

Nous avons exprimé nos regrets sur la manière dont la session a fini à la Chambre des pairs. Depuis douze ans la noble Chambre elle-même fait entendre les mêmes plaintes et les mêmes réclamations au sujet du budget. Il est dur de voter un milliard sans oser demander les améliorations que l'on croiroit nécessaires, dans la crainte de ne plus trouver personne à la Chambre des députés, ou d'entraver le service public.

Nous avons déjà remarqué que M. le président du conseil a répondu dans les dernières séances de la Chambre héréditaire comme il répond presque toujours, c'est-à-dire qu'il n'a répondu à rien. Il est venu, à propos des affaires de la Grèce, lire une lettre de M. le contre-amiral de Rigny, qui disculpe les François d'avoir pris part à un négoce infâme; mais l'auteur de l'amendement adopté par la Chambre des pairs avoit-il accusé les François ? N'avoit-il pas dit, au contraire : « Je veux croire « qu'aucun navire françois n'a taché son pavillon « blanc dans ce damnable trafic ; qu'aucun sujet « des descendants du saint roi qui mourut à Tunis « n'a eu la main dans ces abominations : mais quel « que soit le criminel, que je ne recherche point, « le crime certainement a été commis. Or, il me « semble qu'il est de notre devoir rigoureux de le « tenir au moins sous le coup d'une menace. »

La lettre explicative de l'ancien ministre des affaires étrangères, citée par M. de Rigny, avoit déjà été citée textuellement par les journaux ministériels. Que disoit-elle, cette lettre ? Rien que de très naturel : qu'il ne falloit pas prendre un pacha qui voyage paisiblement avec ses esclaves, ou qui les envoie d'un port à l'autre sous un pavillon chrétien, pour un marchand qui vend de malheureux prisonniers de guerre et qui fait la traite des blancs. Il n'étoit pas question, dans l'amendement adopté, des canons qui ont foudroyé Missolonghi ; M. le président du conseil a donc battu la campagne. Que ne répondoit-il plutôt à l'article des vaisseaux de guerre bâtis à Marseille pour le pacha d'Égypte, sous le prétexte d'une odieuse neutralité? Que ne s'attachoit-il à prouver que la caisse militaire d'Ibrahim n'a pas été portée par un bâtiment françois d'Alexandrie en Morée, et qu'il dise si cet argent de moins pour la solde des troupes égyptiennes n'auroit pas pu changer le sort de la campagne?

La vérité est que M. le président du conseil a été vivement blessé de l'amendement en faveur des Grecs, non par le côté matériel qu'il affecte de défendre, mais par le côté politique. Il a très bien senti que la Chambre des pairs, en se prononçant dans cette question, condamnoit la diplomatie du ministère, et donnoit le signal à l'opinion européenne. En effet, la chose est arrivée ainsi : c'est depuis le vote de la Chambre des pairs que l'enthousiasme pour la Grèce a réveillé les princes chrétiens et forcé les gouvernements à désavouer, du moins des lèvres, si ce n'est du cœur, une politique aussi misérable que barbare.

Rien de satisfaisant en réponse aux calculs de M. le comte Roy : quand un homme aussi habile que ce noble pair se croit obligé d'annoncer qu'il tait une partie des maux qu'il voit; quand le noble comte, qui s'est retiré de la caisse d'amortissement pour ne pas mentir à ses principes, garde un douloureux silence; quand un noble baron signale les dangers de notre position extérieure, sans qu'on daigne s'expliquer sur cette position, on est obligé de convenir que l'on est conduit par cette espèce de despotisme de l'incapacité entêtée qui, bravant les forces morales, se retranche dans le fait de son existence physique.

M. le président du conseil a parlé de ses ennemis : en Angleterre, un ministre parle de ses adversaires ; car, lorsqu'il a des ennemis, et des ennemis nombreux, il est un inconvénient pour le monarque, un obstacle au gouvernement, et il se retire. Mais quels sont donc les ennemis que M. le président du conseil veut signaler ? Seroit-ce par hasard ses anciens amis ? A-t-il rejeté leur personne et renié leurs principes de manière à les obliger de s'éloigner de lui ? A-t-il porté les premiers coups, et ne fait-on que les lui rendre ? S'est-il imaginé qu'il pouvoit changer d'opinion, rompre les liaisons les plus intimes, blesser l'amitié et l'honneur, frapper au hasard sur tous les royalistes, sans distinction de talents, de services, de position sociale ; commettre des fautes de toutes les espèces, se contredire à toutes les phrases comme dans tous les faits ? S'est-il imaginé qu'il pouvoit agir de la sorte, et que tout cela seroit trouvé bon, parfait, admirable ?

Il fut un temps où M. le président du conseil n'avoit à combattre que cette opposition naturelle qui éclaire le pouvoir. L'immense majorité du public étoit pour lui ; il trouvoit dans ses amis cette partie de popularité qui lui manque, et qui lui manquera toujours. Il vivoit en paix et en joie sous le bouclier d'une opinion que lui apportoient des hommes qui disposent à tort ou à raison de cette opinion. Qu'il descende maintenant dans sa conscience; qu'il se demande quand et comment les divisions ont commencé! depuis quelle époque les vieux serviteurs du roi et les amis des libertés publiques se sont à la fois retirés de lui! Qu'il dise si depuis le jour de l'isolement volontaire où il s'est placé, il a eu un seul moment de repos! Il a conservé le pouvoir; mais quel pouvoir! et à quel prix l'a-t-il acheté!

Avant la session, il se flattoit d'avoir la majorité dans les Chambres; il faisoit déclarer par ses journaux, dont il vient de parler lui-même avec tant de mépris, qu'il dédaignoit l'opinion extérieure; que c'étoit à la tribune qu'il solderoit tous ses comptes; que la majorité des votes dans les Chambres le dédommageroit des suffrages qu'il ne pouvoit obtenir à l'extérieur. Et il n'a rien payé à la tribune; et il n'a point eu la majorité décisive sur laquelle il comptoit. Les lois principales n'ont pu passer : la loi sur les délits commis dans les échelles du Levant a été retirée, parce qu'un amendement généreux y avoit été introduit; la grande loi des successions a été perdue, et la Cour des pairs n'a point étouffé le procès des marchés Ouvrard.

Voilà donc le ministère remis entre les mains de l'opinion publique, par l'opinion legislative, plus nu, plus foible, plus pitoyable qu'il ne l'étoit encore avant l'ouverture de la session.

Lorsqu'on jette les regards dans l'intérieur de la France, tout afflige : querelles religieuses, division des royalistes, ingratitude et corruption érigées en système, malaise général, inquiétude des esprits, incertitude de l'avenir; au dehors, on cherche en vain des consolations. La noble nation de saint Louis tourne un regard attristé vers l'armure dont elle s'est dépouillée après tant de combats, et se demande comment on n'a pu puiser dans la seule vue de ce trophée une politique digne de sa gloire.

Qui mène le monde aujourd'hui, en supposant que le monde n'aille pas tout seul? Ce n'est certainement pas la France. Depuis 1824, nous nous sommes placés à la suite de l'Angleterre, sans tirer du moins de cette politique les avantages matériels qu'y trouvent nos orgueilleux patrons. Ainsi, quand on a vu la Grande-Bretagne proclamer de si beaux principes de liberté au sujet des colonies espagnoles, et désavouer ces mêmes principes relativement à la Grèce, nos ministres, qui ne nous faisoient pas profiter du commerce des nouvelles républiques espagnoles, se sont montrés fièrement ennemis subalternes des Grecs. La borne de leur vue ne leur permettoit pas de découvrir les motifs des contradictions britanniques.

Pourquoi, dans la question de la Grèce, le cabinet de Saint-James favorisoit-il les idées du cabinet autrichien? C'est que l'Angleterre étoit alors dominée par son esprit d'opposition à la Russie. Mais pour nous, n'étoit-il pas absurde d'entrer dans cette politique? Nous devions être Grecs, non-seulement par humanité, par religion, par honneur, par mille sentiments généreux; mais nous devions l'être encore par tous les intérêts militaires et commerciaux de la France.

Vous verrez toujours l'Autriche et l'Angleterre, malgré la différence de leur politique de théorie, s'unir dans la politique pratique, par la raison qu'elles ne peuvent rien l'une contre l'autre, et que, rivales de la France et de la Russie, elles augmentent leur pouvoir par leur union. Cette seule observation prouve, pour quiconque a deux idées diplomatiques dans la tête, que notre alliance naturelle est ailleurs. La Prusse et la Russie nous sont unies par convenance; nous pouvons entrer dans leur politique pratique sans admettre leurs théories politiques, comme l'Angleterre penche vers l'Autriche, sans partager les haines anti-constitutionnelles, d'ailleurs très récentes, du prince de Metternich.

Un ministère qui perd de vue ou qui ignore la position dans laquelle les traités de 1814 et de 1815 ont laissé la France et les puissances alliées, devroit, s'il a quelque pudeur, renoncer aux affaires. La Russie s'est agrandie de presque toute la Pologne, de la Finlande et des postes militaires au revers du Caucase; la Prusse vient jusqu'aux limites de notre sol; les Pays-Bas s'enferment dans une ceinture de forteresses, et ces forteresses, bâties en partie avec l'argent des alliés, sont des espèces de têtes de pont, d'ouvrages avancés que l'Europe a sur Paris, dont elle a appris le chemin; l'Autriche a englouti Venise, et domine le reste de l'Italie; l'Angleterre a gardé, dans la Méditerranée, Malte et les îles Ioniennes; dans l'Océan, le cap de Bonne-Espérance et l'Ile-de-France : maîtresse ainsi des ports de la Méditerranée et des mers de l'Inde, elle embrasse tout l'Orient.

Rentrée dans ses anciennes limites, la France a perdu, avec ses colonies, quelques-unes des places qui faisoient sa sûreté : plus de quarante-cinq lieues de ses frontières sont totalement ouvertes à l'ennemi.

Et c'est dans une pareille position que nous ne savons ni profiter des bonnes chances, ni choisir les alliances qui diminueroient contre nous le nombre des chances fâcheuses ! Favorables en théorie à la politique autrichienne, favorables en pratique à la politique angloise, nous faisons tout juste le contraire de ce qu'il faudroit faire. Nous devrions nous rapprocher de l'Angleterre par nos théories constitutionnelles, et nous en éloigner par nos intérêts matériels; ou bien, adoptant un système complet, nous devrions reconnoître l'indépendance des colonies espagnoles, et plus conséquents que l'Angleterre, nous déclarer en même temps pour l'indépendance de la Grèce.

Il est possible que la politique européenne soit au moment de changer relativement aux Hellènes. Et nous, très humbles amis de nos voisins, nous qui ne voulons pas nous troubler la tête de tant de choses, nous ferons comme on fera.

Maintenant il n'est plus possible de dire que les Hellènes sont des révoltés, des révolutionnaires, ni même des républicains. L'assemblée nationale

17.

de la Grèce a décrété que le gouvernement de la Grèce seroit une monarchie constitutionnelle. Nous convenons que cela est encore assez malsonnant. Pourquoi cette assemblée n'a-t-elle pas voté un bon despotisme, bien conditionné, avec l'accompagnement obligé de la censure, le droit d'appréhender au corps quiconque s'avise de penser? Alors quelque légitimité chrétienne auroit consenti à remplacer la légitimité turque. Comme cela, les principes auroient été conservés dans toute leur pureté, et l'on auroit visité les ruines d'Athènes sous la protection des espions de police, tout aussi bien que sous la sauvegarde des eunuques noirs.

Quoi qu'il en soit, des ministres étrangers semblent avoir adopté ce projet de note collective et d'intervention commune, qui n'est pas d'eux, et qu'ils avoient d'abord dédaigneusement repoussé. Si les Grecs peuvent encore tenir une campagne, il est possible qu'ils échappent à leur ruine; alors nous ne serions pas étonnés de voir notre ministère déposer le turban pour la croix, se placer dans les bagages de l'opinion populaire triomphante, et se vanter à la cantine d'avoir remporté la victoire. Si l'Angleterre surtout devient grecque, il sera grec, sans avoir l'honneur ou le profit du salut de la Grèce.

Par le mouvement de cette grande politique des choses, qui écrase aujourd'hui la petite politique des hommes, voici qu'un gouvernement libre est sur le point de reparoître à Lisbonne. Nos ministres l'avoient-ils prévu? Hélas! qu'ont-ils imaginé au-delà des 3 pour 100? Dans cette question, ils suivoient encore l'Angleterre; mais ce seroit une erreur de croire que l'Angleterre ait poussé à l'établissement des Cortès en Portugal. Nous savons, de science certaine, que la Grande-Bretagne s'étoit toujours repentie d'avoir laissé s'établir un gouvernement constitutionnel à Lisbonne, parce qu'elle trouve dans une représentation nationale des obstacles à ses intérêts. Ce furent les Cortès qui renvoyèrent les Anglois officiers dans l'armée portugaise, qui détruisirent les priviléges que l'Angleterre s'étoit fait donner pour l'exportation des vins de Porto et l'importation des marchandises angloises.

Le cabinet de Saint-James ne se soucie des Chartes étrangères qu'autant qu'elles favorisent ses marchands. M. Canning, si long-temps ennemi de notre révolution et des radicaux de son pays, a cherché la popularité industrielle; voilà tout. Sa politique n'est point romantique; il a rudement déclaré à l'Espagne que l'Angleterre n'avoit jamais pris les armes pour les Bourbons, et il a tout aussi rudement fait arrêter les secours que l'on préparoit sur la Tamise pour les Hellènes. Pourvu que son pays soit libre, il fera tout aussi bien servir à la prospérité de l'Angleterre l'esclavage des nations que l'indépendance des hommes. Il préfère Bolivar au Grand-Turc; mais il sera contre les Grecs avec les marchands de Londres, comme il sera pour les républiques espagnoles avec les marchands de Liverpool. Si la fortune change et amène d'autres intérêts, il sera pour les Grecs et contre les républiques. Selon le caractère du mouvement de la Colombie, il restera ce qu'il est aujourd'hui, ou deviendra un autre homme.

Or, comme il est plus aisé d'asservir une petite cour despotique et d'acheter un ministre favori que de corrompre une assemblée nationale, la politique de l'Angleterre ne s'opposoit point du tout à la politique autrichienne à Lisbonne depuis l'abolition des Cortès. Et voilà aussi pourquoi, par la raison opposée, la France faisoit bien, en 1823, de favoriser auprès du vieux roi, prince d'ailleurs très généreux, le rétablissement d'un gouvernement constitutionnel. On peut donc regarder la constitution dont on parle pour le Portugal comme le résultat des opinions personnelles de l'empereur du Brésil : notre ministère, que l'Angleterre n'aura pas prévenu, parce que l'Angleterre ne se mêloit point de cette constitution, aura été tout aussi ébahi de la nouvelle qu'incapable d'en calculer les suites. Ces suites peuvent être immenses par rapport à l'Espagne, si toutefois quelque intrigue secrète ne parvient à entraver l'exécution du noble dessein de don Pèdre.

Que conclure de tout ceci? Que nous n'occupons, ni par la force des idées, ni par l'ascendant moral, ni par la puissance des armes, le rang que nous sommes destinés à occuper en Europe. Le ministère auroit fait à l'extérieur une France semblable à lui-même, chétive, petite, humiliée, si la France pouvoit jamais perdre sa grandeur. Nos hommes d'État, qui, dans l'intérieur de la France, marchandent sans honte des procès et frappent sans pudeur des gens de bien, feroient mieux de transposer leur politique : qu'ils emploient au dehors leur argent et leur arrogance, et qu'ils se soumettent au dedans à l'empire de l'opinion.

Une chose les trompe: c'est cette prétendue bienveillance qu'ils croient rencontrer dans les cours, et dont ils se vantent à la tribune; ils ne voient pas que l'Europe est gouvernée aujourd'hui par des princes ou par des ministres qui ont traversé la révolution, et qui tous veulent, plus ou moins, jouir en paix des derniers jours de leur existence; ils ne voient pas que les États n'ont point encore réparé le désordre de leurs finances, et qu'il ne leur convient pas d'agir. De là la politique à l'ordre du jour renfermée dans cette phrase, que répètent à l'envi tous les cabinets: *Conservons, avant tout, la paix en Europe!* Un ministère qui dit à son tour : « Ne remuons pas, à cause de mes 3 pour 100, « de ma bourse, de mon syndicat, de mon in-« demnité, et surtout à cause de ma place, » est un ministère qui, dans toutes les dépêches des cabinets étrangers, doit lire autant d'éloges que la France lui donne de témoignages de son improbation.

Mais la nature s'arrête-t-elle? Mais les idées restent-elles stationnaires? Mais les peuples se taisent-ils ? Mais les lumières sont-elles tout à coup étouffées? Non : en Europe, les vieilles générations sont prêtes à disparoître; en Amérique, des nations nouvelles se forment, et cette Amérique, qui a reçu de nous des constitutions, nous les renvoie. Le mouvement est donné, et ne sera point suspendu ; nous serons surpris, au milieu des divisions politiques et religieuses que le ministère a fait naître, par des révolutions qui seront les dernières de l'ancien ordre de choses. Ces révolutions arrivent ; elles sont à notre porte. Puisque nous refusons de prendre pour pilotes le talent, la raison, le bon sens et l'expérience, il ne nous reste qu'à nous abandonner, les yeux fermés, à la tempête : nous n'avons pas voulu conduire les événements ; nous serons conduits par eux.

―――

Paris, le 11 octobre 1826.

L'intérêt que nous portons à la cause de la Grèce nous avoit empêché jusqu'ici de parler des négociations entamées par les cabinets. Nous savions très bien que la voix de la raison commençoit à se faire entendre : aujourd'hui que des feuilles publiques ont laissé transpirer quelque chose de ce changement d'opinion, nous pouvons dire qu'en effet le changement a lieu, mais qu'il est encore loin d'être arrivé à un résultat. Ce que l'on propose, ou proposera, est-il acceptable par la Porte ou par les Grecs ? Il n'y a, jusqu'à présent, de certain, dans tout cela, que le triomphe de l'opinion des peuples. Il est fâcheux pour les gouvernements de n'avoir pas pris l'initiative dans une pareille question.

On a traité de jacobins et de révolutionnaires

les hommes qui ont élevé la voix en faveur de ces millions de chrétiens que les puissances chrétiennes laissoient égorger, et maintenant on adoptera les plans ou une partie des plans présentés par ces mêmes hommes! On viendra essayer, peut-être trop tard, et avec des demi-mesures, ce qu'on auroit opéré facilement au commencement des troubles de la Grèce! On aura laissé massacrer des milliers d'individus de tout âge et de tout sexe dans le cher espoir du rétablissement de la tyrannie mahométane; et à présent qu'il est démontré qu'on peut dépeupler la Grèce, mais non la soumettre, on viendra *humainement, charitablement, chrétiennement,* tendre la main au reste des victimes : on auroit désiré qu'elles restassent esclaves ; elles ont la folie de préférer la liberté : qu'y faire ?

Nous avons dit dans un autre article que nos ministres étoient gens à se *vanter à la cantine* d'un succès qui ne seroit pas le leur : notre prédiction se vérifie. Vous verrez que le salut de la Grèce, si jamais la Grèce est sauvée, sera sorti de leur génie. Admirez déjà les symptômes d'humanité : on a mis à la disposition d'un préfet quelque argent pour les familles fugitives jetées sur nos rivages. Si l'on eût accordé aux Hellènes, pour se défendre, le secours qu'on ne peut guère leur refuser dans l'exil, le calcul eût été meilleur : ils ne seroient pas restés à la charge du gouvernement : Missolonghi eût été sauvé. Mais on aime mieux jeter un morceau de pain à un Moraïte proscrit que de donner un mousquet à un Grec libre.

Quoi qu'il en puisse advenir des négociations entamées, soit que M. le président du conseil convertisse en 3 pour 100 la liberté de la Grèce comme celle de Saint-Domingue, et qu'Athènes paie une indemnité à Sa Hautesse ; soit que tout se réduise à des pourparlers sans résultats, les gens de bien qui, dans les diverses parties de l'Europe, ont plaidé une cause sainte au milieu de toutes les calomnies, ces gens de bien doivent se réjouir : si la chaîne de la Grèce est brisée, cette délivrance sera leur ouvrage. Ils trouveront dans un succès dû à l'opinion qu'ils ont formée par leur persévérance la récompense de leurs efforts. Ne cessons jamais de réclamer les droits de la justice, lors même que nos intentions sont méconnues, lors même que la sottise, l'hypocrisie, l'envie, affectent des craintes ou des airs dédaigneux. Tôt ou tard la vérité triomphe, et ceux qui lui faisoient obstacle sont renversés par le mépris public, ou emportés par le cours du temps.

Paris, le 20 octobre 1826.

Nous nous sommes jusqu'ici abstenu de parler du ministre étranger qui, depuis un mois, habite Paris : son séjour se prolongeant, notre silence finiroit par paroître de l'affectation ; force nous est donc de le rompre.

Nous ne voulons pas manquer aux convenances de l'hospitalité, mais nous ne pouvons aussi partager l'espoir qui a valu à ce ministre la faveur d'une opinion qui pourroit, en dernier résultat, se trouver trompée. Nous ne voyons pas partout la *perfide* Angleterre, mais aussi nous ne voyons pas partout l'Angleterre *bienveillante*, et marchant à la tête des libertés du monde. Nous pensons que toute sa *bienveillance* est dans son intérêt : aujourd'hui pour les colonies espagnoles, demain contre elles, s'il y a lieu; témoin sa conduite envers la Grèce. Si on ne part de ce point, on sera déçu, et l'on regrettera de s'être précipité dans des éloges qu'il faudra rétracter.

Les journaux anglois nous mettent d'ailleurs à l'aise pour la franchise; ils disent ce qu'ils pensent des choses et des individus de la France avec une liberté que nous imiterons, à la grossièreté près. Ils ouvrent leurs colonnes à des *correspondances privées,* que des journaux françois n'accepteroient jamais, si d'ailleurs les Anglois pouvoient, comme nous, se calomnier les uns les autres dans des gazettes étrangères.

Tout le monde connoît la vie publique de l'hôte célèbre qui est venu nous visiter, ses talents comme poëte, comme écrivain, comme orateur et comme politique. Laissant le passé de côté, nous dirons, quant au présent, qu'il y avoit, ce nous semble, pour l'Angleterre, autre chose à faire que ce que le ministère anglois a fait. Nous pensons qu'il pouvoit favoriser les libertés publiques dans l'Amérique espagnole, sans exposer en Europe les principes sur lesquels repose la triple monarchie d'Édouard-le-Saxon, de Guillaume-le-Normand et de Guillaume-le-Hollandois. Nous croyons qu'on pouvoit ouvrir des débouchés au commerce de la Grande-Bretagne dans le Nouveau-Monde, sans amener la catastrophe industrielle dont l'Angleterre a été et est encore victime; nous croyons qu'on pouvoit réformer le système des douanes des trois royaumes sans être obligé de reculer, comme on l'a déjà fait, et sans produire une diminution notable dans l'impôt : voir vite et voir loin sont deux choses. Qu'il renaisse en Angleterre des Burke, des Fox et des Sheridan, et nous pensons qu'une telle opposition auroit bientôt trouvé le côté foible du nouveau système !

Mais cela n'est pas notre affaire. Le public françois se contente de demander dans quel dessein le très honorable ministre anglois est venu à Paris. Dans notre opinion, il n'est venu dans aucun dessein particulier : il regarde autour de lui, il profite de son voyage pour voir où nous en sommes dans ce pays, pour se faire une idée des partis et des opinions, de ce qu'il y a à craindre ou à espérer de la France, pour étudier la capacité, les talents et le caractère des personnages en pouvoir. Sous tous ces rapports, il doit être content. On lui dit tous les jours que nos hommes d'État resteront éternellement en place : que peut-il désirer de mieux ? Si c'est là notre secret, si le ministre d'une puissance peu amie emporte ce secret, le voilà certes bien à l'aise, ce ministre, pour se conduire en Europe comme il voudra, sans s'embarrasser de la France.

Mais ne fait-on rien autre chose dans l'intérieur des cabinets ? Si l'on savoit à quoi se réduisent les mystères de la diplomatie, on s'en soucieroit moins, et souvent on en riroit. On cause vraisemblablement, dans les rencontres fortuites ou préparées, de toutes sortes de choses; beaucoup moins du Portugal qu'on ne le pense; un peu plus de l'Espagne, afin de l'amener, si faire se pouvoit, à reconnoître l'indépendance de ses colonies, vieux plan qui depuis trois ans traîne dans toutes les chancelleries de l'Europe. On parle peut-être davantage de la Russie, et surtout à cause des coups de canon qu'elle vient de tirer. Qui sait où porte un boulet lancé par une puissance qui compte une armée de sept cent mille hommes ? Peut-être, forcé par le cri des peuples, s'occupe-t-on de la pacification de la Grèce : c'est encore, peut-être, quelque vieux plan d'*hospodarat*, qui se changeroit selon l'occasion en *protectorat*. On laisseroit la Russie occuper (si la Turquie ne l'a pas déjà satisfaite) la Valachie et la Moldavie; l'Angleterre *protégeroit* la Grèce; et nous, nous écririons peut-être des dépêches pour offrir nos bons services à tout le monde, sans demander un village ou une obole. Verroit-on jamais rien de plus désintéressé, de plus bénin, de meilleur pour la sûreté de la France, s'il y avoit quelque vérité dans tous ces *on dit?*

Mais avons-nous besoin de quelque chose, et n'avons-nous pas nos 3 pour 100 pour les présenter à nos amis et à nos ennemis ? En faut-il davantage à la gloire de M. le président du conseil et à la nôtre? Voyez monter ces 3 pour 100 que l'on disoit frappés de réprobation : ils sont déjà, après un an de sueurs et de travaux, à 68; il ne reste plus que 7 à gagner pour arriver à 75, hausse qui ne profiteroit pas aux pauvres premiers convertis qui se sont dépêchés de revendre dans la descente à 60. Mais n'est-il pas certain que si, pendant quelques années, on sacrifie encore la caisse d'amortissement aux 3 pour 100, et que le syndicat et les banquiers cosmopolites continuent à les remorquer, il faudra bien que ces 3 pour 100, bon gré, mal gré, soient amortis, et que la dernière inscription de cette rente soit nécessairement achetée, à la volonté du vendeur, à 100 et au-dessus par la caisse d'amortissement? Alors, qui pourra nier que les 3 pour 100 se soient élevés par le *crédit public* au pair du 5? Oh la belle opération! 80 millions sacrifiés pendant plusieurs années à l'amortissement de 20 millions de rentes en 3 pour 100! Quel génie il a fallu pour enfanter cette œuvre financière!

Et le milliard des émigrés, que devient-il? Si l'on prenoit une moyenne proportionnelle entre les sommes réclamées et les sommes à réclamer, les demandes pourroient s'élever de 12 à 1500 millions; et l'on a tout juste un milliard à donner en *principe*.

Ce milliard en *théorie*, étant en 3 pour 100 en *pratique*, et ces 3 pour 100 de l'émigré ne se vendant pas au-dessus, et peut-être se brocantant au-dessous de 60, le milliard se trouve réduit à 600 millions, sur lesquels il faut défalquer les fonds de réserve : somme totale, 400 ou 450 millions; et il faudroit peut-être, pour un acquittement tolérable, une somme d'un milliard 500 millions. Oh la belle opération! quel succès! quel génie!

Et l'indemnité de Saint-Domingue? 30 millions reçus sur 150 à recevoir, reste 120 millions que vraisemblablement on ne touchera pas sitôt. Oh la belle opération! quel succès! quel génie! Tout cela ne fait rien à M. le président du conseil; et s'il meurt jamais politiquement, il compte expirer sur un monceau de boules blanches, comme Vert-Vert sur un tas de dragées.

D'ailleurs, détracteurs que nous sommes, rivaux mordus du serpent de l'envie, ne devons-nous pas voir la prospérité dans la plus-value de l'impôt? qu'avons-nous à répondre?

Rien du tout, si c'est le ministère qui a fait la terre, l'air, l'eau et le soleil de la France; si c'est lui qui a fait la Charte, où repose dans les libertés publiques un fonds de prospérité que l'on ne peut nous ravir, si le filon de nos richesses naturelles et industrielles est abondant. Les impôts, qui, grâce au temps, ne nous manquent pas, exploitent merveilleusement ce filon : reste à savoir s'il est inépuisable. Voulez-vous qu'il y ait encore une plus grande plus-value dans l'impôt, ajoutez une taxe à toutes celles dont nous sommes écrasés, et vous aurez le plaisir de publier à chaque trimestre la preuve de la prospérité de la France : ce jeu-là pourroit réussir quelques mois; mais après!

Voulez-vous savoir où en est la prospérité produite par les opérations du ministère? Supposez demain l'apparence d'une guerre pour la France, et vous verrez ce que deviendra toute cette machine financière, construite à si grands frais et si déplorablement inventée ! Vos fonds tomberont, vos impôts diminueront, et il ne restera que le néant d'un système financier où tout est illusion, fantasmagorie et réelle misère.

La France est dans ce moment tranquille pour des regards qui ne veulent pas plonger au fond des choses; mais il n'y a pas deux hommes qui aillent ensemble : la France paie l'impôt; mais chaque jour la position des propriétaires s'empirera. La France est mâle et robuste; mais pourtant ses enfants guerriers sont dégoûtés du service militaire. La France a encore des forteresses; mais elles croulent de toutes parts. La France pourroit jouer un rôle important en Europe; mais elle suit la politique la moins propre au sentiment de sa force.

Cette France, que des adulateurs à gages veulent voir si paisible, est remplie des éléments de troubles que le ministère y a jetés; elle s'avance vers l'avenir le plus obscur et peut-être le plus orageux : mais elle dort en marchant, et la flatterie et la sottise prennent ce dangereux sommeil pour du repos. Les talents qui consoloient notre belle patrie s'éteignent tour à tour; quelque chose d'étroit nous étouffe : cet état est trop opposé au tempérament de la France pour qu'il dure long-temps.

Aussi sommes-nous à l'apogée de cette prospérité

ministérielle, objet de l'admiration des valets du pouvoir : cette prospérité ne peut plus que descendre. Les élections viendront dans deux ou trois ans ; et quand elles ne viendroient pas, nous vieillissons : le temps où nous devons disparoître est proche. Si nous étions jeunes, nous pourrions dire : « Allons toujours comme cela une vingtaine d'an- « nées, et puis nous verrons. » Mais, dans deux ou trois ans, nous serons arrivés aux jours de grâce, à ces jours où l'on ne compte plus. Rien de ce qui nous succédera ne suivra notre système : le monde appartiendra à des générations nouvelles.

Ministres, songez-y bien : si vous êtes encore en place ou sur la terre, vous répondrez alors de ce que vous aurez fait; vous répondrez de la désunion politique que vous avez établie entre les serviteurs du roi, des divisions religieuses commencées sous votre administration, de la corruption que vous avez répandue, des injustices dont on aura eu à se plaindre, et qui ont laissé au fond des cœurs tant d'amertume; de l'indifférence, plus déplorable encore, que vous aurez fait naître sur des choses d'où dépend la vie de la France monarchique, et enfin du chemin que vous aurez laissé faire aux idées républicaines. Songez-y bien, vous êtes arrivés trop tard au pouvoir pour vous y perpétuer; vous avez fait un mal immense, car le mal se fait vite, et vous n'avez ni le génie, ni le temps de le réparer.

Paris, 3 novembre 1826.

On a beaucoup parlé, ces derniers jours, de l'occupation de Lisbonne par nos voisins insulaires. Si cette nouvelle se confirmoit, elle mériteroit de fixer l'attention publique.

On sait que le gouvernement constitutionnel du Portugal, sous le vieux roi, s'étoit débarrassé de la protection de la Grande-Bretagne, qu'il avoit renvoyé tous les officiers anglois servant dans les troupes portugaises, et aboli les priviléges commerciaux arrachés par un allié puissant à un peuple malheureux. Le parti anglois étoit réduit à un très petit nombre de négociants à Porto, à Lisbonne et à Coimbre. Le parti françois, au contraire, étoit devenu extrêmement populaire dans ces mêmes villes et dans les campagnes, grâce au dévouement et à l'habileté de M. Hyde de Neuville. Tous les corps de l'État, et même le clergé, inclinoient vers la France. Il ne restoit donc plus qu'à nourrir ces sentiments nationaux, de telle sorte que les Anglois ne pussent arriver que *de force* sur les rives du Tage, jamais du *consentement* et par *l'autorité* du gouvernement portugais.

Arriver de force en Portugal n'étoit pas chose aisée pour la politique du cabinet de Saint-James. L'Europe est inquiète, et l'équilibre continental est dérangé toutes les fois que les Anglois mettent le pied en terre ferme.

Mais arriver en Portugal à la réquisition des autorités de Lisbonne changeroit l'état de la question et mettroit les Anglois fort à l'aise. Ils nous diroient : « Nous occupons le Portugal comme vous « occupez l'Espagne, comme l'Autriche occupe le « royaume de Naples. Qu'avez-vous à répondre ? »

Rien du tout en vérité, sinon qu'une occupation angloise, effectuée sous les yeux de l'armée françoise, tandis que nous avions tous les moyens politiques, moraux et militaires de prévenir cette occupation, seroit une chose sans exemple dans notre histoire, une chose aussi humiliante pour notre diplomatie que déplorable pour la France.

Quand un gouvernement prépare un mouvement militaire, il en avertit ordinairement les autres puissances, ce qui donne lieu à un échange de notes. L'armée angloise auroit-elle reparu sur le continent? Si cet événement, de la plus sérieuse nature, a eu lieu, en avons-nous été prévenus? M. Canning auroit-il fait entendre *raison* sur ce point à nos ministres bénévoles? Il nous seroit impossible de le croire. Mais, si nous n'avions été prévenus de rien, et si, par hasard, les Anglois étoient à Lisbonne, comment nous serions-nous ainsi laissé surprendre? Ici, on se trouveroit nécessairement placé entre la foiblesse et l'incurie.

Si le Portugal étoit occupé, le ministère françois seroit responsable en notre pays d'avoir laissé les Anglois aborder au continent, et d'autant plus responsable que nous avions une armée aux avant-postes.

Mais auroit-il donc fallu faire la guerre à l'Angleterre pour l'empêcher de mettre garnison dans Lisbonne ?

C'est déplacer la question: il falloit se conduire avec assez d'habileté à Lisbonne pour qu'on n'y désirât pas les troupes de la Grande-Bretagne, ou pour qu'on y préférât, en cas de besoin, notre protection à celle de l'Angleterre.

Voyez un peu ce qui résulteroit pour la France de l'occupation du Portugal par les Anglois.

S'il arrivoit, par une raison ou par une autre, que nous fussions obligés d'évacuer l'Espagne, pourrions-nous le faire tant que les Anglois tiendroient le Portugal? L'honneur françois ne pousseroit-il pas un cri d'indignation si nos troupes sortoient de Barcelonne, de Cadix, de Madrid, tandis que les troupes angloises resteroient à Lisbonne? car enfin, ce n'est certainement pas pour remettre le Portugal au nombre des colonies angloises que M. le dauphin a remporté ses généreuses victoires.

D'un autre côté, le cas de l'occupation de Lisbonne par les Anglois échéant, pourrions-nous demeurer en Espagne avec une armée aussi foible que celle que nous y avons aujourd'hui? La plus simple prévoyance ne nous obligeroit-elle pas de renforcer nos garnisons, et même de les porter sur la frontière de la Galice, de Zamora et de l'Estramadure? Mais, si nous renforcions ces garnisons, les cours étrangères n'en prendroient-elles pas ombrage? N'augmenterions-nous pas en même temps les frais déjà si considérables de notre occupation militaire? Complication d'embarras de toutes parts.

Raisonnons maintenant dans une autre hypothèse. Supposerons-nous que les deux gouvernements françois et anglois se soient entendus, qu'ils se soient dit : « Nous occuperons respectivement le « Portugal et l'Espagne; nous évacuerons ces deux « royaumes quand cela nous conviendra, d'un com- « mun accord, ensemble, et le même jour ?. »

Qui seroit la dupe dans cette convention? Bien évidemment la France. L'Angleterre, déjà maîtresse au Brésil, doit désirer l'être encore en Portugal, où elle trouvera moyen de faire payer ses troupes et de se dédommager de ses *soins* par des avantages commerciaux. Nous, nous n'avons qu'à perdre à rester en Espagne.

Ainsi l'Angleterre nous forceroit, par une convention en apparence équitable, à évacuer l'Espagne ou à y rester à sa volonté :

A l'évacuer, en nous déclarant qu'elle va sortir du Portugal, peut-être au moment même où il nous conviendroit de demeurer en Espagne;

A y rester, en nous notifiant qu'elle veut prolonger le séjour de ses troupes en Portugal.

Dans ce dernier cas, elle obtiendroit un double avantage : elle affoibliroit notre armée sur nos frontières du nord, en retenant une partie de nos troupes en Espagne; et elle nous obligeroit à continuer nos sacrifices d'argent : car, encore une fois, si les Anglois restoient à Lisbonne, il n'y auroit aucun moyen sûr et honorable pour nous d'évacuer l'Espagne.

Bien d'autres inconvénients résulteroient de l'occupation du Portugal par l'Angleterre. Le cabinet de Saint-James pourroit prendre sur le cabinet de Madrid, par ce voisinage, une influence que nous avons achetée assez cher pour désirer la conserver. Ce même voisinage pourroit susciter des troubles sur les frontières espagnoles; ces troubles pourroient exiger la présence des troupes de Georges IV. Quel parti prendrions-nous alors? Laisserions-nous faire la police par des patrouilles angloises, dans un pays où les soldats du roi de France veillent à la sûreté d'un petit-fils de Louis XIV?

Nous espérons encore que les Anglois ne règnent pas à Lisbonne; nous espérons que s'ils ont paru dans cette ville, ils n'auront agi fortuitement que pour rétablir l'ordre, et qu'ils se seront bientôt retirés; nous espérons surtout que l'on s'empressera de donner à la France les éclaircissements qu'elle a droit d'attendre. Cette affaire du Portugal est très obscure; on la glisse dans les feuilles ministérielles en passant, comme une chose qui ne vaut pas la peine qu'on s'en occupe, et pourtant elle est d'une importance majeure.

Les troupes angloises ont-elles de nouveau, oui ou non, débarqué sur le continent? Sont-elles, oui ou non, en Portugal?

Et qu'on ne vienne pas nous dire que quelques soldats de marine sont seulement descendus de leur vaisseau. *Un seul* soldat anglois stationné sur les bords du Tage résout la question comme *mille* soldats : il n'y a pas loin, pour la marine angloise, de Corck ou de Gibraltar à Lisbonne.

Perdons notre argent au 3 pour 100, si telle est notre folie, mais ne jouons jamais avec l'honneur de la France. Que malheureusement la nouvelle de l'occupation du Portugal par les Anglois se trouve vraie, et ce sera une preuve de plus de l'impuissance, de l'incapacité de ces ministres trop étrangers à la prospérité et à la gloire de leur patrie.

Paris, ce 18 décembre 1826.

La politique ministérielle a agi avec tant d'habileté qu'elle a fini par rappeler sur le continent européen la puissance angloise; faute énorme qui annule ce qui pouvoit faire, dans les traités de Vienne et de Paris, une espèce de contre-poids aux préjudices causés à la France par ces traités; faute que les puissances continentales ne cesseront désormais de reprocher à la déplorable administration qui désole la France. Sans doute il ne faudroit pas écouter ces puissances dans tout ce qui pourroit nuire à la liberté ou à l'honneur de notre pays; mais ce seroit une insigne folie de nous croire isolés sur le continent, et de nous placer de sorte que la politique insulaire et la politique continentale eussent également à se plaindre de nous : ne marchons ni derrière M. Canning, ni derrière M. de Metternich.

Nous demandions s'il étoit possible pour nous de rester avec si peu de force en Espagne, tandis que l'Angleterre va occuper le sol et les ports du

Portugal avec ses troupes et ses vaisseaux. Cinq mille Anglois vont d'abord descendre à Lisbonne; parmi ces troupes se trouvent des régiments de l'infanterie de la garde de Georges IV et des corps de cavalerie, ce qui n'annonce pas le projet d'une occupation stationnaire et de peu d'importance. Peut-on jamais prévoir les cas fortuits d'un mouvement militaire dans les événements d'une guerre civile? Tout en désirant la paix, ne peut-on pas dire, comme M. Canning vient de le dire, qu'il y a deux positions où l'on est toujours obligé de recourir aux armes, savoir : quand l'honneur national et la foi publique sont compromis? Si nous n'avions pas de troupes en Espagne, l'occupation du Portugal par les Anglois seroit fâcheuse, sans être d'un danger immédiat; mais la présence du drapeau blanc dans la Péninsule complique la question et préoccupe tous les esprits.

C'est pourtant dans ce moment qu'on paroît diminuer l'effectif de notre armée : des Prussiens occupent, assure-t-on, des villages en France; nos places frontières tombent en ruine : mais aujourd'hui bornons-nous à l'Espagne.

On ne peut nier que le mouvement des Portugais réfugiés n'ait eu pour lui l'assentiment du parti que nos armes ont fait triompher en Espagne. Ces masses si ingouvernables, et qui suivent les impulsions de ceux qui les dirigent, sans obéir à l'autorité légale, ont les Anglois en horreur; le gouvernement espagnol n'a pas plus de penchant pour cette nation, et la reconnoissance des républiques espagnoles par la Grande-Bretagne est une plaie récente et vive dans le sein de tout Espagnol, quelles que soient la classe et l'opinion auxquelles il appartienne.

Maintenant que l'Angleterre nous déclare ouvertement son allié, et qu'elle nous félicite d'avoir fait, d'accord avec elle, tout ce que nous avons pu faire pour empêcher l'invasion du marquis de Chaves, de quel œil allons-nous être vus en Espagne? Si une guerre s'engageoit, non entre nous et l'Angleterre, mais entre l'Espagne et le Portugal; si les Anglois, pour mieux assurer la paix intérieure du Portugal, mettoient garnison dans les places frontières de l'Espagne, dans quelle position nous trouverions-nous?

Nous sommes les alliés de l'Angleterre; mais nous le sommes aussi de l'Espagne : si les Anglois entroient en Espagne, nos soldats tireroient-ils sur les Espagnols ou sur les Anglois, ou bien regarderoient-ils, l'arme au bras, derrière les remparts, les combats de leurs doubles alliés? Le marquis de Lansdown et lord Holland ont demandé dans la Chambre des pairs de quelle nature étoit notre *coopération*, et si, lorsque nous pouvions agir, nous nous sommes contentés de parler : les troupes angloises feroient-elles les mêmes interpellations aux nôtres sur le champ de bataille? Les Espagnols, de leur côté, ne nous sommeroient-ils pas de venir à leur secours?

Mais, dit-on, il n'y aura pas de guerre entre le Portugal et l'Espagne : ces dangers sont donc imaginaires. Dieu le veuille! Dieu fasse qu'on puisse compter sur quelque chose avec les passions de ces peuples du Midi, qui trompent tous les calculs de la raison! Mais, nous le répétons, comment serons-nous vus maintenant du peuple espagnol? Nos foibles garnisons ne seront-elles point insultées? Nos soldats seront-ils obligés de faire feu sur les sujets d'un roi, d'un Bourbon qu'ils sont venus délivrer, ou de supporter les insultes d'une populace fanatique?

La prévoyance la plus commune nous oblige donc à augmenter le nombre de nos troupes en Espagne, ou à évacuer ce pays.

Si nous renforçons nos garnisons, nous nous exposons aux représentations les plus vives, et à une augmentation de dépenses militaires; si nous retirons nos troupes, laisserons-nous donc le Portugal aux mains des Anglois? L'arrivée des gardes du roi d'Angleterre à Lisbonne sera-t-elle le signal de la retraite des gardes du roi de France à Madrid? Les victoires de M. le dauphin auroient-elles pour résultat définitif le rappel des Anglois sur le continent, et l'occupation du Portugal par cette nation? L'honneur ne permet plus à notre ministère d'évacuer l'Espagne; la sûreté ne nous permet plus d'y rester aussi foibles : notre double politique nous met aux prises avec les Anglois et les Espagnols, et cette impossibilité de notre ministère de prendre un parti sur quoi que ce soit nous crée partout des ennemis.

Quand on apprendroit demain que l'insurrection portugaise est apaisée, que le marquis de Chaves est battu, ou que les Anglois, descendus à Lisbonne, ont empêché l'occupation de cette capitale par les ennemis de la Régence, notre position n'en seroit pas beaucoup meilleure : les Anglois resteront désormais en Portugal; et tant qu'ils y resteront, pouvons-nous honorablement sortir d'Espagne?

Notre rôle dans tout cela sera toujours misérable, et la France ne se trouve point placée au rang qu'elle doit occuper. Il est remarquable que M. Canning dans son discours n'a pas même fait un compliment à la France; notre alliance méritoit cependant bien un petit mot d'encouragement. M. le ministre des finances n'a pas osé lui-même avouer franchement l'Angleterre, et dans le discours de la couronne il a fait dire seulement à la couronne : « D'accord avec *nos alliés.* » Cette petite précaution diplomatique aura été peu agréable à l'Angleterre, qui a si hautement avoué le roi de France, et il est probable que cette précaution n'aura pas eu beaucoup de succès auprès de MM. les ambassadeurs résidant à Paris.

Il est certain que la tendance de tous les gouvernements en Europe est vers la paix : le caractère des monarques et des ministres, la lassitude des peuples, le délabrement des finances en tous les pays, expliquent assez cette tendance générale; mais ce seroit s'abuser que de croire que rien ne peut détruire ce penchant à la paix, surtout si l'Angleterre continuoit à voir l'Espagne au fond des affaires du Portugal.

Aurions-nous pu, à une certaine époque, prévenir les malheurs dont le Portugal est aujourd'hui affligé? Oui, sans doute, nous l'aurions pu, si l'on avoit continué à suivre une politique digne à la fois de la grandeur et de la générosité de la France. Que de choses seroient connues, si le gouvernement constitutionnel avoit dans nos Chambres législatives l'action qu'il devroit avoir!

M. le président du conseil pense-t-il à l'avenir? Croit-il maintenant au péril de sa politique? Oui, mais seulement pour le 3 pour 100. Il aura été mille fois plus occupé d'une dépression d'agiotage de cinquante sous que des atteintes qui pourroient être portées à la dignité de son pays. Toutes ses sollicitudes sont pour la Bourse. L'alarme est au camp, mais seulement dans l'intérêt des banquiers, du syndicat, des joueurs à la hausse et à la baisse : pas une idée au-delà. Les fonds ont descendu; qu'ils remontent vite, tout sera sauvé! Qu'importe la gloire de la France exposée dans la Péninsule, qu'importe la liberté de la France menacée par une loi sur la presse! le 3 pour 100 va-t-il bien? A l'aide d'un amortissement de 80 millions, à l'aide du syndicat, à l'aide des prêts sur dépôts de rentes, et des efforts de la compagnie financière, 20 millions de rentes 3 pour 100 à 75 sont à 67 : victoire! tout prospère, tout est à l'abri, gloire, honneur, liberté!

On a parlé de division dans le conseil : peu importe. La France ne s'embarrasse guère des querelles de la petite famille. Elle voudroit être libre, glorieuse, paisible : tôt ou tard elle le sera, quand son excellent monarque, instruit par la voix publique et les humbles doléances de ses peuples, aura secoué son manteau royal et appelé d'autres mains au soutien de la couronne.

PRÉFACE

DES OUVRAGES POLITIQUES.

J'ai dit dans l'*Avertissement général* de l'édition de mes OEuvres complètes, que mes écrits politiques contiennent l'*Histoire abrégée de la Restauration, et que, rangés par ordre chronologique, ils représentent, comme dans un miroir, les hommes et les choses qui ont traversé l'ère récente de la monarchie.*

J'ai dit encore dans ce même Avertissement : *Mes ouvrages politiques se diviseront en trois parties : les Discours prononcés aux Chambres, les Ouvrages politiques proprement dits, et la Polémique.*

Les *Discours* et les *Opinions* que je donne aujourd'hui dans ce volume, offrent le tableau des lois promulguées ou proposées en France depuis ma nomination à la Chambre des pairs, c'est-à-dire depuis le retour de Gand.

Les ouvrages proprement dits *Politiques*, et qui touchent aux circonstances du jour, sont une sorte de relation des événements : l'Histoire de la Restauration est, pour ainsi dire, renfermée entre le petit écrit *de Buonaparte et des Bourbons*, et la brochure intitulée : *Le Roi est mort, vive le Roi !* le temps qui sépare ces deux écrits est rempli par les *Réflexions politiques*, le *Rapport fait au Roi dans son conseil à Gand, la Monarchie selon la Charte*, etc., etc.

Ces ouvrages ont exercé sur les événements une influence qui n'a point été niée : Louis XVIII avoit la bienveillante générosité de dire, que la brochure *de Buonaparte et des Bourbons* lui avoit valu une armée. On sait assez quelle tempête éleva contre moi *la Monarchie selon la Charte*.

Enfin, ce que j'appelle la *Polémique*, choix des divers articles de controverse politique échappés à ma plume, est l'histoire des opinions en France, depuis le commencement de la restauration, jusqu'au jour où j'écris cette Préface (1826).

Ces trois genres d'ouvrages divers se placent dans un principe commun, dans celui des libertés publiques ; les vérités fondamentales de la monarchie constitutionnelle y sont sans cesse rappelées : mes seuls chapitres, articles et opinions relatifs à la liberté de la presse, forment peut-être sur cette matière le corps de doctrine le plus complet qui existe.

Les muses furent l'objet du culte de ma jeunesse ; ensuite, je continuai d'écrire en prose avec un penchant égal sur des sujets d'imagination, d'histoire, de politique, et même de finances [1]. Mon premier ouvrage, l'*Essai historique*, est un long traité d'histoire et de politique. Dans le *Génie du Christianisme*, la politique se retrouve partout, et je n'ai pu me défendre de l'introduire jusque dans l'*Itinéraire* et dans *les Martyrs*. Mais, par l'impossibilité où sont les hommes d'accorder deux aptitudes à un même esprit, on ne voulut sortir pour moi du préjugé commun, qu'à l'apparition de *la Monarchie selon la Charte*. Les imprudences ministérielles, en essayant d'étouffer cet ouvrage, ne le firent que mieux connoître, et les journaux anglois, bons juges en fait de gouvernements constitutionnels, achevèrent ce qu'une irritation, d'ailleurs excusable, avoit commencé.

Il y a loin sans doute d'*Atala* à *la Monarchie selon la Charte* ; mais mon style politique, quel qu'il soit, n'est point l'effet d'une combinaison. Je ne me suis point dit : « Il faut, pour traiter un sujet d'économie sociale, rejeter les images, éteindre les couleurs, repousser les sentiments. » C'est tout simplement que mon esprit se refuse à mêler les

---

[1] Voyez l'*Essai historique*, p. 157. On trouve au bas de cette page la note suivante :

« Je n'ai pas attendu à être membre de la Chambre des pairs pour m'occu-
« per de l'économie politique : on voit que je savois ce que c'étoit que la li-
« quidation d'une dette et un fond d'amortissement, quelque trentaine d'années
« avant que ceux qui parlent aujourd'hui de finances sussent peut-être faire
« correctement les quatre premières règles de l'arithmétique. »

genres, et que les mots de la poésie ne me viennent jamais quand je parle la langue des affaires. Plusieurs volumes de politique réunis dans cette édition de mes Œuvres attesteront cette vérité.

Quoi qu'il en soit, ces *Opinions*, ces *ouvrages* sur *les choses du jour,* cette *Polémique,* rangés par ordre de dates, formeront un monument de quelque utilité pour l'histoire.

Considérés sous un autre point de vue, ces discours attesteront les progrès de la société ; ils prouveront que nous ne sommes plus aux éléments de la politique, et que des vérités qui auroient semblé téméraires à Montesquieu lui-même, sont devenues des vérités usuelles et communes.

Je commence le premier volume de la *Politique* par la publication des *Opinions* et des *Discours.* Si je n'avois trouvé en moi les sentiments manifestés dans ces opinions, il m'auroit suffi d'être membre de la Chambre des pairs pour avoir appris à soutenir les intérêts d'une politique généreuse.

Le principe de l'aristocratie est la liberté, comme le principe de la démocratie est l'égalité ; mais par une suite de la révolution, le corps aristocratique, nouvellement reconstruit en France, a eu besoin d'un plus grand effort et d'un concours singulier de circonstances, pour défendre son noble principe.

L'aristocratie est fille du temps ; elle sort du droit politique ; elle peut être anéantie ; tandis que la démocratie, qui vient du droit naturel, et qui réside dans les masses populaires, ne périt point et est toujours présente, active ou passive à toutes les révolutions d'un État. Séparée de l'aristocratie, la démocratie ne tend à la liberté qu'en courant vers son principe, l'égalité : la liberté n'est pas pour elle un but, mais un moyen. Aussitôt que la démocratie a rencontré l'égalité qu'elle cherche, elle fait bon marché de la liberté. Or, comme le pouvoir d'un seul s'accommode admirablement du nivellement des rangs, il consent très volontiers à l'union avec le peuple, et le despotisme s'établit par le haut et le bas de la société.

L'aristocratie est donc la source la plus sûre de la

liberté. Mais l'aristocratie, ouvrage des siècles, ayant été renversée parmi nous, il étoit à craindre qu'elle fût lente à se régénérer, et que, conséquemment, une des principales sauvegardes de la liberté se relevât avec peine. Par un bonheur extraordinaire, il est arrivé que les qualités individuelles ont suppléé, dans la Chambre héréditaire, à ce qui lui manquoit en années : l'aristocratie des talents a formé l'anneau de la chaîne qui rattachera la pairie nouvelle à l'aristocratie des temps.

D'un autre côté, la plupart des grands noms historiques et des hautes dignités sociales sont venus se joindre aux capacités naturelles, et former avec celles-ci les racines de la nouvelle aristocratie. Il s'est élevé un arbre d'une espèce inconnue sur ces racines, et cet arbre a déjà porté des fruits excellents.

Des éléments en apparence hétérogènes, et qu'on n'auroit jamais crus susceptibles de s'amalgamer, avoient des affinités secrètes. Quand les partis qui ont administré le royaume, voulant ou servir des amis, ou neutraliser des adversaires, ont introduit successivement dans le premier corps de l'État les talents de la France, ils ne se doutoient guère de ce qu'ils faisoient. Ces talents n'ont pas plutôt été en présence les uns des autres qu'ils se sont reconnus et mêlés. Toutes les gloires sont solidaires : la Chambre héréditaire qui en renferme de diverses sortes, s'est trouvée forte d'une aristocratie individuelle à laquelle le pouvoir ministériel n'avoit point pensé.

Il manque cependant à la Chambre des pairs deux choses : l'influence qui résulte de la grande propriété et la publicité des débats parlementaires.

Quant au premier point, il n'est pas aussi fâcheux qu'il le semble au premier coup d'œil. D'abord, de très grands propriétaires de l'ancienne et de la nouvelle France sont membres de la pairie ; ensuite le temps des grandes propriétés est passé, là où ces grandes propriétés ont été détruites.

Les grandes propriétés européennes et même américaines ont eu trois sources : la conquête, une prise de possession sans titre, la confiscation et la violence des lois; elles se sont encore accrues aux dépens de la petite propriété, par les successions de famille et par les acquisitions particulières. Or, la grande propriété ayant été morcelée en France, il n'est plus possible de la réunir, puisqu'il faudroit, ou qu'une partie de la nation fît la conquête de l'autre, ou que l'on confisquât les immeubles au profit du petit nombre, ou qu'enfin une conquête étrangère vînt imposer un nouveau partage inégal des terres.

Les substitutions, que je voudrois voir établies plus impérieusement pour la pairie, ne recomposeront que lentement les propriétés, si elles les recomposent jamais; car elles sont aujourd'hui opposées au penchant des mœurs et à l'esprit des familles. L'industrie, le commerce, l'économie, le hasard, la faveur du prince, élèveront sans doute encore quelques grandes fortunes; mais elles seront isolées, mais elles n'amèneront point un système de grande propriété, et au bout d'une ou deux générations, ces fortunes rentreront, par la loi de l'égalité des partages, dans la catégorie des propriétés moyennes.

Enfin, la différence entre les propriétés particulières avant la révolution, et les propriétés particulières depuis la révolution, n'étoit pas aussi grande en étendue qu'on se l'imagine. Si les corps étoient riches dans l'ancien régime, les individus l'étoient peu. Dans l'aristocratie, par exemple, c'est-à-dire dans la noblesse, cent cinquante familles, tout au plus, possédoient de grandes propriétés territoriales; encore ces familles étoient-elles à moitié ruinées, comme on a pu s'en convaincre par l'état des dettes fourni aux débats de la loi d'indemnité. Quant au reste de la noblesse, lorsqu'un gentilhomme avoit de vingt-cinq à trente mille livres de rente, il étoit cité dans sa province; dix milles livres de rente passoient pour une fortune; à mille écus de rente on étoit réputé très à l'aise, et un cadet qui avoit quinze cents francs à dépenser par an étoit *richissime*. La pauvreté du gentilhomme étoit devenue proverbiale, et cette pauvreté étoit le plus bel ornement de l'ancienne noblesse. La révolution a plus détruit de colombiers que de châteaux : aussi son crime social n'est pas d'avoir violé tel genre de propriété, mais la propriété elle-même. Celui qui a été dépouillé de la chaumine de son père a été plus maltraité, et éprouve peut-être des regrets plus amers que celui à qui l'on a ravi des foyers de marbre.

Tout considéré, si l'on réunit les grandes fortunes militaires actuelles, les grandes fortunes qui se sont formées par un moyen quelconque depuis une trentaine d'années, les grandes fortunes de banque, les grandes fortunes conservées de l'ancien régime, on trouvera que la grande propriété individuelle est à peu près aussi considérable en 1826 qu'elle l'étoit en 1789.

On dit que la grande propriété est favorable à la liberté : cela demande explication. Jetez les yeux autour de vous en Europe, vous verrez qu'il n'y a presque point d'État, si foible et si petit qu'il puisse être, où les grands propriétaires ne soient plus nombreux, proportion gardée, qu'en France. Dans ces pays où la grande propriété existe (l'Angleterre exceptée), les nations sont-elles plus libres ? La grande propriété maintient la liberté chez les peuples régis par des lois constitutionnelles; elle favorise le despotisme dans les gouvernements absolus.

Pour résumer tout ceci et pour conclure : l'absence de la grande propriété dans une partie de la Chambre héréditaire ne nuit pas autant à l'esprit aristocratique qu'elle le devroit faire, à cause de la diminution générale de toutes les fortunes de la France, et parce que les individus de l'ancien corps aristocratique étoient en général assez pauvres. Il y a cependant parmi les pairs des indigences qui, bien qu'honorables aux personnes, n'en sont pas moins scandaleuses pour la dignité de la couronne, la grandeur de la monarchie et la considération de la première dignité de l'État.

Mais s'il y a quelque raison, dans l'ordre actuel des choses, à la médiocrité de la propriété d'une partie de la Chambre des pairs, il n'y a point de compensation au défaut de publicité des séances de cette noble assemblée. La France perd les instructions qu'elle recevroit, si elle étoit témoin des débats admirables qu'amène la présentation des lois à la tribune des pairs : science, clarté, convenance, éloquence improvisée ou écrite de toutes les sortes, brillent au plus haut degré dans ces débats. La Chambre héréditaire renferme dans son sein la plupart des hommes qui, depuis trente années, à différentes époques, ont déployé des talents utiles à la patrie. La religion, les lois, la guerre, les sciences, les lettres, l'administration ont leurs représentants dans ce corps illustré. Il seroit difficile de traiter un sujet, de quelque nature que ce soit, qui ne trouvât sur-le-champ un pair capable de l'approfondir.

J'ai assisté aux séances du Parlement britannique au temps des Burke, des Sheridan, des Fox et des Pitt; j'ai vu attaquer et défendre, il y a peu d'années, à Westminster, la question de l'émancipation des catholiques : les discussions dans la Chambre des pairs en France sont indubitablement plus fortes que les discussions dans la Chambre des pairs en Angleterre.

C'est une grande erreur de la Charte d'avoir fermé la Chambre des pairs lorsqu'elle ouvroit la Chambre des députés. Même dans le système de précaution qui dictoit cet article, on se trompoit encore; car si l'on craint les effets de la tribune, ce ne sont pas les séances secrètes de la Chambre héréditaire qui feront le contre-poids des séances publiques de la Chambre élective.

La publicité des séances de la Chambre des pairs diminueroit encore les inconvénients qui résultent de l'article 38 de la Charte, combiné avec la septennalité. Cet article fixe à quarante ans l'âge éligible du député. La septennalité, excellente en principe, mais pernicieuse sans le changement d'âge et sans une plus grande garantie des droits électoraux, est venue ajouter son vice au vice de l'article 38. De sorte que le citoyen, qui n'est guère élu député avant d'avoir atteint quarante-cinq ou cinquante ans, et qui charge encore ces années de la période septénaire, peut difficilement avoir appris ou conservé l'éloquence. On ne commence point une carrière à quarante-cinq ans; quelques exemples extraordinaires ne font point règle. La septennalité, telle qu'elle est établie, frappera nécessairement d'une paralysie ministérielle la Chambre élective. Cette Chambre s'enfoncera tellement dans la vieillesse, qu'un homme qui seroit élu deux fois sous l'empire du renouvellement septennal, pourroit regarder sa seconde élection comme un arrêt de mort.

La Chambre des pairs, au contraire, se rajeunit par l'hérédité : ses membres ont non-seulement voix délibérative à trente ans, mais ayant le droit de parler avant cet âge (à vingt-cinq ans), ils peuvent ainsi, au milieu d'une assemblée savante et expérimentée, se former de bonne heure aux affaires et à l'éloquence politique.

La Chambre héréditaire a déjà joué un grand rôle; chaque jour l'importance de ce rôle augmentera. Elle a opposé, en certaines occasions, des résistances décentes et courageuses à des lois qui lui sembloient contraires aux intérêts publics. Outre que ces résistances étoient fondées en justice, elles résultoient encore de l'indépendance naturelle à l'aristocratie, fortifiée de cette autre indépendance qui naît de la conscience du talent.

Élevé à cette noble école, j'ai prononcé, comme pair ou comme ministre, les opinions qu'on réunit ici sous les yeux du public : membre de l'opposition, je défends dans ces discours les principes de la religion, de la légitimité et des libertés publiques; ministre, je m'efforce de maintenir les droits de la France et la dignité de la couronne. Je puis me rendre du moins ce témoignage à moi-même : la liberté et l'honneur de mon pays n'ont point péri entre mes mains [1].

---

[1] Il ne manque à cette collection de mes *Opinions* que mes deux opinions relatives *aux délits commis dans les Échelles du Levant* : elles sont placées à la tête du premier volume de l'*Itinéraire*, avec ma Note sur la Grèce.

POLITIQUE.

OPINIONS ET DISCOURS.

DISCOURS

PRONONCÉ LE 22 AOUT 1815,

A L'OUVERTURE DU COLLÉGE ÉLECTORAL,

A ORLÉANS.

Messieurs, lorsque Louis XVI, de sainte et douloureuse mémoire, convoqua les états-généraux, il voulut remédier à un mal que la France regardoit alors comme insupportable, mais qui nous paroît bien léger, aujourd'hui que l'expérience nous a rendus meilleurs juges de l'adversité. Comme il arrive presque toujours aux médecins peu habiles, d'une blessure facile à guérir nous fîmes une plaie incurable. L'Assemblée constituante eut des intentions sages, mais le siècle l'entraîna. Avec moins de talents et plus d'audace, l'Assemblée législative attaqua la monarchie, que la Convention renversa. Les deux conseils se détruisirent par leurs propres factions. Sous le tyran, le peuple se tut, et ne retrouva la voix que sous le roi légitime. Au retour de Buonaparte, la Convention sembla sortir avec lui du tombeau : les deux fantômes viennent de rentrer ensemble dans l'abîme, laissant, en témoignage de leur apparition, des calamités sans nombre, et six cent mille étrangers sur le sol de France.

Si l'on ne considéroit, messieurs, que les résultats de ces assemblées, on pourroit se sentir découragé; mais nos fautes doivent nous servir de leçons. Le moment est venu d'employer à l'affermissement de la monarchie cette même force populaire, qui a servi à l'ébranler. Jamais les députés de la nation n'ont été rassemblés dans des circonstances plus graves : le roi a voulu les avertir lui-même de l'importance des fonctions qu'ils auront à remplir, en rapprochant le peuple du trône, en confiant quelques colléges électoraux au noble patronage des princes de son sang.

Mais il ne faut pas vous le dissimuler, messieurs, tout dépend des choix que la France va faire. L'Europe nous attend à cette dernière expérience; elle est venue, pour ainsi dire, se placer au milieu de nous, afin d'assister à des résolutions qui décideront de son repos autant que du nôtre. Le peuple françois va voir des rois aux tribunes de ses conseils: après avoir jugé les princes de la terre, il sera jugé par eux à son tour. Il s'agit de savoir si nous serons déclarés incapables de nous fixer à ces institutions que nous avons cherchées à travers tant d'orages, si nos succès seront regardés comme un jeu de la fortune, nos calamités comme un châtiment mérité, ou si, nous renfermant dans une liberté sage, nous conserverons l'éclat de notre gloire et la dignité de nos malheurs.

Que faut-il faire, messieurs, pour arriver à ce dernier but? Une chose facile : choisir les bons, écarter les méchants, cesser de croire que l'esprit, le talent, l'énergie, sont le partage exclusif de quiconque a manqué à ses devoirs, et qu'il n'y a d'habile que le pervers. Que la France appelle à son secours les gens de bien, et la France sera sauvée. L'Europe ne se sentira complétement rassurée que quand elle entendra nos orateurs, trop long-temps égarés par des doctrines funestes, professer ces principes de justice et de religion, fondement de toute société; nous ne reprendrons notre poids dans la balance politique qu'en reprenant notre rang dans l'ordre moral.

Permettez, messieurs, que je vous parle avec la franchise du pays où je suis né : ce n'est plus le moment de garder des ménagements qui pourroient devenir funestes. Sans doute il faut éteindre les divisions, cicatriser les blessures, jeter sur les fautes de nos frères le voile de la charité chrétienne, nous interdire tout reproche, toute récrimination, toute vengeance, et, à l'exemple de notre roi, pardonner le mal qu'on nous a fait. Mais il y a loin, messieurs, de cette indulgence nécessaire, à cette impartialité criminelle qui, obligée de faire un choix, le laisseroit tomber également sur le bon ou sur le mauvais citoyen; ne mettroit aucune différence entre les principes et les opinions, les actions et les paroles. Si, en dernier résultat, il étoit égal d'avoir commis ou de n'avoir pas commis de crime, d'avoir gardé ou d'avoir violé son serment; si, lorsque l'orage est passé, on traite de la même sorte et celui qui a produit cet orage et celui qui l'a conjuré; si l'un et l'autre jouissent du même degré de confiance, de la même part de dignités et d'honneurs, l'honnête homme, messieurs, ne sera-t-il pas trop découragé? Ne rendons pas le devoir si difficile. Voulons-nous réparer les désastres de la patrie, ne laissons plus dire à ceux qui profitoient de nos revers, que la vertu est un *métier de dupe*, expression dérisoire qui échappe quelquefois à la lassitude du malheur, comme à l'insolence de la prospérité. Enrichissons-la, cette vertu, de notre estime et de nos faveurs, elle nous rendra nos dons avec usure.

Laisser à l'écart les artisans de nos troubles, c'est justice. La justice n'est point une réaction, l'oubli n'est point une vengeance. Il ne faut pas qu'un homme se croie puni parce qu'il n'est pas récompensé du mal qu'il a fait. Ceux qui ont amené dans vos murs ces étrangers que le bras de vos aïeux arrêta jadis à vos portes, mériteroient-ils d'obtenir vos suffrages? Toutefois, si de tels hommes se fussent rencontrés parmi vous, vous auriez pu les voir se présenter, et même avec un front serein; car, dans ce siècle, le vice a sa candeur comme la vertu, et la corruption sa naïveté comme l'innocence.

Mais, grâce à l'excellent esprit de ce département, vous ne serez point, messieurs, réduits à faire ces distinctions pénibles : on ne compte ici que des sujets dévoués à leur roi. Déjà vos colléges d'arrondissements présentent à votre élection des candidats aussi distingués par leurs talents que par leur conduite courageuse et leur noble caractère. Heureux embarras des richesses, qui ne vous laissera que le regret de ne pouvoir tout nommer et tout choisir ! La fidélité au trône de saint Louis est chez les Orléanois une vertu héréditaire : ils conservèrent leurs remparts pour Charles-le-Victorieux, comme ils ont gardé leur cœur pour Louis-le-Désiré. Qui ne sait, messieurs, que votre ville, pendant nos tempêtes, fut le refuge de tous les François persécutés ? Le prêtre fugitif y trouva un autel, le serviteur du roi, un asile pour y prier leur Dieu, pour y pleurer leur maître ! N'est-ce pas vous encore qui, les premiers, demandâtes la liberté de l'illustre orpheline, aujourd'hui l'orgueil et la gloire de la France ?

Pour moi, messieurs, je regarderai comme un des plus beaux jours de ma vie celui où j'ai été appelé à présider votre collége électoral. Le roi, qui tient compte à ses fidèles sujets, même de leur zèle, a trop payé par cet honneur mes foibles services. J'ai du moins quelque titre à votre bienveillance ; car j'ose croire qu'il n'y a point d'homme qui entre mieux que moi dans vos sentiments, qui apprécie davantage votre loyauté. Comme vous, je donnerois mille fois ma vie pour le meilleur des princes ; et mon cœur a toujours battu, mes yeux se sont toujours remplis de larmes au cri d'amour et de salut, au cri françois de *Vive le roi!*

OPINION

SUR LA RÉSOLUTION

RELATIVE A L'INAMOVIBILITÉ DES JUGES,

PRONONCÉE A LA CHAMBRE DES PAIRS
LE 19 DÉCEMBRE 1815.

§ Ier.

MESSIEURS, la *résolution* qui vous a été transmise par la Chambre des députés mérite toute votre attention ; la controverse qu'elle a excitée, les discours remarquables qu'elle a produits, annoncent assez que ce n'est pas une de ces propositions qu'on doive adopter ou rejeter légèrement.

Je vais essayer de la traiter à fond, d'en développer les différentes parties avec exactitude, fidélité, impartialité. Si j'ose aujourd'hui paroître à cette tribune avec un peu de confiance, c'est que, depuis plusieurs années occupé de recherches historiques, je me trouve sur un terrain qui m'est assez connu, et où je crains moins de m'égarer. Je serai long, beaucoup trop long, peut-être : c'est une espèce de rapport complet que je vais vous faire. Je vous demande, messieurs, toute votre patience : la gravité du sujet me servira d'excuse auprès de vous.

Dans la *résolution* soumise à vos lumières, on doit examiner deux choses distinctes, et qui pourtant ont entre elles une liaison intime : premièrement, l'inamovibilité des charges de judicature en France; secondement, les raisons pour lesquelles on pourroit désirer que cette inamovibilité fût suspendue pendant un an.

Ceux qui sont d'avis d'adopter la *résolution*, ceux qui veulent la rejeter, conviennent tout d'abord que l'*inamovibilité* est une chose excellente; mais ils ne sont pas d'accord sur le moment où elle s'est introduite dans notre magistrature : chacun s'est fait un système plus ou moins favorable au sentiment qu'il veut établir. Voyons si, en remontant aux sources, nous ne parviendrons pas à fixer nos idées de manière à pouvoir, en toute connoissance de cause, accueillir ou repousser la *résolution*.

Messieurs, je vais d'abord vous surprendre, car je m'écarte de toute opinion reçue; mais j'espère bientôt appuyer la mienne sur des faits irrécusables.

Je soutiens donc que de tous temps la magistrature a été amovible et inamovible en France; les deux principes ont été constamment placés l'un auprès de l'autre. Depuis Clovis jusqu'à Philippe de Valois, ces deux principes marchèrent ensemble, depuis Philippe de Valois jusqu'à Charles VII, l'inamovibilité disparut de fait, bien qu'elle existât de droit. On essaya vainement, sous Louis XI, de la remettre en vigueur, en la faisant passer à une autre classe de citoyens. Elle triompha sous François I*er*, se fixa sous Charles IX, et régna seule enfin sous Henri IV.

Ainsi, l'inamovibilité de notre justice n'a point été en France, comme on l'a avancé, un développement des lumières et de la prérogative royale; bien au contraire, car lorsque la prérogative s'étendit sous les Valois, le côté amovible de la magistrature prit le dessus. Les Grecs et les Romains, si éclairés d'ailleurs, n'ont point connu l'inamovibilité des charges de judicature. L'Égypte, où on la retrouve, lui dut peut-être la permanence de ses institutions, comme l'éternité de ses monuments. Presque toutes les nations modernes l'ont ignorée, et les Anglois ne l'ont reçue qu'en 1759 : ainsi leur belle constitution a fleuri pendant soixante-dix années, sans être appuyée sur l'inamovibilité judiciaire. Celle-ci est née parmi nous au milieu de la barbarie (ce qui est fort engendre ce qui est durable); elle a été suspendue dans les âges moyens, et, chose étrange ! cette *inamovibilité* qui fait notre gloire, après être sortie, comme on va le voir, des sources les plus pures, n'a été rétablie que par la corruption et la vénalité.

L'inamovibilité de la justice, qui a donné à notre magistrature tant de grandeur, tire parmi nous son origine de trois principes sacrés et inamovibles : la royauté, la propriété, la religion.

La royauté, héréditaire sous la première race,

troublée sous la seconde par des révolutions, héréditaire de mâle en mâle sous la troisième, en vertu de la loi Salique, est la première source de notre immuable justice. Les rois, chez les Francs et chez les Germains leurs pères, étoient les premiers magistrats : *Principes qui jura per pagos reddunt,* dit Tacite. Ainsi, quand saint Louis et Louis XII rendoient la justice au pied d'un chêne, ils ne faisoient que siéger à l'ancien tribunal de leurs aïeux. La justice devint naturellement inamovible dans ces grands magistrats héréditaires ; elle prit ainsi dans son air quelque chose d'immortel et d'auguste, comme ces générations royales qui la portoient dans leur sein et la faisoient régner sur le trône.

La seconde source de notre magistrature inamovible est, comme je l'ai dit, la propriété. Voici, messieurs, une chose remarquable et qui distingue les peuples d'origine germanique de toutes les nations de l'antiquité. Ils attachèrent la justice au sol ; ils en firent une fille de la terre, et la rendirent immuable comme la propriété. Sous la première race, les *leudes* ou les *fidèles,* appelés par Tacite *les compagnons du prince,* avoient le droit de juridiction dans les domaines qu'ils possédoient en *propres.* On en voit la preuve dans une ordonnance de 595, aux Capitulaires de Baluze. Le droit de juridiction dans les *propres* se composoit, pour le leude ou le seigneur, du droit de magistrature, inamovible en sa personne, et des différents droits d'amende judiciaire au civil et au criminel, tels que le *fredum* et autres. Ensuite les rois, en distribuant des terres aux leudes, concédèrent avec ces terres le droit de justice. La première Charte où l'on trouve une pareille concession est du règne de Dagobert Ier, en 630. Trente ans après, l'usage de donner des justices en propriété étoit devenu général, comme on l'infère des *Formules* de Marculfe.

Enfin, on aperçoit encore sous la première race la troisième source de la magistrature inamovible, je veux dire la religion. Le clergé à cette époque possédoit des *propres;* il pouvoit hériter; il jouissoit en outre des biens de l'Église; et, dans ces deux natures de propriétés, il exerçoit comme juge inamovible tout droit de juridiction. Les évêques et les abbés, qui avoient tant contribué à l'établissement des Francs dans les Gaules, obtinrent aussi, comme les leudes, de grands fiscs, avec ce droit de juridiction qu'emportoit toujours la terre, même lorsque le domaine étoit encore amovible. Tout cela se confirme par le traité des Andelys, dans Grégoire de Tours, et par plusieurs Chartes mérovingiennes, sans s'appuyer sur celle de Clovis, de 496, que dom Bouquet croit supposée.

Voilà pour la première race.

Au commencement de la seconde, l'inamovibilité resta la même dans le roi, les prélats et les grands possédant des *propres*. Il paroît même que Charlemagne rendit une loi en faveur de l'immutabilité des offices de judicature : sous les successeurs de ce grand homme, l'établissement des fiefs et de la noblesse multiplia considérablement la magistrature inamovible et héréditaire. L'orgueil, ou, si l'on veut, la vanité, avoit donné lieu à un phénomène historique qui ne s'est reproduit chez aucune autre nation. Des priviléges particuliers se trouvant attachés aux concessions du prince, les leudes imaginèrent de changer leurs *propres* ou leurs *alleux* en bénéfice, c'est-à-dire, de donner leur propriété au roi, pour la recevoir ensuite de sa main : alors la noblesse se trouva investie d'une magistrature inamovible à double titre, et par le roi et par la propriété. De là cet axiome de l'ancien droit françois, que la justice est patrimoniale. Le droit de juger découloit si invinciblement de la seigneurie, qu'il passoit même aux femmes, héritières de ces seigneuries : en 1315, la comtesse Mahaut siégea comme pair de France dans le procès du trop fameux Robert d'Artois.

Voilà pour la seconde race.

Sous la troisième, cette magistrature ne fit d'abord que se confirmer et s'étendre : les ducs, les comtes, les barons, les évêques, les abbés, devenus presque indépendants de l'autorité royale, furent plus que jamais des juges inamovibles. L'établissement de la première pairie, sous Hugues Capet, vers la fin du dixième siècle, consolida de plus en plus le fondement de notre justice; car la pairie, en variant dans ses différents âges, n'en conféra pas moins à chaque pair de France le droit d'une magistrature inamovible et héréditaire.

Tel est, messieurs, le principe de l'inamovibilité, et je crois l'avoir suffisamment établi. Quel caractère auguste ne dut-il point faire prendre à notre justice, lorsqu'elle se montra aux yeux des peuples ainsi appuyée sur le sceptre, l'épée et la croix! Aussi régla-t-elle tout en France. Chez les autres nations de la terre, le droit civil naquit du droit politique; chez nous seuls, et par l'effet de notre magistrature inamovible, le droit politique découla du droit civil. Nous devons tout aux ordonnances de nos rois-magistrats, aux arrêts de nos cours de judicature, rien, ou presque rien aux assemblées de la nation. C'est dans cet esprit, messieurs, c'est par cette route qu'il faut étudier et chercher le secret de nos mœurs. En faisant naître nos constitutions de la garantie et des résultats de notre magistrature inamovible, on comprendra pourquoi la forme du gouvernement a été si stable chez les François; pourquoi ce gouvernement a présenté cette longue suite de rois héréditaires; pourquoi nous n'avons presque jamais montré de jalousie du pouvoir politique, excepté comme par hasard, et dans des moments de vertiges. Le peuple voyoit dans ses chefs, à commencer par le roi, des juges et non pas des maîtres : de là son attachement aux grands corps de judicature, et son indifférence pour nos états-généraux. Il trouvoit dans notre magistrature inamovible tous les biens qu'il pouvoit réclamer : droits de citoyen, sûreté de propriété, maintien des lois, défense contre l'oppression : chose admirable! la justice étoit pour nous la liberté!

Le principe général et les trois origines particulières de notre inamovibilité judiciaire étant reconnus, j'espère, messieurs, vous montrer maintenant, avec la même clarté, l'existence de notre magistrature amovible.

On la trouve, messieurs, auprès de la première, dans le berceau de la monarchie, à la cour, chez les leudes et parmi le clergé: elle y offre un singulier spectacle. Les rois de la première race rendoient la justice, comme les anciens Hébreux et les Pélasges, à la porte de leur palais. Autour du roi étoient placés les officiers de la couronne, les ducs, les comtes, les farons ou les barons; deux officiers recevoient les requêtes. Un comte-juge étoit le rapporteur. Ce conseil s'appeloit *placita*, dont notre mot *plaids* conserve l'étymologie. Ces juges ou conseillers de la justice du roi, étoient temporaires et amovibles; ils prononçoient sur tout ce qui regardoit l'ordre public, et connoissoient des appels dans les causes particulières.

Tandis que le roi, magistrat inamovible, entouré des juges amovibles, exerçoit cette justice paternelle à la porte de son palais, le leude offroit dans ses bois le spectacle de la justice armée. L'épée à la ceinture, la hache dans une main, le bouclier dans l'autre, il dictoit ses arrêts sur le prix d'une tête abattue, sur la longueur et la profondeur d'une blessure. Il étoit assisté à ce tribunal militaire par des juges appelés *rachinburges* et *scabini*. Ils devoient être au moins au nombre de sept: *congreget secum septem raginburgios*, dit la loi salique. Ces rachinburges étoient choisis par le peuple, et amovibles, *populi consensu*. Pour les élever au nombre de douze, on choisissoit des notables, *boni homines*. Les ordonnances des Mérovingiens, les lois salique et ripuaire règlent dans le plus grand détail les devoirs de ces magistrats amovibles.

Enfin, auprès de la justice paternelle du roi, de la justice armée du comte, étoit placée la justice chrétienne du prélat. Celui-ci se faisoit assister dans ses fonctions par un vidame et des clercs, juges amovibles à la volonté de l'évêque. Il prononçoit le plus souvent ses sentences pacifiques au pied de l'autel, dans quelque église où des affranchis avoient reçu la liberté. Les crimes moraux tomboient sous sa compétence, et les malheureux ressortissoient de droit à son tribunal : les veuves et les orphelins étoient sous sa juridiction particulière. Il jugeoit d'après le droit romain; et dans les terres de ses bénéfices, régies par les lois des Barbares, il apportoit les adoucissements d'un esprit éclairé. La sainteté de la vie de ces premiers évêques des Gaules, leurs lumières, leur charité, rendirent leurs décisions vénérables, et donnèrent une grande prépondérance à la juridiction ecclésiastique.

Sous la seconde race, des cours d'assises furent régulièrement établies. Des envoyés royaux, *missi dominici, missi regii*, furent chargés par Charlemagne de l'administration de la justice amovible. Le chef du domaine royal, *major villæ*, devint juge; le comte du palais, *comes palatii*, fut le président de la justice du prince pour les laïques, et l'apocrisiaire pour les ecclésiastiques. Ces officiers étoient amovibles : ils délibéroient en présence de Charlemagne, magistrat inamovible, qui, au rapport d'Hincmar et d'Éginard, rendoit si admirablement la justice dans son palais d'Hérystal : *lite cognita, sententiam dicebat.* Les comtes, de leur côté, imitèrent dans leurs domaines cette forme de la justice du prince ; mais ce bel ordre se perdit sous Charles-le-Chauve. Les seigneurs n'obéirent plus aux envoyés royaux ; on ne porta plus les jugements en appel à la cour du roi ; les lois salique, ripuaires, bourguignones, romaines, s'ensevelirent dans l'oubli, et des coutumes bizarres devinrent les lois des François.

Alors commence la troisième race : elle jeta les fondements de nos mœurs dans les ténèbres les plus épaisses de la barbarie. Ce fut au foyer du château, près du chêne allumé pour la fête, au milieu des guerres de seigneur à seigneur, dans les chasses et dans les bois, que s'établit le patronage de la féodalité ; source d'une infinité de lois fantasques, mais principe d'un grand nombre de vertus. On vit sortir de la nuit féconde qui couvroit la France, des rois d'une majesté naïve, des pontifes qui mêloient l'honneur chevaleresque à la sainteté de la tiare, des chevaliers qui joignoient la candeur du prêtre à l'héroïsme du guerrier, des magistrats simples et incorruptibles, qui seuls représentoient la gravité chez une nation brillante et légère.

Chaque seigneur conserva dans ses domaines des cours d'assises où il étoit juge souverain, inamovible et héréditaire. Quand il tenoit ses assises, il appeloit ses *pairs :* il en falloit au moins deux pour rendre un jugement. Lorsque le seigneur ne pouvoit siéger, il déléguoit un magistrat amovible, appelé *bailli*, d'un mot grec qui signifie précepteur. Outre ces cours d'assises seigneuriales, il y avoit encore dans l'ordre de la noblesse des justices féodales, dont les juges amovibles prononçoient en matière de fiefs.

Les juridictions ecclésiastiques continuèrent à être administrées comme elles l'étoient sous la seconde race, mélant le droit romain au droit coutumier, parce que les prélats étoient à la fois princes de l'Église et seigneurs de fiefs.

La magistrature nationale, ou, ce qui étoit la même chose, la magistrature royale, se forma sous les mêmes principes que celle des seigneurs. Le parlement succéda aux *placita* de Grégoire de Tours et de Frédégaire, au *mallum imperatoris* des Capitulaires, différent lui-même du *publicum mallum* qui se tenoit d'abord au mois de mars, et que Pépin-le-Bref fixa au mois de mai. Une ordonnance de l'an 1294, citée par Budée, nous montre le parlement de Paris à peu près tel qu'il existoit au commencement de la révolution. C'est vers l'an 1000 que l'on trouve le mot barbare *parlamentum* employé pour *colloquium*, et pour signifier en particulier le conseil de la justice; tandis qu'auparavant il vouloit dire ces assemblées populaires que l'on réunissoit au son de la trompe ou de la cloche, *ad sonum tubæ, ad sonum campanæ.*

Dans ce parlement ancien nous voyons des juges inamovibles et des magistrats amovibles, savoir : le roi lui-même qui y assistoit souvent; les pairs, les barons, les chevaliers, les prélats, tous sous le nom de *conseillers-jugeurs;* ensuite des hommes instruits tirés de la classe des clercs et des bourgeois, et appelés *conseillers-rapporteurs.* D'ambulatoire qu'il étoit, le parlement devient permanent à Paris, en vertu de l'ordonnance de Philippe-le-Bel, du 18 mars 1303. Ce même roi voulut aussi rendre les offices inamovibles dans la justice de robe; ses intentions ne furent pas suivies. Au reste, à cette époque le parlement n'étoit pas perpétuel. Il y avoit par an deux parlements : l'un commençoit à l'octave de Pâques, l'autre à l'octave de la Toussaint. Ces deux classes de *conseillers-jugeurs,* juges inamovibles, et de *conseillers-rapporteurs,* magistrats amovibles, établirent peu à peu la distinction de la noblesse d'épée et de la noblesse de robe. Celle-ci ravit bientôt à la première cet exercice du droit de juger, qui avoit fait sa grandeur féodale, et auquel elle devoit une partie de son origine. La renaissance du droit romain, la multiplication des titres écrits, le conflit des juridictions ecclésiastiques et laïques, les appels de *défaut de droit,* de *faux jugement* et *d'abus,* l'extension des justices royales, tout cela rendit impossible et insupportable aux nobles l'exercice des fonctions judiciaires; ils abandonnèrent peu à peu le parlement, et Philippe-le-Long en exclut les prélats, *se faisant scrupule,* dit-il, *de les empêcher de vaquer à leurs spiritualités.*

C'est ici l'époque, messieurs, d'une grande révolution dans l'ordre judiciaire en France; ici se perd, par la retraite des nobles et des prélats, l'inamovibilité de la magistrature. Non que le principe ne subsistât toujours dans le roi et dans les pairs, mais il *dormit,* pour me servir d'une expression que l'on employoit en parlant de la noblesse, lorsqu'elle avoit dérogé momentanément. Tout passa dans les mains des juges amovibles, et au parlement et dans les justices seigneuriales.

Sous Charles V, les conseillers et les présidents du parlement ne tenoient point leurs charges à titre d'offices. Les gens de robe, devenus juges, n'avoient que de simples commissions; ils étoient payés par jour, selon leur travail, et le roi les changeoit comme il le vouloit.

Les troubles du règne de Charles VI, sans rendre les juges inamovibles, rendirent le parlement perpétuel. On fit encore un pas vers l'inamovibilité, et la noblesse de robe attira peu à peu dans ses mains l'héritage complet de la noblesse d'épée. Dans les désordres où les Anglois, le duc de Bourgogne et Isabeau de Bavière plongeoient la France, on oublia de renouveler les rôles de conseillers et de juges; ceux-ci, profitant de cet oubli, se perpétuèrent dans leurs commissions; toutefois ces commissions ne furent point des offices à vie : ce furent seulement des offices tenus pendant le règne du prince qui les avoit accordés. Des hommes habiles et très instruits d'ailleurs, n'ont pas suivi rigoureusement la vérité historique lorsqu'ils ont avancé que l'inamovibilité fut établie, ou, pour parler plus correctement, fut rétablie dans le parlement sous Louis XI. Il est vrai qu'il donna, en 1467, un édit pour rendre perpétuels les offices de judicature, mais il n'en tint compte : on le voit changer sans cesse les officiers du parlement par pur caprice, et pour prouver, comme le dit un historien, *qu'il était le maître.* Si, dans l'ordonnance du 21 septembre 1468, il commande que l'on entretienne *en charges sans aucunement les muer* ceux qui les possèdent, il ajoute : *sinon toutefois qu'aucuns d'eux soient trouvés autres que bons et loyaux.* Si, en 1483, quelque temps avant sa mort, il fit promettre à son fils de conserver en charges tous ceux qu'il en avoit pourvus, il n'en est pas moins vrai qu'à la fin de l'édit de 1468 il avoit ordonné que les charges et offices fussent confirmés à l'avénement de son fils à la couronne. Il n'y a donc point encore là, messieurs, de véritable inamovibilité dans la magistrature de robe.

Sous les règnes de Charles VIII et de Louis XII, et même sous celui de Louis XI, la vénalité des charges, si fâcheuse dans son principe, si avantageuse dans ses conséquences éloignées, commença à s'introduire, puisque les arrêts de 1493 et de 1508 proscrivent la vente des offices de judicature, et que les états-généraux firent des remontrances à Louis XI sur ce sujet; mais ce ne fut que sous le règne de François Ier que la vénalité de ces offices devint légale. Elle fut consacrée sous Henri II par l'ordonnance de 1554. François II l'attaqua, ou plutôt Catherine de Médicis, qui, par des vues politiques, voulut rendre au parlement son ancienne forme d'élections. Deux édits de Charles IX, de 1568 et 1569, confirmèrent la vénalité. Henri III, nonobstant son ordonnance, dite de Blois, renouvela les dispositions des édits de Charles IX. Les charges de judicature tombèrent aux parties casuelles, et devinrent un objet de commerce entre les particuliers. Il ne manquoit plus pour compléter le système, que de rendre les charges héréditaires : c'est ce que fit Henri-le-Grand par son édit de 1604 : tout officier de judicature payant chaque année au roi le soixantième de la finance de sa charge, pouvoit faire passer cette charge à sa veuve et à ses héritiers. Louis XIV et Louis XV mirent la dernière main à cet ouvrage du temps et du gouvernement de tant de rois. Et voilà, messieurs, ainsi que je l'ai annoncé dans l'exposé de ce discours, comment on revint, par les voies les moins pures, au principe si pur de l'inamovibilité. Vous voyez à présent jusqu'à quel point sont fondés en raison ceux qui, pour mieux combattre la proposition soumise à votre examen, se font un système complet de magistrature inamovible, et ceux qui pour la soutenir seroient tentés de nier ce principe.

§ II.

Or, maintenant, messieurs, la première partie de la question étant bien connue, les raisons que l'on peut donner pour rejeter la *résolution* de la Chambre des députés me semblent perdre de leur importance. En effet, la conséquence de la *résolution*, si vous l'adoptez, sera de mettre pendant un an l'ordre judiciaire dans l'état où il s'est trouvé durant tant de siècles ; je veux dire qu'il restera à la fois amovible et inamovible : inamovible de droit par la Charte, comme il l'étoit autrefois dans le roi, les pairs et les juges d'épée ; amovible de fait, mais pour le court espace d'un an, tel qu'il existoit dans les juges de robe. Or, si notre magistrature a été dans cette position depuis Clovis jusqu'à Charles IX, sans qu'on ait éprouvé ces malheurs, qui seroient aujourd'hui, nous dit-on, le résultat d'une amovibilité temporaire, espérons que la France ne périra pas pour être sous le rapport de la justice, pendant douze mois, précisément comme elle a été pendant douze siècles.

Si je descends du principe général aux raisons particulières de ceux qui combattent la *résolution*, il me paroît qu'elles ne sont pas tout-à-fait sans réplique. En commençant par celles qu'on tire de la Charte, on dit que la *résolution* est inconstitutionnelle, qu'elle empiète sur la prérogative royale. S'il en étoit ainsi, messieurs, il faudroit la rejeter à l'instant. Heureusement de telles assertions sont faciles à détruire. Qu'il me soit permis de rappeler que j'ai un peu étudié la Charte ; j'en ai été le premier commentateur ; je l'ai défendue lorsqu'elle, étoit attaquée ; je crois donc avoir acquis le droit d'en parler librement, sans qu'on puisse me soupçonner d'y être moins attaché que ceux qui combattent la *résolution*.

Hé bien, messieurs, cette *résolution* ne donne pas, selon moi, la plus petite atteinte à la Charte. Il est certain, comme on l'a remarqué, que l'art. 57, comparé à l'art. 58, laisse une certaine liberté, et que la proposition peut être regardée comme un moyen terme qui sert à lier ces mots de *nomination* et d'*institution* employés dans les deux articles.

Mais, sans tenir à cette interprétation, il est de principe qu'on ne viole pas la Charte parce qu'on supplie l'autorité royale d'en suspendre temporairement un article. Vous-mêmes, messieurs, ne venez-vous pas de concourir à la formation de quelques lois dont le but est d'arrêter l'action de plusieurs dispositions de la Charte, notamment des dispositions 4 et 8 ? Combien d'ordonnances nécessaires sans doute, et toutes autorisées par l'article 14, n'ont-elles pas néanmoins dépassé les limites du pouvoir constitutionnel ! La Chambre des députés a-t-elle le droit de demander qu'on ajoute une nouvelle dérogation à ces dérogations, que le temps et nos malheurs ont impérieusement exigées ? Qui oseroit le nier ? L'article 19 de la Charte accorde aux deux Chambres *la faculté de supplier le roi de proposer une loi sur quelque objet que ce soit*, et *d'indiquer ce qui leur paroît convenable que la loi contienne.* Vous ne voulez pas sans doute, messieurs, vous priver d'un aussi beau privilége qui ajoute à votre dignité, parce qu'il annonce une pleine confiance en votre raison : contester aux Chambres le droit de proposition, ce seroit une véritable infraction à la Charte.

D'ailleurs, il faut faire une distinction entre une constitution établie, et une constitution qui commence : on doit craindre de toucher à la première ; mais, pour mettre la seconde en mouvement, on est quelquefois obligé de se placer en dehors de cette même constitution. N'est-ce pas ce qu'on a fait cette année pour la formation de la Chambre des députés ? Cette Chambre n'auroit pas pu exister telle qu'elle est, si la prévoyance du roi, qui s'élève si haut, avoit cru qu'il n'étoit pas possible de s'éloigner de la lettre de la Charte. Il en est ainsi, messieurs, de la partie de la constitution qui regarde l'ordre judiciaire : cette partie n'est pas achevée ; elle n'a pas encore reçu son entière exécution. Il ne s'agit pas d'enlever aux juges, par la suspension temporaire de l'institution royale, un caractère déjà imprimé : il s'agit de savoir comment on les revêtira de ce caractère. La Charte pose en principe l'inamovibilité ; mais elle ne dit pas dans quel délai, avec quelle précaution on appliquera ce principe : elle en laisse le soin à la prudence de la loi. C'est donc une loi sur cet important sujet que la *résolution* demande ; elle cherche très justement à diriger notre attention vers le choix des juges. L'inamovibilité, inconnue dans les gouvernements républicains et dans les empires despotiques, convient aux monarchies tempérées, qui se composent de pouvoirs indépendants; elle est dans l'intérêt de l'État, dans l'intérêt des justiciables; mais son excellence dépend de la bonté des choix; car si les choix sont mauvais, l'inamovibilité, le plus grand des biens, deviendroit le plus grand des maux.

Voilà les raisons qui établissent la légalité et le but constitutionnel de la *résolution*. Quant à la prérogative royale, loin que cette *résolution* la resserre, elle tend visiblement à l'augmenter. Le roi, par la Charte, ne peut nommer que des juges inamovibles : avec la *résolution*, il joindra à ce pouvoir celui de l'amovibilité. Et quel pouvoir! qu'il est immense! disons-le franchement, qu'il seroit dangereux, s'il étoit confié à tout autre prince qu'à un roi dont l'Europe entière admire la modération et la sagesse! Vous ne doutez pas, messieurs, que lorsque le roi, par l'article 27 de la Charte, pouvoit nommer des pairs à vie et des pairs héréditaires, la prérogative royale ne fût plus étendue que quand l'ordonnance du 18 août a semblé restreindre cette prérogative à la faculté de conférer la seule pairie héréditaire. La *résolution* des députés fait pour la justice, en sens contraire, tout justement ce qu'a fait l'ordonnance du 18 août pour la pairie; elle ne retranche pas, elle ajoute à la prérogative royale.

Mais enfin, des propositions multipliées ne servent, dit-on, qu'à inquiéter le gouvernement. Jusqu'ici je n'en connois que deux qui aient été portées d'une Chambre à l'autre Chambre : personne ne nie d'ailleurs qu'il n'y ait des inconvénients attachés à notre genre de constitution. Si nous nous plaignons à présent, que sera-ce quand la presse et les journaux seront libres; quand le public se mêlera de nos débats, blâmera, approuvera nos discours, censurera les lois, les nominations, les ministres, les actes du ministère ? Il faudra bien pourtant, tôt ou tard, arriver là, car nous voulons un gouvernement représentatif.

On ajoute encore « que des *résolutions* annon-
« cent une défiance peu respectueuse; qu'elles sont
« pour les ministres une espèce de leçon, un re-
« proche tacite fait à leur vigilance; qu'il n'est pas
« bon que le pouvoir législatif prenne l'initiative
« dans des mesures qui sont du ressort du pouvoir
« exécutif. »

Je n'ignore pas tous ces raisonnements : on pourroit même, pour les fortifier, citer ce qui se passa il y a quelques années dans le parlement d'Angleterre. Le gouvernement britannique avoit fait de mauvais choix; l'opposition attaqua le ministère. Le ministre laissa parler les orateurs; ensuite il se leva et dit : « Les choix sont mauvais, très mau-
« vais, plus mauvais peut-être encore qu'on ne
« le suppose; mais qui oseroit soutenir dans la
« Chambre des communes que le gouvernement
« n'a pas le *droit* de faire de mauvais choix ? »

La réponse est péremptoire; elle est tirée de la

nature même de la monarchie; toutefois seroit-elle bonne pour les circonstances où nous nous trouvons? Quand cette réponse fut faite, la constitution angloise existoit-elle depuis long-temps, ou étoit-elle nouvellement établie? Falloit-il créer un ordre de choses tout entier, expliquer, fonder, fixer cet ordre par des lois urgentes, nées des besoins du moment? Avoit-on été obligé de violer tant d'articles du pacte constitutionnel? Étoit-ce après vingt-sept ans de malheurs, de bouleversements, de révolutions inouïes dans l'État et dans les mœurs, que le ministre anglois tenoit ce langage?

D'ailleurs, messieurs, il n'est pas question ici d'attaquer des choix; on cherche seulement un moyen de les rendre plus faciles au chef honorable de la justice. Je ne vois rien dans les *propositions* des Chambres qui sorte des bornes de la plus stricte convenance. N'est-il pas tout simple que, dans la multitude des affaires qui accablent les ministres, quelques-unes se dérobent à leur sollicitude? Qui songe à leur en faire un crime? N'est-il pas tout simple que les Chambres, sans cesse occupées du bien public, suppléent par une *résolution* à ce qui semble avoir échappé à l'œil du gouvernement? Je suppose qu'avant la loi sur la suspension de la liberté individuelle, un pair eût sollicité cette suspension, aurions-nous trouvé détestable, comme proposition, ce que nous avons déclaré excellent comme loi? Enfin, si le droit de proposition ne doit pas être exercé, pourquoi est-il dans la Charte? Il y est comme droit de nature il y est comme une sorte de faculté consultative du pouvoir législatif au conseil exécutif, comme un soulagement à l'attention, un aide aux travaux des ministres. Après tout, une proposition des Chambres, souvent utile, ne peut jamais être dangereuse au gouvernement, puisqu'il en demeure le dernier juge : s'il la trouve bonne, il la fait vivre en la changeant en loi; s'il la condamne, elle expire au pied du trône. Usons donc, sans en abuser, de tout ce que la Charte nous a permis, et ne voyons pas le mal où il n'est pas.

On s'écriera peut-être : « Hé bien, nous admettons que la *résolution* n'est pas inconstitutionnelle; vous conviendrez du moins qu'elle est de nature à produire les résultats les plus funestes. » Je n'en conviens pas du tout; mais je sais qu'on élève beaucoup d'objections. Pour montrer mon impartialité, je vais moi-même proposer une difficulté considérable, qui jusqu'ici avoit été oubliée, mais qu'un pair vient d'indiquer dans son discours.

On pourroit dire : « Vous demandez la suspen-
« sion de l'institution royale pendant un an, sous
« prétexte qu'il y a de grandes réformes à faire
« parmi les juges, et qu'après les bouleversements
« de la révolution, il faut se donner le temps de
« connoître et de bien choisir les hommes. Mais
« est-ce la première fois que l'on a vu des troubles
« en France ? et nos rois ont-ils jamais ordonné les
« réformes dont vous parlez ? Sous Charles VI, Isa-
« beau de Bavière créa un parlement; Morvilliers
« en fut le premier président. Ce parlement reçut

« le serment de fidélité que les Parisiens prêtèrent
« à Henri V, roi d'Angleterre; il procéda à la
« condamnation du dauphin, légitime héritier du
« trône; cependant le dauphin, devenu Charles VII,
« pardonna tout et ne changea pas les magistrats.
« Après la Ligue, après la Fronde, aucun membre
« du parlement ne perdit sa place : on pourroit dire,
« il est vrai, qu'à cette dernière époque les juges
« étoient inamovibles. »

Voilà, je pense, messieurs, l'objection historique dans toute sa force. Mais, malgré l'autorité de ces exemples, comment comparer les temps et les hommes que nous venons de rappeler avec les temps et les hommes que nous avons vus? Qu'y a-t-il de commun entre la Fronde et nos derniers malheurs? Sous Charles VI, sous Henri IV, pendant la minorité de Louis XIV, il y avoit faction, et non pas révolution en France : les esprits étoient agités; les mœurs restoient immobiles; la morale, la religion surtout, étoient entières. On peut se relever de tous les crimes quand les bases de la société ne sont pas détruites; on peut revenir à toutes les vertus quand l'esprit de famille n'est pas changé, quand les mœurs domestiques sont demeurées les mêmes malgré les altérations du gouvernement. Si au contraire la révolution est faite dans la famille comme dans l'État, dans le cœur comme dans l'esprit, dans les principes comme dans les usages, un autre ordre de choses peut s'établir; mais il ne faut plus s'appuyer sur des analogies qui n'existent pas, et prendre le passé pour la règle du présent.

Quels avoient été, messieurs, les principes et l'éducation de ces juges factieux sous les règnes de Charles VI, Henri IV et Louis XIV? quelles étoient les lois particulières auxquelles ils se soumettoient? les mœurs, la religion qu'ils conservoient dans leur famille, la morale qu'ils transmettoient à leurs fils? les exemples de vertus domestiques qu'ils donnoient, tout en étant emportés par les tempêtes de l'État? A l'époque des calamités du quatorzième siècle, ils ne recevoient ni présents, ni visites, ni lettres, ni messages, relativement aux procès. Ils ne mangeoient ni buvoient jamais avec les plaideurs; on ne pouvoit leur parler qu'à l'audience : le commerce leur étoit défendu. Les juges ne pouvoient être sénéchal, prevôt ni bailli dans le lieu de leur naissance. La justice étoit gratuite; les conseillers au parlement recevoient cinq sous parisis par jour de service; le premier président avoit mille livres, les trois autres présidents cinq cents livres : joignez à cela deux manteaux qu'on donnoit chaque année à ces magistrats; voilà quelle étoit leur fortune. Il falloit trente ans de service pour obtenir, à titre de pension, la continuation d'un traitement si modique. Lorsque ces légistes n'étoient point de service, et que conséquemment ils n'étoient point payés, ils retournoient enseigner le droit dans leurs écoles. Aussi le roi Jean disoit d'eux : « *De quels gages, tout* « *modiques qu'ils sont, la modeste sincérité des offi-* « *ciers de notre cour est contente.* » Sous Charles VI, les juges étoient si pauvres, que le greffier du parlement ne put dresser le procès-verbal de quelques fêtes qui eurent lieu à Paris, parce qu'il n'avoit pas de parchemin, et que sa cour n'étoit pas assez riche pour en acheter. Toutes les dépenses du parlement, vers le milieu du quatorzième siècle, s'élevoient à la somme de onze mille livres, qui, à quatre livres quatre sols le marc, faisoient environ cent soixante-cinq mille francs de notre monnoie d'aujourd'hui.

Plus tard, et en se rapprochant de notre siècle, Henri de Mesme, fils du premier président de Mesme, nous fait connoître ainsi ses mœurs et ses études : « L'an 1545, dit-il, je fus envoyé à Tou-
« louse pour étudier en lois, avec mon précepteur
« et mon frère, sous la conduite d'un vieux gen-
« tilhomme tout blanc, qui avoit long-temps voyagé
« par le monde. Nous étions debout à quatre heures,
« et, ayant prié Dieu, allions à cinq heures aux
« études, nos gros livres sous le bras, nos écri-
« toires et nos chandeliers à la main. »

« Les mœurs innocentes de ces magistrats, dit
« Mézeray, et leur extérieur même, servoient de lois
« et d'exemple..... Un grand fonds d'honneur fai-
« soit leur principale richesse : ils croyoient leur
« fortune sûre et honorable quand elle étoit mé-
« diocre et juste. »

Les factions de l'État pouvoient quelquefois, messieurs, égarer de pareils hommes ; mais l'expiation suivoit de près la faute : l'ambitieux Brisson mourut pour son roi.

Pairs de France, j'aperçois au milieu de vous les descendants de ces magistrats vénérables ! Ils pourroient vous dire qu'à l'époque même de la révolution ils retrouvoient dans leurs familles cette religion, ces bonnes mœurs, cette science, cette gravité, cet amour de la justice, qui commençoient à disparoître dans les ordres de l'État. Les Nicolaï, les Lepelletier, les Lamoignon, les Molé, les d'Aligre, les Séguier, les Barentin, les d'Albertas, les d'Aguesseau, s'étoient conservés comme les antiques monuments de la monarchie : vieillis auprès de la loi, ils étoient restés purs et inaltérables comme elle.

Ah, messieurs ! quel plaisir nous trouverions à comparer, s'il étoit possible, la magistrature que la révolution a fait naître, à cette magistrature qui rendit le dernier soupir avec Malesherbes ! Autrefois en France, lorsque le roi, grand justicier de son royaume, venoit à mourir, toute justice étoit suspendue; il falloit renouveler les offices de judicature : le parlement paroissoit aux obsèques du prince, et entouroit le cercueil. Bientôt le cri de la perpétuité de notre empire : *Le roi est mort, vive le roi!* se faisoit entendre. Les tribunaux se rouvroient, et la justice renaissoit avec la monarchie.

Messieurs, les tribunaux ne se sont point rouverts après la mort de Louis XVI; on n'a point entendu autour de son cercueil le cri de *vive le roi!* Comme autrefois, les magistrats ont suivi le monarque au lieu de la sépulture, mais on ne les en a point vus revenir : ils se sont ensevelis dans la tombe de leur maître; et, pendant quelques années, la justice est remontée au ciel avec le fils de saint Louis.

Les troubles sous Charles VI, la Ligue et la Fronde, n'avoient point détruit le parlement et bouleversé les sanctuaires de nos lois. De nos jours, au contraire, notre antique justice a fait naufrage comme le reste de la France. Il s'est formé de ses débris des tribunaux où tout est nouveau, jusqu'au code d'après lequel ils prononcent sur l'honneur, la vie et la fortune des citoyens. Qui vous répond de vos juges ? La religion ? mais n'est-elle pas aujourd'hui séparée de tout, comme elle étoit autrefois dans tout ? La morale ? mais pourroit-on dire que sous le rapport des mœurs nous sommes ce qu'étoient nos pères ? L'éducation ? mais les bonnes études n'ont-elles pas péri au milieu de nos discordes ? Parmi les magistrats qui composent le nouvel ordre judiciaire, il en est sans doute qui auroient fait honneur, même à notre ancien barreau ; cependant, nous ne pouvons pas nous le dissimuler, la voix publique s'élève de toutes parts. Tant d'hommes depuis vingt-cinq ans ont échappé à la vue dans le tourbillon révolutionnaire ! Ne leur demandons pas des vertus qui ne sont pas de leur siècle; faisons une ample part au temps et au malheur; oublions beaucoup de choses; usons d'une grande indulgence : mais sera-ce employer trop de rigueur que de vouloir connoître un peu les juges avant de les choisir ? Et pour les connoître, ne faut-il pas prendre le temps nécessaire ? Trop d'empressement nous exposeroit à donner à l'iniquité l'inamovibilité de la justice.

On nous dit : « Si vous retardez l'institution

royale, vous jetterez l'inquiétude dans une multitude de familles : le juge, pendant un an, ne saura comment juger : dénoncé par la partie condamnée, il craindra toujours d'être dépouillé. D'une part, vous ferez des juges hypocrites ; de l'autre, vous vous exposerez à perdre des magistrats recommandables. En France, on ne veut point rester incertain de sa destinée. Aucun homme ne se souciera d'occuper une place qu'une calomnie peut lui ravir : il refusera de se soumettre à cette honteuse défiance de la loi.

Voilà de grandes paroles, messieurs, mais tout cela est-il bien juste ? Je ne sais si les magistrats se soulèveront contre ce délai d'une année ; je sais qu'ils n'ont point murmuré quand Buonaparte s'est donné cinq ans pour confirmer l'inamovibilité. De plus, une mesure générale n'est insultante pour personne : on n'est pas persécuté, parce qu'on n'est pas définitivement fixé dans la place que l'on occupe. Si l'amovibilité étoit une chose si fâcheuse, on n'accepteroit jamais de places amovibles, et elles le sont presque toutes en France. Dans l'ordre des choses mêmes dont nous parlons, les juges de paix sont amovibles, les tribunaux de commerce et une partie des cours prevôtales sont amovibles, les conseils de guerre sont amovibles, et pourtant dans toutes ces sortes de magistratures on ne se croit pas déshonoré. Enfin, messieurs, si les juges réclamoient contre la suspension momentanée de l'institution royale, combien le ministre de la justice devroit se plaindre, lui qui, magistrat suprême, est placé à la tête d'une inamovibilité dont il ne partage pas les honneurs!

Quant à ces hommes qui jugeront contre leur conscience, si je ne me trompe, ce n'est pas la question. Il ne s'agit pas de ce que le magistrat fera, mais de ce qu'il a fait, mais de sa conduite passée, mais de savoir s'il n'a point commis de crimes qui le rendent indigne de s'asseoir sur les fleurs de lis. Si un an d'inquiétude suffit pour en faire un juge prévaricateur, il faut convenir qu'il étoit bien près de la corruption. De bonne foi, perdra-t-il sa place au bout de l'année, parce qu'il aura été dénoncé par un plaideur mécontent, parce qu'il se sera trompé dans le jugement d'un procès? Non, sans doute. Mais il la perdra si l'on vient à découvrir ce qu'on ne sait pas aujourd'hui; s'il a surpris la religion du ministre de la justice; si l'on apprend que dans le cours de la révolution il a tenu une conduite honteuse; si la morale, l'humanité, la justice, ont de graves reproches à lui faire.

La suspension de l'institution royale ne servira, dit-on, qu'à rendre le juge hypocrite! Ce juge a donc des vices à cacher, des vertus à feindre. Nous craignons avec raison l'hypocrite d'un an; craignons donc aussi de donner l'inamovibilité à cet hypocrite, puisque nous n'en ferions qu'un juge vicieux, et vicieux tout à son aise le reste de ses jours à la tête des tribunaux.

D'ailleurs, messieurs, l'objection tombe par un seul fait. Les juges depuis le retour du roi, à l'exception de quelques cours, sont demeurés amovibles.

Toujours menacés d'être renvoyés avant d'avoir reçu l'institution royale, en ont-ils plus mal jugé? Leur reproche-t-on des prévarications insignes? Ont-ils montré cette inquiétude dont on fait tant de bruit? Non, messieurs : ils sont restés tels qu'ils étoient, ni meilleurs, ni pires. Ceci nous amène à remarquer que la suspension de l'institution royale pendant un an ne changera presque rien à l'état de votre magistrature actuelle : il y a en effet dix-huit mois que cette magistrature, inamovible par le droit, est amovible par le fait.

Allons plus loin : admettons, ce que je ne crois pas, que la suspension de l'institution royale jette en effet quelque désordre dans la magistrature. Mais ce mal passager, ce mal d'un an, pourroit-il être comparé à ce mal dont on ne sortiroit que par la mort; à ce mal qui empoisonneroit peut-être pour toujours les sources de la justice, si l'on venoit à se tromper sur les choix, mais par une de ces erreurs qui peuvent échapper à l'attention la plus soutenue comme à la volonté la plus sage?

Suspendre pendant un an l'institution royale n'est pas une chose insolite en France. Nous avons une foule de lois relatives aux choix des magistrats. «*Voulons*, dit une ordonnance du 5 février 1388, « *que nul ne soit président et conseiller si, première-*« *ment, il n'est témoigné à nous par notre chance-*« *lier et par les gens de notre parlement, être suffi-*« *sant à exercer ledit office.* » L'ordonnance de Moulins, de 1566, recommandoit, pour la haute magistrature, une *enquête de capacité et de pru-*

d'homie des pourvus. L'ordonnance de 1560 avoit établi cette enquête pour les juges inférieurs.

Ce droit d'enquête existoit de temps immémorial dans les parlements; il s'étendoit souvent, pour le magistrat proposé, au-delà d'une année. Les cours souveraines exerçoient ce droit sur les tribunaux subalternes, comme elles l'exerçoient sur elles-mêmes. Il falloit faire preuve de bonne vie et mœurs, d'attachement au roi et à la religion. L'institution eût-elle été donnée, si l'enquête n'étoit pas favorable, les parlements refusoient l'enregistrement des *provisions,* et le ministre n'insistoit pas.

Et pourtant, messieurs, de quoi s'agissoit-il alors? De nommer çà et là quelques juges à quelques places vacantes dans les tribunaux existants. Aujourd'hui il n'est question que de recréer tous les tribunaux, et de constituer à la fois quelques milliers de juges. Une sage suspension dans les choix semble, en pareil cas, naturellement indiquée. L'intégrité du ministre de la justice, favorisée par cette longueur de temps, pourroit alors établir en France des tribunaux dignes de la gravité des Harlay et des l'Hospital, et de la science des Loyseau, des Pasquier et des Du Tillet. En précipitant la nomination des juges inamovibles, on contrarieroit toutes les traditions, tous les usages, et toutes les lois de nos aïeux. Il y a une chose curieuse à observer : tandis que la Chambre des députés adoptoit la *résolution* pour la suspension de l'institution royale, on prenoit la même mesure dans un royaume voisin, où notre ordre judiciaire a naguère été établi. Ce pays avoit aussi autrefois son sénat inamovible, presque héréditaire, et le corps judiciaire le plus renommé de l'Europe après les parlements de France.

« L'enquête, objectera-t-on, avoit lieu autrefois avant la nomination; elle étoit donc sans inconvénient, puisqu'elle ne menaçoit que le juge; mais la suspension, venant après la nomination, tourne contre le justiciable. » Pour le prouver, on ajoute que le juge, incertain de son sort, deviendra très dangereux, surtout dans un moment où des lois terribles ont été remises entre ses mains.

Ceci, messieurs, n'est qu'un nouveau développement de l'objection générale à laquelle j'ai déjà essayé de répondre. C'est toujours supposer que, par la suspension de l'institution royale, les juges vont devenir des espèces de démons; qu'ils se hâteront de faire tout le mal possible; qu'ils persécuteront la veuve, dépouilleront l'orphelin, favoriseront la richesse et le pouvoir, condamneront l'indigence et la foiblesse. Grand Dieu! s'il en est ainsi, ne rendons jamais de pareils juges inamovibles, de peur qu'ils ne fassent toute leur vie le mal qu'ils vont faire dans une année.

Pour nous rassurer, on soutient que l'inamovibilité transformera tout à coup leur caractère; les bons deviendront excellents, les médiocres meilleurs, les méchants moins mauvais. Hé bien! je reconnois ces heureux effets de l'inamovibilité; mais je dis qu'elle ne les opère qu'avec le temps, que ces métamorphoses ne sont ni l'ouvrage d'un jour ni même d'une année; tout ne changera pas comme d'un coup de baguette, parce que vous vous hâterez d'instituer à la fois les juges, au risque de faire des choix funestes. L'inamovibilité ne confère pas si vite toutes les vertus; je pourrois trop aisément le prouver.

On s'est jeté enfin sur les principes généraux : on a affirmé, dans l'une et l'autre Chambre, que l'indépendance de la justice est la sauvegarde de la liberté; que toutes les espèces de tyrannie, la tyrannie du forum comme celle du sérail, ont toujours essayé de décroître l'inamovibilité.

Tout cela est vrai, mais pourquoi perdre son temps à la soutenir, puisque personne n'avance le contraire ? D'un bout à l'autre de ce discours je n'ai cessé, messieurs, de vanter l'inamovibilité : j'ose le dire, aucun de vos orateurs ne l'a admirée plus que moi, et n'en a fait un aussi grand éloge. Mais encore une fois attaque-t-on l'inamovibilité, parce qu'on demande un an pour trouver des hommes dignes de veiller à l'arche sainte des lois ? Puisqu'on met en avant les principes généraux, qu'on se souvienne donc aussi, que si la liberté se conserve par la justice, elle peut se perdre par le juge. Que nous serviroit une magistrature inamovible, si nous avions des magistrats infidèles, prêts à violer leurs serments, à se précipiter dans les bras du premier tyran heureux, à lui porter en présent une inamovibilité changeante comme la fortune ? Nous n'avons pas besoin, ajoute-t-on, de recourir à cette suspension afin d'apprendre à mieux connoître le juge : s'il trahit ses devoirs, il est des lois pour le punir. Hé! s'agit-il de se mettre en garde contre des délits ordinaires? Nous pouvons frapper un juge prévaricateur, mais aurions-nous quelque moyen de l'atteindre, si, faute de le connoître, nous avions eu le malheur de le consacrer? Un magistrat ennemi du gouvernement, qui empoisonneroit l'opinion autour de lui, useroit de son influence secrète pour corrompre la multitude, protégeroit ou ne puniroit pas les rebelles, sans toutefois se compromettre légalement, et n'aspireroit qu'au moment de se rendre coupable d'une de ces hautes forfaitures qui ruinent les peuples et font périr les rois? Nous châtierions ce magistrat pour son iniquité dans de petites causes; mais il seroit hors de notre puissance, quand il auroit précipité sa patrie dans ces grands procès que l'on finit par perdre à l'appel des nations, comme au tribunal de Dieu.

Voici mes deux dernières considérations : c'est dans l'intérêt du ministre de la justice lui-même que la *résolution* doit être accueillie. Si elle étoit rejetée, surtout après avoir été connue du public, de quel poids immense le ministre ne se trouveroit-il pas chargé? Au contraire, la responsabilité qui pèse sur sa tête sera considérablement allégée par la suspension de l'institution royale.

Enfin, messieurs, c'est ici la première *résolution* que vous recevez de la Chambre des députés : elle est grave, utile dans son but; elle a été pesée avec maturité, soutenue et attaquée par les hommes les plus respectables, adoptée après un long examen. Je pense qu'il seroit heureux qu'une conviction intime vous la fît recevoir à votre tour : toute concordance de sentiments entre les deux Chambres est désirable, et d'un bel exemple aux François.

Je me résume : la résolution pour la suspension de l'inamovibilité n'est point opposée au système de notre ancienne justice amovible et inamovible à la fois : elle n'est point contraire à la Charte; elle augmente la prérogative royale; elle donne le temps de faire de bons choix; elle est favorable au ministre de la justice. Je vote pour son adoption, à moins que quelques-uns de messieurs les pairs, ou les ministres eux-mêmes, n'aient un meilleur projet de loi à nous proposer.

OPINION

SUR LA RÉSOLUTION DE LA CHAMBRE DES DÉPUTÉS,

RELATIVE AU DEUIL GÉNÉRAL DU 21 JANVIER,

PRONONCÉE A LA CHAMBRE DES PAIRS
LE 9 JANVIER 1816.

MESSIEURS, qu'il me soit permis de vous rappeler, dût-on m'accuser d'un peu d'orgueil, que je reçus l'année dernière, à pareille époque, une bien douce récompense de ma fidélité à mon souverain légitime. Cette récompense fut d'être officiellement chargé d'annoncer la pompe funèbre que la France alloit célébrer en mémoire du roi-martyr, et les monuments que la piété de Louis XVIII vouloit fonder pour éterniser ses regrets. Je fus redevable de ce choix à un ministre dont l'amitié m'honore, et qui, s'il a des ennemis, doit en chercher le plus grand nombre parmi les ennemis du roi. Vous aurez sans doute oublié, messieurs, ou peut-être n'aurez-vous jamais lu le programme que je traçai alors de la fête expiatoire : comme il renferme des dispositions qui se rattachent à la *résolution* de la Chambre des députés, comme ces dispositions sont à moitié l'ouvrage du roi, souffrez que je remette sous vos yeux quelques traits du tableau.

« Tandis que les restes mortels de Louis XVI et de Marie-Antoinette seront portés à Saint-Denis, on posera la première pierre du monument qui doit être élevé sur la place Louis XV.

« Ce monument représentera Louis XVI, qui déjà, quittant la terre, s'élance vers son éternelle demeure. Un ange le soutient et le guide, et semble lui répéter ces paroles inspirées : *Fils de saint Louis, montez au ciel!* Sur un des côtés du piédestal paroîtra le buste de la reine dans un médaillon ayant pour exergue ces paroles si dignes de l'épouse de Louis XVI : *J'ai tout su, tout vu, et tout oublié.* Sur une autre face de ce piédestal on verra un portrait en bas-relief de madame Élisabeth; ces mots seront écrits autour : *Ne les détrompez pas,* mots sublimes qui lui échappèrent dans la journée du 20 juin, lorsque des assassins menaçoient ses jours en la prenant pour la reine. Sur le troisième côté sera gravé le Testament de Louis XVI, où on lira, en plus gros caractères, cette ligne évangélique :

JE PARDONNE DE TOUT MON CŒUR
A CEUX QUI SE SONT FAITS MES ENNEMIS.

« La quatrième face portera l'écusson de France avec cette inscription : *Louis XVIII à Louis XVI.* Les François solliciteront sans doute l'honneur d'unir au nom de Louis XVIII le nom de la France, qui ne peut jamais être séparée de son roi....

« Ce monument ne sera pas le seul consacré au

malheur et au repentir. On élèvera une chapelle sur le terrain du cimetière de la Madeleine. Du côté de la rue d'Anjou, elle représentera un tombeau antique; l'entrée en sera placée dans une nouvelle rue que l'on percera lors de l'établissement de cette chapelle. Pour mieux envelopper les différentes sépultures, l'édifice entier se déploiera en forme d'une croix latine, éclairée par un dôme qui n'y laissera pénétrer qu'une clarté religieuse. Dans toutes les parties du monument on placera des autels où chacun ira pleurer une mère, un frère, une sœur, une épouse, enfin toutes ces victimes, compagnes fidèles, qui, pendant vingt ans, ont dormi auprès de leur maître dans ce cimetière abandonné. C'est là qu'on viendra particulièrement honorer la mémoire de M. de Malesherbes. On nous pardonnera peut-être d'associer ici le nom du sujet au souvenir du roi. Il y a dans la mort, le malheur et la vertu, quelque chose qui rapproche les rangs.

« Le roi fondera à perpétuité une messe dans cette chapelle; deux prêtres seront chargés d'y entretenir les lampes et les autels. A Saint-Denis, une autre fondation plus considérable sera faite au nom de Louis XVI, en faveur des évêques et des prêtres infirmes, qui, après un long apostolat, auront besoin de se reposer de leurs saintes fatigues. Ils remplaceront l'ordre religieux qui veilloit aux cendres de nos rois. Ces vieillards, par leur âge, leur gravité et leur travaux, deviendront les gardiens naturels de cet asile des morts, où eux-mêmes seront près de descendre. Le projet est encore de rendre à cette abbaye les tombeaux qui la décoroient, et auprès desquels Suger faisoit écrire notre histoire, comme en présence de la Mort et de la Vérité. »

Voilà, messieurs, ce qui fut commandé par le roi. Une ordonnance déclara de plus, qu'à l'avenir, le 21 janvier seroit un jour consacré par des cérémonies religieuses. La première pensée de ce grand sacrifice de paix appartient donc à notre souverain, comme tout ce qui s'est fait de bon et de noble depuis la restauration de la monarchie. Et pourtant, dans le programme dont je viens de lire quelques passages, que de choses déjà vieillies, que de réflexions qui ne sont déjà plus applicables au moment où je vous parle! *Dum loquimur, fugerit invida ætas!* Combien, lorsque je retraçois la pompe de Saint-Denis, il y avoit alors d'espoir au milieu du deuil de la patrie! Combien le repentir de quelques hommes paroissoit sincère! Qu'il étoit doux pour le roi de leur pardonner!

Mais, quand leur seconde trahison nous forçoit de quitter le sol natal, auroient-ils jamais cru que nous nous retrouverions ici, à cette époque du 21 janvier, pour célébrer la seconde fête expiatoire! Ils espéroient n'entendre plus parler de ces morts qui les accusent à la face du Dieu vivant. Ce Dieu, pour les confondre, a renfermé dans le court espace d'un an des événements qu'un siècle entier pourroit à peine contenir; les hommes et les choses se sont précipités, se sont écoulés comme un torrent : toute la terre a, pour ainsi dire, passé en France entre deux pompes funèbres. Partis d'un tombeau, nous sommes revenus au pied de ce tombeau ; et, de tant de projets conçus, il n'est resté que ceux que Louis XVIII avoit formés pour les cendres du roi son frère.

La Chambre des députés veut partager les œuvres de notre souverain ; elle veut unir la douleur du peuple à celle du roi : elle nous invite à nous joindre à son touchant hommage. Pairs de France, vous qui tenez la place de l'antique noblesse, à l'exemple du pieux Tanneguy, vous vous empresserez de concourir aux obsèques d'un monarque que des ingrats abandonnèrent. J'ai vu, messieurs, les ossements de Louis XVI mêlés dans la fosse ouverte avec la chaux vive qui avoit consumé les chairs, mais qui n'a pu faire disparoître le crime ! J'ai vu le squelette de Marie-Antoinette, intact à l'abri d'une espèce de voûte qui s'étoit formée au-dessus d'elle comme par miracle ! La tête seule étoit déplacée ! et dans la forme de cette tête on pouvoit encore reconnoître (ô Providence !) les traits où respiroit avec la grâce d'une femme toute la majesté d'une reine ! Voilà ce que j'ai vu, messieurs ! voilà les souvenirs pour lesquels nous n'aurons jamais assez de larmes ; voilà les attentats que les hommes ne sauroient jamais expier ! Quand vous élèveriez à la mémoire de ces grandes victimes un monument pareil aux tombeaux qui bravent les siècles dans les déserts de l'Égypte, vous n'auriez encore rien fait : tout cet amas de pierres ne couvriroit pas la trace d'un sang qui ne s'effacera jamais !

Mais remarquez, messieurs, la puissance de la religion, de cette religion appelée à notre secours par notre monarque et par la Chambre des députés ! Elle seule peut égaler les marques de la douleur à la grandeur des adversités ; elle n'a besoin pour cela ni de pompes magnifiques, ni de mausolées superbes : quelques larmes, un jeûne, un autel, une simple pierre où elle aura gravé le nom du roi, lui suffiront. Laissons-la donc mener le deuil : cherchons seulement si dans la résolution soumise à votre examen, ainsi que dans les adresses que l'on prépare, rien n'a été oublié.

Je crois, messieurs, apercevoir une omission. Au milieu de tant d'objets de tristesse on n'a pas assez également départi le tribut de nos larmes. A peine dans les projets divers a-t-on nommé ce roi-enfant, ce jeune martyr qui a chanté les louanges de Dieu dans la fournaise ardente. Est-ce parce qu'il a tenu si peu de place dans la vie et dans notre histoire, que nous l'oublions ? Mais que ses souffrances ont dû rendre ses jours lents à couler, et que son règne a été long par la douleur ! Jamais vieux roi, courbé sous les ennuis du trône, a-t-il porté un sceptre aussi lourd ? Jamais la couronne a-t-elle pesé sur la tête de Louis XIV descendant dans la tombe, autant que le bandeau de l'innocence sur le front de Louis XVII sortant du berceau ? Qu'est-il devenu ce pupille royal laissé sous la tutelle du bourreau, cet orphelin qui pouvoit dire, comme l'héritier de David : « Mon père « et ma mère m'ont abandonné ? » Où est-il le compagnon des adversités, le frère de l'orpheline du Temple? Où pourrois-je lui adresser cette interrogation terrible et trop connue : *Capet, dors-tu? Lève-toi!* — Il se lève, messieurs, dans toute sa gloire céleste, et il vous demande un tombeau. Malédiction sur les scélérats qui nous obligent aujourd'hui à tant de réparations vaines! Qu'elle soit séchée la main parricide qui osa se lever sur cet enfant de saint Louis, roi oublié jusqu'ici dans nos annales, comme il le fut dans sa prison! La France rejette enfin les hommes qui ont eux-mêmes rejeté une amnistie sans exemple. Ils ont méconnu leur second père : la patrie ne les connoît plus! Leur propre fureur a effacé la clause du Testament de Louis XVI qui les mettoit à l'abri : la justice a repris ses droits, et le crime a cessé d'être inviolable.

Je vote, messieurs, pour l'adoption pleine et entière de la *résolution* de la Chambre des députés, et je regrette que nos règlements nous interdisent de la voter par acclamation. Je propose, en outre, d'ajouter à la *résolution* cet amendement qui complétera les expiations du 21 janvier :

« Le roi sera humblement supplié d'ordonner qu'un monument soit élevé à la mémoire de Louis XVII, au nom et aux frais de la nation. »

OPINION

SUR

LA RÉSOLUTION RELATIVE AU CLERGÉ,

PRONONCÉE A LA CHAMBRE DES PAIRS
LE 10 FÉVRIER 1816.

Messieurs, une idée aussi funeste qu'elle est étrange tomba dans la tête de quelques-uns de ces milliers de *législateurs* qui découvrirent tout à coup qu'après une existence de quatorze siècles, la France n'avoit pas de constitution ; ils imaginèrent de séparer entièrement l'ordre religieux de l'ordre politique, et cela fut regardé comme un trait de génie. Dieu, qui a fait l'homme, ne se trouva plus mêlé aux actions de l'homme, et la loi perdit ce fondement que tous les peuples ont placé dans le ciel. On fut libre de recevoir ou de rejeter le premier signe du chrétien, de prendre une épouse à l'autel de Dieu ou au bureau du maire; de choisir pour règle de conduite les préceptes de l'Évangile ou les ordonnances de police ; d'expier ses fautes aux pieds du prêtre ou du bourreau ; de mourir dans l'attente d'une autre vie, ou dans l'espoir du néant : tout cela fut réputé *sagesse*.

Et néanmoins, tandis qu'on renonçoit à la religion on prétendoit à la liberté. Mais qu'y eut-il de plus libre et pourtant de plus réligieux que Rome et Athènes? tout peuple qui ne cherche pas dans les choses divines de garanties à son indépendance finit toujours par la perdre, quelles que soient les révolutions dans lesquelles il se plonge pour la conserver. Hé! sans le roi, messieurs, que nous fût-il resté de nos excès et de nos malheurs?—des crimes et des chaînes!

Si l'Angleterre, malgré les tempêtes dont elle fut agitée sous Charles Ier, parvint à fonder sa constitution, c'est qu'à cette époque les Anglois étoient chrétiens. C'étoit la Bible à la main qu'ils prêchoient l'indépendance; loin d'être irréligieux ils étoient fanatiques. Avec le fanatisme, leurs niveleurs établirent la liberté; avec l'impiété, nos révolutionnaires arrivèrent à la servitude. N'est-ce pas une chose singulière, messieurs, que d'avoir été esclaves sous des républicains philosophes, et de nous retrouver libres sous un roi très chrétien?

Ce titre nous rappelle que nous nous sommes enfin soumis à l'autorité de ces princes qui nous ont placés au premier rang de la religion, comme au premier degré de la gloire. Si l'Église nous a reconnus pour ses fils aînés pendant un aussi grand nombre de siècles, ne cesserons-nous point d'être ingrats envers notre mère? La *résolution* que la Chambre des députés nous a transmise a pour but de rendre au clergé, non l'éclat qu'il avoit autrefois, mais cette indépendance sans laquelle le culte n'est plus qu'un fardeau pour le peuple : cette *résolution* d'une haute nature, mérite, messieurs, la plus sérieuse attention.

Nous avons un privilége, dans la Chambre des pairs, qu'on ne sera peut-être pas tenté de nous disputer : c'est d'appartenir, par la maturité de notre âge, à des temps qui ne sont plus. Nous pouvons raconter aux générations nouvelles quelle étoit jadis la splendeur de nos temples. Comment cette Église des Gaules, si puissante et si vénérable, a-t-elle été détruite? Vous le savez, messieurs. Les raisonnements les plus forts, les calculs les plus précis, l'éloquence la plus énergique ou la plus entraînante, tout échoua contre les passions. Un homme, devenu depuis trop fameux, s'opposa lui-même au premier envahissement du patrimoine de l'Église. « Ils veulent être libres, s'écria-t-il, et ils ne savent pas être justes! » Mot qui condamne aujourd'hui cet homme, ses adhérents et ses œuvres.

Un reste de pudeur ne permit pas de plonger d'abord le clergé tout entier dans la misère. On accorda aux prêtres desservants 81 millions sous le titre de salaire; 72 millions furent destinés à des pensions religieuses. Ces deux sommes excédoient les revenus ecclésiastiques, qui s'élevoient à peu près à 150 millions : elles ne furent pas long-temps payées. Les révolutions forcent presque toujours à achever le mal quand on l'a commencé; il semble à tout oppresseur qu'il se condamneroit en réparant : il est trop vrai que, chez les hommes, souvent une demi-injustice accuse, et une iniquité complète absout.

Vinrent ensuite, messieurs, ces temps de terreur, où l'on auroit pu dire ce qu'un orateur disoit de la persécution sous Dioclétien, que l'Église tout entière quittoit la terre pour monter au ciel. Au massacre des Carmes succéda la déportation de plus de trente mille prêtres. Le clergé se divisa en deux grandes classes de persécutés : l'une suivit le monarque dans son exil, l'autre resta cachée dans les ruines de la monarchie. Les consolations de la religion furent ainsi partagées entre le sujet et le roi. J'ai vu cette Église errante qui pleuroit au bord des fleuves étrangers : *Super flumina..... sedimus et flevimus !* Vous avez vu, messieurs, celle qui gémissoit dans les débris du temple : tous les témoins des tribulations de l'Église sont donc rassemblés ici; et il est inutile de peindre des malheurs qui sont les nôtres.

L'Église gallicane chanceloit, affoiblie par ses blessures. Tout à coup un homme arrive d'Égypte; ses destinées sont mystérieuses comme celles de ces monuments du désert où sont gravés des caractères que l'on n'entend plus. Une vieille forteresse en ruine l'a empêché de conquérir l'Asie, il vient conquérir l'Europe. Il a vu les sphinx, les pyramides, la plaine des tombeaux; il s'est entretenu avec les peuples de l'Aquilon et de l'Aurore. Il prend tous les masques, parle tous les langages, affecte tous les sentiments. En arrivant, il gagne une grande bataille, assassine un grand prince, étouffe la voix de son crime par celle des ses victoires, met les rois de la terre à ses pieds, force le souverain pontife à passer les Alpes, et présente à l'huile sainte un front qui n'étoit point courbé sous le triple poids du bonnet rouge, du turban et de la couronne.

De toutes les choses entreprises par Buonaparte, celle qui lui coûta le plus fut indubitablement son Concordat. Personne, ou presque personne autour de lui, ne vouloit le rétablissement des autels; et il étoit beaucoup moins ennemi des prêtres que son conseil. Supérieur aux hommes qui l'environnoient, il sentoit qu'il ne pouvoit rien fonder sans la religion; mais, au milieu des esprits forts qui lui avoient ouvert le chemin du trône, il se croyoit obligé de conserver les honneurs de l'impiété. Contraint de marcher dans cette route tortueuse, avec ceux-ci il se moquoit de la religion, mais il disoit qu'il étoit bon de s'en servir comme d'un moyen politique; avec ceux-là il déclamoit contre les athées, promettoit de rendre à l'Église tout son éclat, mais faisoit entendre qu'il se trouvoit forcé de garder d'abord certains ménagements. Il trouvoit ensuite dans son propre caractère des obstacles invincibles à une véritable restauration du culte. Si, d'un côté, la force de sa tête et son intérêt personnel lui faisoient apercevoir les avantages qu'il tireroit de la religion, de l'autre sa jalousie de tout pouvoir le poussoit à persécuter ce clergé qu'il prétendoit rétablir. Ainsi, détruisant lui-même son ouvrage, il a plus nui tout seul à la religion que les révolutionnaires ensemble. Cet homme, si parfait dans le mal, étoit incomplet pour le bien ; rien ne sortoit pur de ses mains. Il étendit sur les prêtres ce système d'avilissement dans lequel il n'étoit que trop habile. Comptant peu sur l'attachement des âmes nobles, il cherchoit à créer autour de lui la bassesse pour faire naître la fidélité : il espéroit que la vertu tombée seroit obligée de le suivre, comme l'innocence déshonorée n'a souvent d'autre ressource que la protection de son corrupteur.

Les prétendues lois qui devoient rétablir la religion en France furent de véritables lois de proscription. Par les lois organiques du Concordat (lois que la cour de Rome n'a jamais reconnues), les évêques se virent enlever l'organisation de leurs séminaires. La conscription fut établie jusque dans le Saint des saints, et bientôt on la vit figurer comme un article de foi dans le catéchisme.

Ce n'étoit pas assez que la révolution eût dépouillé les autels, il falloit encore s'opposer à ce que les églises pussent jamais posséder : les deux fameux articles LXXIII et LXXIV de ces mêmes lois organiques rassurent toutes les craintes de la sagesse du siècle. Par ces articles, les fondations qui ont pour objet l'entretien des ministres et l'exercice du culte, ne peuvent consister qu'en rentes sur l'État : les immeubles ne sont point susceptibles d'être affectés à des titres ecclésiastiques.

Un décret du 30 décembre 1809, article XL, fixe le traitement des vicaires à 500 francs au plus, et à 300 francs au moins : presque partout on a pris le *minimum*. Plusieurs autres lois et décrets portent que les pensions ecclésiastiques seront précomptées sur les traitements des desservants : elles l'étoient avec rigueur sur ce misérable viager de 300 ou de 500 francs.

Les écoles secondaires ecclésiastiques furent soustraites à la puissance ecclésiastique : la religion cessa d'exercer une autorité salutaire sur les vivants; et l'on voulut priver les morts eux-mêmes des respects dont le christianisme se plaît à environner la tombe. Buonaparte, qui versoit le sang des François pour sa gloire, s'empara de leurs cendres à son profit; il mit les cimetières en régie, et afferma nos funérailles.

Dieu a brisé son fléau; mais sommes-nous instruits par le châtiment? Qu'avons-nous fait, depuis que nous sommes libres, pour le rétablissement de la religion? Au sortir de la captivité, ne voulons-nous point rebâtir le temple? Jetons les yeux autour de nous et considérons l'état de l'Église.

Depuis que la France est rentrée dans ses anciennes limites, elle ne renferme plus, d'après les circonscriptions établies par le Concordat, que cinquante diocèses, neuf archevêchés, et quarante-un évêchés. Le nombre des desservants se compose environ de cent neuf vicaires généraux, de quatre cent vingt chanoines, de quatre cent quatre-vingt-dix curés de première classe, de deux mille quatre cents curés de seconde classe, de vingt-six mille six cent soixante succursalistes.

Il y a dans ce moment cinq archevêchés et huit évêchés vacants, et à peu près cinq mille succursales.

La totalité des places à remplir, y compris celle des vicaires et prêtres employés dans les hôpitaux, maisons de charité, etc., étoient en 1815 d'environ quarante-six mille ; il n'y avoit que trente-quatre mille prêtres en état d'être employés : il en manquoit donc douze mille.

Or, messieurs, si vous calculez la probabilité des décès, douze années suffiront pour emporter ces trente-quatre mille vieux prêtres, qui, brisés par un long martyre, retournent chaque jour à ce Dieu pour lequel ils ont tant combattu. Il peut se faire qu'en 1828 il ne reste pas un seul membre de l'ancien clergé, calcul d'autant plus effrayant que depuis 1801 jusqu'à ce jour, les ordinations n'ont donné que six mille prêtres.

Quant au traitement, le trésor fournit pour les cardinaux, archevêques, évêques, grands vicaires et chanoines, un peu plus de 1 million 400 mille francs ; pour les curés de première et de seconde classe, et pour les succursalistes, à peu près 11 millions. Les bourses, les congrégations religieuses, et autres petites dépenses, emportent environ 600,000 francs. Cinq millions sont affectés de plus au paiement de quelques pensions ecclésiastiques. Les départements contribuent en outre aux frais du culte pour 2 millions 600,000 francs. En réunissant toutes ces sommes, on trouve que l'État fait au clergé, en 1816, une rente viagère de 20 millions 600,000 francs : et l'on a dépouillé ce clergé d'une propriété qui rapportoit en 1789 150 millions de revenus ! et l'Assemblée constituante elle-même lui avoit alloué par an la somme de 153 millions!

Les archevêques, évêques, grands vicaires, chanoines et curés, ont donc aujourd'hui des traitements qui suffisent à peine, chez les uns à la décence, chez les autres aux premiers besoins de la vie.

Les succursalistes, avec 500 francs, sont dans la misère.

Les vicaires, ne recevant rien du trésor, vivent d'aumônes ou meurent de faim.

Cinq mille paroisses sont privées de tout secours religieux. Dix mille sont sans presbytère. Le cinquième des diocèses est sans maison épiscopale, sans édifices pour les séminaires.

Les églises presque partout tombent en ruine, et des calculs, dont on ne peut contester l'exactitude, démontrent qu'avant peu d'années les deux tiers de la France seront sans prêtres et sans autels.

«En 1799, disoit l'abbé Sieyes dans un projet «de décret sur le clergé, il sera fait un dénom- «brement exact des évêques, curés et vicaires «survivants; leurs revenus nets seront convertis «en rentes viagères.» Je viens, messieurs, de faire ce dénombrement seize ans après l'époque fixée: que vous semble-t-il du revenu *net* et des *survivants?*

Dans la triste situation de nos finances, qui ne nous permet pas de venir immédiatement au secours des pauvres prêtres, la *résolution* de la

Chambre des députés nous offre du moins une première ressource. Il s'agit d'autoriser les églises à recevoir des dotations en fonds de terre. Tant que la religion ne possédera rien en propre, elle se montrera toujours aux yeux de la foule sous la forme d'un impôt, et non avec les charmes d'un bienfait. « Rendez sacré et inviolable l'ancien et « nécessaire domaine du clergé, dit Montesquieu; « qu'il soit fixe et éternel comme lui. » Qu'est-ce, en effet, que des prêtres salariés, messieurs? Que peuvent-ils être pour le peuple, sinon des mercenaires à ses gages, qu'il croit avoir le droit de mépriser? Reconnoître que la religion est utile; interdire en même temps aux églises le droit de propriété, est-ce raisonner conséquemment? Soyons de bonne foi, et disons plutôt : « Nous ne vou- « lons pas de religion. » Mais disons aussi : « Nous ne « voulons pas de monarchie. » Dans ce cas, c'est même trop que de payer les prêtres : il est inutile de grever le peuple d'un impôt pour une chose qui n'est bonne à rien. Qu'après l'exil, la déportation, le massacre du clergé, on combatte encore vaillamment contre sa puissance tombée; qu'en voyant la misère profonde de nos ecclésiastiques sans abri, sans pain, sans vêtements, on leur rappelle la pauvreté des apôtres, tout en jouissant soi-même d'un abondant superflu, c'est là, il faut en convenir, du dévouement et du courage! S'apitoyer, au contraire, sur les malheurs du clergé, en faire des tableaux touchants, dire qu'il faut qu'il soit bien traité, qu'il ait de bonnes pensions : tout cela pour conclure par le fameux *mais*, n'est-ce point, au fond, la même opinion? On pourroit alors s'épargner tous ces frais d'éloquence.

Mais pourquoi les prêtres ne seroient-ils pas salariés? répondent ceux qui combattent la *résolution* : les militaires, les juges, les administrateurs le sont bien.

Si l'on veut traiter la religion comme une institution humaine, ne discutons plus; nous ne pouvons plus nous entendre. Alors s'il plaît au gouvernement, sous un prétexte quelconque, de retrancher le salaire des prêtres, tous les temples vont se fermer. Le gouvernement ne supprimera jamais ce salaire? Mais l'Assemblée constituante avoit solennellement déclaré que la première dette de la France, que la dette la plus sacrée, la plus inviolable, étoit celle que nous avions contractée envers l'Église : le vent a emporté toutes ces belles déclarations! Il faudra donc que la religion, toujours à la veille de sa ruine, suive le cours de nos révolutions, et ne soit pas même à l'abri du caprice d'une législature, ou de l'humeur d'un ministère. On supprime un tribunal, on licencie une armée, sans exposer la sûreté d'un royaume; mais chasse-t-on les pontifes du sanctuaire sans mettre la société en péril? La prêtrise n'est point un état, c'est un caractère : ne confondons point des choses si différentes. Un soldat, un magistrat, que le trésor public ne soutient plus, peuvent changer de profession, et se créer un nouveau moyen d'existence :

mais le prêtre, privé de son traitement, que deviendra-t-il ? *sacerdos in œternum !*

On nous objecte encore que, n'étant plus un corps politique, le clergé seroit dangereux s'il acquéroit une existence considérable.

Sans doute le clergé n'est plus un corps politique; mais c'est parce que nous raisonnons toujours comme s'il l'étoit, que nous tombons dans une confusion d'idées d'où naissent ensuite nos objections. Distinguons les choses, pour nous bien comprendre nous-mêmes.

Le clergé a perdu les droits qui le rendoient un ordre dans l'État; il n'est plus *corps*, mais il est demeuré *corporation*. A ce dernier titre, il peut administrer, comme toute autre communauté, les biens attachés aux fondations qu'il dessert. Et remarquez que ce n'est même jamais que comme *corporation*, et non comme *corps*, qu'il a géré les biens des églises. Son rang politique dans nos états-généraux étoit étranger à son administration.

Cela, bien entendu, nous explique pourquoi en Angleterre, sous une constitution libre, l'Église est encore un propriétaire riche et puissant, sans que le royaume en soit troublé. C'est que, dans ce royaume, le clergé a cessé d'être *corps*, et qu'il est resté *corporation*, ainsi que le nôtre aujourd'hui. Les évêques anglicans sont admis, il est vrai, dans la Chambre des pairs; mais ils y siégent comme individus, et non comme représentants d'un corps politique. Toutes les objections s'évanouissent par cette simple explication.

Le clergé, cessant d'être un ordre, n'est plus que l'organe nécessaire d'une religion qui n'est ennemie d'aucune forme de gouvernement : les seuls États démocratiques existant aujourd'hui en Europe, les petits Cantons suisses, professent la religion catholique; ainsi la plus ancienne religion a produit la plus ancienne liberté. « Nous devons « au christianisme, dit encore l'auteur de *l'Esprit* « *des Lois*, et dans le gouvernement un certain « droit politique, et dans la guerre un certain droit « des gens, que la nature humaine ne sauroit assez « reconnoître. »

A en juger par les inquiétudes que l'on affecte de répandre, il semble que, si l'on permet les dotations en faveur des églises, le clergé va soudain envahir toutes les propriétés de la France.

Les conjectures s'évanouissent devant les faits; examinons les faits. Depuis l'année 1801 jusqu'à l'année 1816, les legs en faveur des hospices se sont élevés à la somme de 20 millions. Les églises deviendront-elles plus riches dans le même nombre d'années, surtout lorsque la France, diminuée d'un tiers, ne possède plus cette pieuse Belgique à qui l'on doit plus de la moitié de ces dons faits à nos hôpitaux ? La loi de Buonaparte, qui est à peu près celle que l'on vous propose ici, excepté qu'elle ne permet qu'en rentes sur l'État, ce qu'on vous demande de permettre en biens-fonds, cette loi a-t-elle apporté des trésors aux établissements religieux ? En admettant que les églises soient aussi favorisées que l'ont été les hospices pendant les seize dernières années, elles se trouveront propriétaires de 20 millions dans seize ans d'ici, c'est-à-dire qu'elles auront 800,000 livres de rentes. Si vous supposez qu'à cette époque il existe quarante-six mille prêtres en France, autant qu'il y a de places à remplir, chaque prêtre jouira d'un revenu d'à peu près 17 livres par an, de 29 sous par mois, et de 9 deniers par jour. Que de richesses, messieurs! combien il faut se mettre en garde contre la future opulence de l'Église!

Rassurons-nous cependant. C'est un des caractères de ce siècle de craindre les maux impossibles, et d'être indifférent à ceux qui vivent pour ainsi dire au milieu de nous. Ces terreurs de la puissance à venir du clergé ressemblent à celles que Buonaparte prétendoit avoir de l'autorité du saint-siége. Il étoit maître de Rome, il tenoit Pie VII dans la plus odieuse captivité, et il ne parloit que de l'ambition des Grégoire, des Boniface et des Jules. « Ceux qui crient aujourd'hui au papisme, disoit le « docteur Johnson, auroient crié au feu pendant le « déluge. »

Les confesseurs sont un autre sujet d'alarmes. Chaque confesseur, affirme-t-on, deviendra le spoliateur secret d'une famille : nulle sûreté désormais pour les fortunes; on va commettre de toutes parts le crime de restitution! Mais, messieurs, fréquente-t-on beaucoup dans ce siècle les tribunaux de la pénitence? Je ne sache pas que jusqu'ici nous ayons infiniment à nous plaindre des dangers du repentir. Hélas! j'ai toute une autre crainte, et je la crois mieux fondée. Je pense que les dotations seront rares, foibles, insuffisantes; nous ne changerons pas l'esprit du siècle. Ceux qui craignent de voir renaître le fanatisme peuvent se tranquilliser : pour être fanatique, il faut croire en quelque chose ; on n'est pas persécuteur quand on est indifférent ; et, lorsqu'on a affecté de si grandes frayeurs sur les divisions du Midi, que l'on prétendoit être religieuses, on ne se souvenoit pas que nous sommes bien plus près de faire la guerre à Dieu que pour Dieu.

On nous dit souvent que, sous les rapports politiques, il faut marcher avec le siècle ; qu'il faut suivre le mouvement de l'Europe, et ne pas essayer de faire rétrograder l'esprit humain : je suis complétement de cette opinion ; mais soyons donc conséquents, et suivons aussi le mouvement de l'Europe sous les rapports religieux. Quel exemple ne nous offre-t-elle pas dans ce moment même ! L'empereur de Russie vient de donner une constitution à la Pologne : on sait que ce prince professe en politique, comme en toute autre matière, les opinions les plus généreuses. Or écoutez, messieurs, l'article XXX de cette nouvelle constitution.

« Les catholiques romains, ainsi que les ecclésias-
« tiques du rit grec uni, auront, au lieu des sommes
« que le gouvernement leur payoit sous le nom de
« *compétence*, un revenu annuel de 2 millions de
« florins polonois en biens nationaux. Ils en use-
« ront comme d'une propriété inaliénable. Ces
« nouveaux fonds, joints à ceux que le clergé pos-

« sédait déjà, seront répartis entre toutes les égli-
« ses, de façon que le sort des pauvres prêtres soit
« amélioré, que l'entretien du culte, des séminaires,
« et des maisons d'éducation, soit assuré.... Les
« champs et prés que l'on avoit pris au clergé
« comme biens nationaux, pour les incorporer au
« domaine de la couronne, seront rendus à l'Église.
« On retranchera des lois et des ordonnances tout
« ce qui pourroit porter atteinte à la discipline de
« l'Église et à ses droits reconnus. »

Voilà, messieurs, comme on fonde les empires ;
voilà comme on établit la liberté en établissant la
religion, en réparant les injustices. Alexandre d'ailleurs se montre aussi magnanime que sage, car il
n'est pas même de la communion dont il se déclare le protecteur. Et qu'on ne dise pas que c'est
ici une mesure dictée par la nature des choses en
Pologne; non, messieurs : c'est le résultat de l'esprit qui anime en ce moment les souverains : témoin ce fameux traité où les maîtres de trois puissants empires s'associent sous la protection du
Dieu des chrétiens, reconnoissent que toute puissance vient de lui, et que les malheurs qui frappent les rois et les peuples naissent de l'oubli de
la religion. Ainsi nous sommes sûrs que l'Europe
entière applaudira à tout ce que nous ferons en
faveur du culte de nos pères; que les souverains
alliés croiront notre révolution finie ; qu'ils seront
plus prompts à retirer leurs soldats, quand il nous
verront retourner à ce Dieu qu'ils adorèrent au camp
des Vertus, au milieu de leurs bataillons prosternés.

Si j'examinois les divers articles de la *résolution*, j'aurois quelques amendements à proposer : je désirerois, par exemple, que les donations fussent faites aux églises, aux établissements religieux, et non pas nominativement au clergé. C'est bien, il est vrai, le sens général de la *résolution*, mais la pensée du législateur n'y est pas assez clairement exprimée. Soyons toujours justes dans le mot, il n'y aura rien de faux dans la chose. C'est par une locution vicieuse qu'on dit *les biens du clergé*. Le clergé n'a jamais rien possédé; il ne peut posséder rien. Ce sont les églises qui sont seules propriétaires; le clergé n'est que l'administrateur d'un patrimoine dont un tiers appartient à l'autel, un tiers aux pauvres, et dont le dernier tiers est destiné à l'entretien des ministres.

Voilà les principes, messieurs; il est nécessaire de s'en écarter moins que jamais; car on ne peut se dissimuler qu'il est survenu de graves changements dans les relations extérieures de l'Église de France. Homme privé, je suis sans alarmes sur les prétentions de la cour de Rome; pair de France et ministre d'État, je ne puis oublier que les parlements n'existant plus, que le Concordat ayant étendu en deçà des Alpes l'action immédiate du saint-siége, les libertés de l'Église gallicane sont plus exposées, et le clergé plus nécessairement placé sous l'influence d'une autorité temporelle étrangère. Peut-être même que, sans faire une loi expresse sur les dotations en fond de terre, il eût mieux valu rapporter simplement l'ordonnance de 1749 et les articles LXXIII et LXXIV des lois organiques du Concordat, en laissant subsister l'article XV de la Convention du 15 juillet 1801, l'article 809 du livre III, titre II, du Code civil, quelques règlements particuliers sur les fabriques qui semblent autoriser les donations en général sans en spécifier la nature, et l'ordonnance du roi du 10 juin 1814. L'Église se fût ainsi retrouvée dans la situation où elle étoit en 1748, pouvant acquérir avec l'agrément du roi : on eût évité par-là des explications inutiles et des détails de loi qui peuvent avoir aujourd'hui des difficultés.

Enfin, il me paroîtroit juste que l'on pût léguer aux autels où nous venons expier nos passions, tout ce que la loi permet de donner à l'objet même de ces passions.

Mais ce n'est ici qu'une *résolution* de la Chambre des députés, et non un projet de loi du gouvernement. Perdre le temps à l'amender me semble tout-à-fait inutile. Cette *résolution* sera transmise au roi, qui la modifiera selon les desseins de sa sagesse. Il est même à désirer que le gouvernement transforme en un seul et unique projet de loi les propositions diverses sur le clergé dont les Chambres s'occupent aujourd'hui. Ces propositions s'enchaînent si naturellement, que la question du divorce et de l'éducation publique peuvent en partie s'y rattacher : réunies sous un même titre, elles composeroient une espèce de Code ecclésiastique qui consoleroit la piété, et assureroit le sort de la religion.

Il ne s'agit donc dans ce moment que d'adopter le principe renfermé dans la *résolution :* le gouvernement fera le reste. Oui, messieurs, pour la gloire de la religion et la perpétuité de l'autel, reconnoissons vite que les églises de France peuvent reprendre parmi nous cet antique droit de propriétaire dont elles étoient investies, même avant l'établissement de nos aïeux dans les Gaules. Quoi! le plus pauvre de nos paysans possède souvent un champ, un sillon, un arbre, et le clergé, qui a défriché nos forêts, planté nos vignes, enrichi notre sol de tant d'arbres étrangers, qui a transporté l'abeille de l'Attique sur les coteaux de Narbonne, et le ver à soie de la Chine sur les mûriers de Marseille, le clergé ne glanera pas un épi dans ces vastes campagnes si long-temps fécondées de ses sueurs, et quelquefois arrosées de son sang! Serons-nous donc pour le prêtre plus avares que la Mort? Elle lui donnera au moins quelques pieds de terre, qu'elle ne lui reprendra jamais! Quoi! ceux qui élevèrent tant de monuments utiles à la patrie, qui bâtirent des villes entières, n'auront pas un toit à eux pour y soigner leur vieillesse! Quoi! ces hommes qui, dans les jours de paix, s'occupoient à creuser nos canaux, à tracer nos chemins, à jeter des ponts sur nos fleuves; ces hommes qui, dans les temps de calamités, payoient la rançon de nos rois, rachetoient les esclaves, secouroient les pestiférés, versoient généreusement le trésor de l'Église au trésor de l'État, ces hommes recevront l'aumône dans les hospices qu'ils ont fondés! Qui voudra se dévouer aux fatigues de l'apostolat, si les prêtres, comme les parias des Indes, n'ont à espérer que la pauvreté et le mépris? et qu'ont-ils fait pour être traités de la sorte? — Ce qu'ils ont fait? ils ont été nos pères et nos législateurs, eux qui sont aujourd'hui nos victimes! Notre monarchie est, pour ainsi dire, l'ouvrage de leurs mains. Depuis ce premier évêque qui baptisa Clovis, jusqu'à ces derniers évêques qui suivirent Louis XVI à son baptême de sang, le clergé n'a cessé de travailler à la grandeur, ou de s'associer aux malheurs de la France. C'est lui qui a adouci la férocité de nos mœurs; c'est lui qui nous a transmis les lumières de Rome et de la Grèce. Nos meilleurs et nos plus grands ministres, Suger, d'Amboise, Richelieu, Mazarin, Fleury, sont sortis de son sein; la France lui doit une foule de savants, d'orateurs et d'hommes de génie; et, pour compter le nombre de ses bienfaits, il faudroit pouvoir compter le nombre des misères humaines.

Messieurs, je vous l'avouerai, je désire ardemment que le principe de la *résolution* soumise à votre examen soit adopté pour l'honneur de notre patrie, pour l'honneur même de cette Chambre. Qui protégera les autels, si ce ne sont les pairs de France! La noblesse a conservé son rang, le clergé l'a perdu : ne reconnoîtra-t-elle plus dans leur adversité les antiques rivaux de sa puissance? ne tendra-t-elle point la main aux anciens compagnons de sa gloire? Il y a vingt-cinq ans que les tribunes de nos assemblées ne cessent de retentir de lois spoliatrices, sacriléges, inhumaines : hélas! elles ont toutes été accueillies! Aurions-nous le malheur de rejeter la première proposition religieuse qui semble annoncer la fin de cette longue série d'injustices, et signaler notre retour aux principes de l'ordre social? Il y a vingt-cinq ans que toutes les fois qu'on parle de réparation, on vous dit que le temps n'est pas propice; qu'il faut aller doucement, avec prudence; qu'il faut attendre, qu'il faut ajourner la proposition : et toutes les fois qu'il s'agissoit de dépouiller les citoyens, de les bannir, de les égorger, il y avoit toujours urgence; il falloit passer les nuits : un jour de perdu mettoit la patrie en danger! Le moment du mal est toujours venu; le moment du bien, jamais! Un peuple qui a proscrit les prêtres, pillé les temples, profané les vases sacrés, violé les tombeaux, dispersé les reliques des saints, ne seroit-il pas marqué du sceau d'une réprobation éternelle, si, quand cet affreux délire est passé, il repoussoit encore toute idée de religion? A quoi nous auroit donc servi notre expérience? Serions-nous condamnés, après la destruction de la monarchie, après le meurtre de Louis XVI, à entendre faire contre la religion les mêmes raisonnements, les mêmes plaisanteries que l'on faisoit avant ces horribles malheurs? Alors il ne reste plus qu'à s'envelopper dans son manteau, et qu'à pleurer la fin prochaine de la France.

Éloquents défenseurs de l'Église, vous que j'aperçois ici, vous qui soutîntes les premiers assauts de l'impiété dans notre première assemblée, que disiez-vous alors? Qu'un royaume est perdu quand il abandonne le culte de ses aïeux ; que la chute de l'autel entraîne la chute du trône. On vous traitoit de fanatiques, de petits esprits, d'hommes agités par vos intérêts personnels. Hé bien ! trop véridiques prophètes, qui oseroit dire aujourd'hui que vous vous êtes trompés ? Et vous qui étiez si ardents à solliciter le triomphe d'une fausse sagesse, qu'êtes-vous devenus ? mes yeux vous cherchent en vain ; l'abîme que vous aviez ouvert s'est refermé sur vous !

Ah, messieurs ! si, par une fatalité inexplicable, on devoit encore reproduire les sophismes de Thouret, de Barnave, de Chapellier, de Mirabeau, je m'écrierois, en empruntant ces belles paroles d'un pair de France, de M. l'abbé de Montesquiou :

« Quel génie destructeur a passé sur cet empire !
« Voyez les malheurs qui se répandent ! Il semble
« qu'il y ait ici le département des douleurs ! Il y
« a des hommes qui se sont consacrés à accabler
« de chagrins leurs concitoyens. Dès qu'on les voit
« paroître, on dit : Allons ! encore un sacrifice !
« encore un malheur de plus !........ Qu'allez-vous
« faire ? me disoit-on quand je suis monté à cette
« tribune. Le sort en est jeté : des comités particu-
« liers ont tout décidé. Eh bien ! il faut descendre
« de cette tribune, et demander au Dieu de nos
« pères de vous conserver la religion de saint Louis,
« de vous protéger ! Les plus malheureux ne sont
« pas ceux qui souffrent l'injustice, mais ceux qui
« la font. »

Et moi aussi, messieurs, je descends de cette

tribune, mais non pas accablé de douleur comme jadis l'orateur du clergé : j'espère que votre décision va remplir l'Église de joie. Tout annonce que nous commençons à revenir à ces vérités éternelles dont on ne s'écarte jamais impunément. La religion n'est plus un objet de risée; on ne rougit plus de s'avouer disciple de l'Évangile; et chacun, interrogé sur sa foi, ose faire la réponse des premiers fidèles : « Je suis chrétien. »

Considérant que le gouvernement, en nous représentant la *résolution* sous la forme d'un projet de loi, y pourra faire les changements qui me semblent indispensables, je vote pour la *résolution* : mais si quelques-uns de messieurs les pairs avoient à proposer un amendement qui consistât à reduire les divers articles de la *résolution* à un seul article renfermant le principe des dotations en fonds de terre, et la liberté entière de l'administration ecclésiastique, je me rangerois à cet amendement.

TABLE.

POLÉMIQUE.

Paris, 7 août 1819. De l'esprit public......... Page 1
15 août. Des fautes du ministère............ 17
31 août. Des fraudes électorales............ 40
24 septembre. Des intrigues politiques et littéraires..................................... 43
15 octobre. Des entraves de la presse........ 52
30 novembre. De la variété des systèmes politiques.................................. 64
14 janvier 1820. De la nouvelle dictature ministérielle................................. 73
20 janvier. De l'administration............. 79
18 février. De la mort du duc de Berry....... 85
3 mars. Des lois d'exception............... 87
21 juin 1824. Des journaux................ 95
28 juin. Du procès de *la Quotidienne*........ 97
5 juillet. De la rédaction actuelle des lois... 105
29 juin 1825. Du sacre de Charles X......... 121
13 juillet. Des trois pour cent.............. 123
29 juillet. De la liberté de penser et d'écrire.. 129
8 août. De la conversion des rentes......... 136
14 août. De la mission de M. de Mackau...... 155
25 août. De la fête de la Saint-Louis......... 175
4 septembre. De la mort de Bessières....... 178
17 septembre. Du crédit public............. 188
6 octobre. Reproches aux ministres......... 192
17 octobre. De l'isolement du ministère de toutes les opinions............................ 197
23 octobre. De la cause des Hellènes........ 205
24 octobre. Du discours d'adieux du président des États-Unis au général La Fayette..... 208

Paris, 28 octobre. Des républiques d'Amérique et de France.......................... Page 224
3 novembre. De la Saint-Charles............ 231
7 décembre. Sur les lettres de deux Grecs.. 235
31 décembre. Revue de l'année.............. 244
11 janvier 1826. Des événements de Saint-Pétersbourg............................... 248
19 juillet. De la clôture de la session de la Chambre des pairs...................... 252
11 octobre. Des négociations relatives à la Grèce.................................. 264
20 octobre. Du séjour de M. Canning à Paris.. 266
3 novembre. De l'occupation de Lisbonne par les Anglais............................. 274

OPINIONS ET DISCOURS.

Préface.. 287
Discours prononcé à Orléans...................... 295
Opinion sur l'inamovibilité des juges............. 301
— sur le deuil du 21 janvier................. 336
— sur le clergé............................. 343

FIN DE LA TABLE.

www.ingramcontent.com/pod-product-compliance
Lightning Source LLC
Chambersburg PA
CBHW050253170426

43202CB00011B/1675